4週間でマスター

2級

建築
施工管理

第一次検定

井岡 和雄 編著

まえがき

　本書を手にとり勉強を始めようとしている皆さんは，現在，建築の技術者として第一線で活躍していることでしょう。あるいは，建築に興味があり，これからその道に進もうと考えているかもしれません。

　建築には多くの資格がありますが，その中でも代表的な国家資格として，「建築士試験」と「施工管理技士試験」があります。「建築士試験」は建築物の設計・監理を目的とした試験であり，「施工管理技士試験」は建築物の施工管理を目的とした試験です。とくに建築の現場で活躍されている方が最初のステップとして挑戦するのに最適な試験が**「建築施工管理技士試験」**です。1級と2級の区分がありますが，まずは2級を目指して豊富な知識やスキルを習得してください。この試験には第一次検定と第二次検定がありますが，本書は，「2級施工管理技士試験」の第一次検定の合格を目標とした問題集です。

　合格すれば「2級施工管理技士補」の称号が与えられます。

　受検生の多くは，日常の多忙な業務に時間を費やして，**試験の準備期間を確保できずに受検する可能性が高い**です。しかし，試験の出題傾向・内容をスピーディに習得し，その対策を講じれば，**試験に合格することは十分可能です。**

　そこで本書は，「2級施工管理技士試験」の第一次検定対策のみを4週間でマスター（再受検，総まとめであれば1週間でマスター）することを想定し，本試験の問題形式に準じた**全60項目，全6章**で構成しています。2項目を1日で習得すれば4週間でマスターでき，1章を1日で目を通せば1週間で総まとめ学習が可能です。

　各項目においては，合格に向けた最低限必要な **試験によく出る選択肢** 📝 を整理し，さらに出題される可能性の高い問題を解くことによって**スピーディに学習できる**ように構成しました。**試験直前の超短期決戦用問題集として，**とくに本書内の **試験によく出る選択肢** 📝 は活用してください。

　なお，仕事などの日々の忙しさ，自分自身の意思の弱さから，勉強を挫折する人が多くいますが，**ひとつ諦めずに最後までやり遂げてください。**強い意志と忍耐力を備えた方が合格に近づきます。本書を十分に活用した皆さんが2級建築施工管理技士（補）に合格して，建築業界でいっそう活躍することを楽しみにしています。

著者しるす

目　次

第1章　建築学（選択問題）

本書の使い方

　本書は２級建築施工管理技術検定の第一次検定の出題内容が把握しやすく，短期間で合格できる構成としています。第一次検定の問題を60項目にまとめ，各項目を 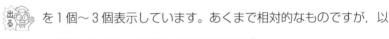 の２つのステップで構成しています。第１ステップで選択肢を理解・暗記することで，第２ステップの**出題頻度の高い問題**の正解を導くことができます。

　単に読んで，正解を導くことにとどまらず，この２つのステップを**効率よく活用して理解する**かが合格への近道です。本試験は，広範囲な中から出題されますが，各項目から１問程度の出題です。また，選択問題と必須問題がありますが，この**選択問題の項目を如何に効率よく勉強する**かが合格するポイントとなります。（下記マークも参考にしてください。）

１．「デルデル大博士」のでるぞ～マーク

　　　各問題番号の横には，問題の重要度に応じて**デルデル大博士マーク**

を１個～３個表示しています。あくまで相対的なものですが，以

下のことを参考に効率的な勉強を心掛けてください。

> ・３個：出題頻度がかなり高く，基本的に必ず取り組むべき問題。
> ・２個：ある程度出題頻度高く，得点力アップの問題。
> ・１個：それほど多くの出題はないが，取り組んでおく方がよい問題。

２．「ポイント博士」，「まとめ博士」のマーク

　　　特にポイントとなる箇所には，解説中に**博士マーク**　　　　　が登場しま

す。得点力アップや暗記をしておくべき項目ですので，それらに注意して

勉強を進めてください。

３．「がんばろう君」のマーク

　　　理解しておくとよい箇所や必ず覚えておくべき箇所には，解説中に**がん**

ばろう君マーク   が登場します。

　　　合格するためには，がんばって理解してください。

本試験攻略のポイント

 まず，第一次検定の内容を把握しましょう。

　第一次検定は，主に４つの選択肢から１つを選ぶ**マークシートによる四肢一択式**で，概ね以下の分類にしたがって出題されています。

　なお，令和３年度の試験からは，施工管理法についての**マークシートによる四肢二択の問題**が出題されています。

本試験区分	本書区分		出題数	解答数
建築学 No.1～No.14	第1章 建築学	1－1　計画原論 1－2　一般構造 1－3　建築材料	14	9
共　　通 No.15～No.17	第2章 建築設備・ 外構・契約関連	2－1　建築設備 2－2　外構・測量・その他	3	3
施工法共通 No.18～No.28	第3章 施工共通 （躯体）	3－1　仮設工事・地盤調査 3－2　土工事・地業工事 3－3　鉄筋コンクリート工事 3－4　鉄骨工事・木工事・施工機械・その他の工事	11	8
	第4章 施工共通 （仕上）	4－1　防水・シーリング工事 4－2　石・タイル工事 4－3　屋根・金属工事 4－4　建具・ガラス工事 4－5　左官・塗装・内装・ALCパネル工事		
施工管理法 （知識） No.29～No.38	第5章 施工管理	5－1　施工計画 5－2　工程管理 5－3　品質管理 5－4　安全管理	10	10
（応用能力） No.39～No.42	第3章，第4章の範囲		4	4

法規 No.43〜No.50	第6章 法規	6－1　関連法規	8	6
		計	50	40

第1章（建築学）と第2章（建築設備等）が合格のカギ。

　第1章の「1－1　計画原論」が3問，「1－3　建築材料」が4問，及び第2章の範囲が3問出題されてきました。これらの問題は，**前年度の問題と違う項目が出題される傾向**にあり，比較的，勉強の範囲が狭いので確実に点数にすることを推奨します。

　また，第1章の「1－2　一般構造」で**構造力学**に関する問題が出題されますが，不得意な方は，あえて勉強する必要はありません。これも合格するための対策の1つです。ただし，**それ以外の一般構造**に関する問題は，前年度と同じ項目からの出題が多いので，ぜひ点数にしてください。

　目標点としては，第1章：14問中**7問**，第2章：3問中**1問**です。

第3章（躯体）と第4章（仕上）は得意分野を中心に。

　第3章（躯体）と第4章（仕上）は各種工事に関する内容です。出題範囲が広く勉強に時間を要する分野ですので，まずは，**得意分野を7項目程度つくる**ことを推奨します。実務経験に応じた対策をすることにより，勉強する範囲を絞ることができます。なお，第3章は，第1章の「1－2　一般構造」との関連があり，第4章は第1章の「1－3　建築材料」との関連があります。

　目標点としては，知識問題（四肢一択）で11問中**5問**，応用能力問題（四肢二択）で4問中**2問**です。

必須問題である第5章（施工管理法）の対策について。

　第5章は本試験の主流であり，出題内容は，「施工計画」，「工程管理」，「品質管理」，「安全管理」の4つの分野から出題されます。**「施工計画」と「安全管理」**は，第3章や第4章での勉強と重複する内容もあるため，この2分野を優先的に勉強し，目標点としては10問中**5問**です。

 第6章（法規）も忘れず，必ず勉強しよう。

　第6章は，建築基準法：2問，建設業法：2問，労働基準法；1問，労働安全衛生法：1問，その他の法令：2問の割合で出題されてきました。例年，ほとんど同じ項目からの出題が多く，出題内容も過去問から出題されているので点数にしやすいです。建築基準法，**建設業法，労働基準法，労働安全衛生法**を中心に勉強してください。第二次検定の対策にもなります。目標点としては8問中**4問**です。

 解答である選択肢を正しく直して覚えましょう。

　第一次検定は過去問からの出題が多く，過去問の正解がそのまま正解として新たに出題されることが多いです。一般的に，不適当な選択肢が解答となっているため，その選択肢を**正しく直して覚える**ことが重要です。

　そこで，本書の 試験によく出る選択肢 📝 を有効に活用してください。**過去問の正解を正しく直した選択肢**を中心に取り上げているので，とくに試験直前の総まとめとして目を通すことを推奨します。

勉強を継続するためには，得意な項目からしましょう。

　本書は，全60項目から構成していますが，順番にする必要はありません。**得意な項目や点数にしやすい項目**から進めていってもよいです。また，試験によく出る選択肢 を先読みし，その後，問題を解くのも対策の１つです。本書を繰り返すことによって理解が深まります。

　難しい問題も，易しい問題も１点です。本書を手にとった目的は，試験に合格することで全項目を理解する必要はありません。まずは**半分程度を目標**にスタートしてください。

受験案内

1. 2級建築施工管理技士・技士補とそのメリット

　近年，複雑化する建築物を的確にかつ安全に施工するためには，多くの優れた技術者が必要です。建築業界には，そのための資格が多々ありますが，その中でも特に建築工事における施工技術の向上に重点をおいた資格が**建築施工管理技士**です。建設業法に基づき**建築施工管理技術検定**が実施され，昭和58年度から**2級試験**が，昭和59年度から**1級試験**が実施されました。ここ数年，世代交代による技術者不足により，国家資格の資格としては年々必要とされています。

　本試験は，国土交通省より指定を受けた**（一財）建設業振興基金が行う国家資格**です。17歳以上実務経験なしで受験できる「**第一次検定**」と一定の実務経験を経て受験の「**第二次検定**」から構成されています。「**第一次検定**」は，基礎的知識・能力のマークシート方式による**択一試験**であり，「**第二次検定**」は，現場経験に基づく主に**記述試験**です。なお，第一次検定の合格者には「技士補」，第二次検定の合格者には「技士」の称号が付与されます。

　建築施工管理技士の資格を取得することは，その人の技術能力が客観的な形で保証されたことになり，社会においても企業においても，有能な技術者と認められます。なお，2級施工管理技士には，主に次のようなメリットがあります。

- 一般建設業において，「営業所に置く専任の技術者」および「監理技術者」，「主任技術者」になることができます。特に，公共工事においては，適正な施工を確保する為，現場に配置しなければならない**主任技術者の専任**が求められています。
- 一般建設業の許可を受ける場合の1つの要件です。
- 経営事項審査における2級技術者となります。経営事項審査の技術力項目で，2級技術者として2点の基礎点数が配点されます。
- 1級受検に必要な実務経験を積む前に**1級第一次検定**の受検が可能です。

2．受検資格

(1) 第一次検定のみの受検

・試験実施年度において満17歳以上となる方（実務経験は不要）

【注意】すでに2級建築施工管理の第一次検定（学科試験）合格者となっており，有効期間内にある方は，再度，第一次検定のみ受検への申し込みはできません。受検申込を行った段階で，有効期間内にある第一次検定（学科試験）の合格は無効となります。

(2) 第一次・第二次検定の受検

　概略，次表に示すような学歴又は資格，および実務経験年数が必要とされます。**詳細の具体的な認定（受検種別，学歴要件，実務経験要件）**について，不明な点など詳しく知りたい場合は，実施機関である<u>（一財）建設業振興基金</u>へお問い合わせ下さい。

●第一次検定・第二次検定の受験資格（区分イ～ロの1つに該当する方）

区分	受検種別	最終学歴	実務経験年数	
			指定学科卒業	指定学科卒業以外卒業
イ	建築・躯体・仕上げ	大学 専門学校の高度専門士	卒業後1年以上	卒業後1年6ヶ月以上
		短期大学・ 5年制高等専門学校 専門学校の専門士	卒業後2年以上	卒業後3年以上
		高等学校 専門学校の専門課程	卒業後3年以上	卒業後4年6ヶ月以上
		その他（最終学歴を問わず）	8年以上	

区分	受検種別	職業能力開発促進法による技能検定合格者		必要な実務経験年数
	受検種別	技能検定職種	級別	
ロ	躯体	鉄工（構造物鉄工作業），とび，ブロック建築，型枠施工，鉄筋施工（鉄筋組立て作業），鉄筋組立て，コンクリート圧送施工，エーエルシーパネル施工	1級	問いません
			2級	4年以上

	平成15年度以前に上記の検定職種に合格した者		問いません	
	単一等級エーエルシーパネル施工		問いません	
仕上げ	建築板金（内外装板金作業），石材施工（石張り作業），石工（石張り作業），建築大工，左官，タイル張り，畳製作，防水施工，内装仕上げ施工（プラスチック系床仕上げ工事作業，カーペット系床仕上げ工事作業，鋼製下地工事作業，ボード仕上げ工事作業），床仕上げ施工，天井仕上げ施工，スレート施工，熱絶縁施工，カーテンウォール施工，サッシ施工，ガラス施工，表装（壁装作業），塗装（建築塗装作業），れんが積み	1級	問いません	
		2級	4年以上	
	平成15年度以前に上記の検定職種に合格した者		問いません	
	単一等級れんが積み		問いません	

※実務経験年数の基準日については，受検年度学科試験の前日までで計算してください。

(3) 第二次検定のみ受検

　次にあげる①～③のいずれかに該当し「第一次・第二次検定」の受検資格を有する者は，第一次検定免除で第二次検定のみ受検申込が可能です。

① 　建築士法による一級建築士試験の合格者

② 　（令和2年度までの）2級建築施工管理技術検定試験の「学科試験のみ」受検の合格者で有効期間内の者（該当者の有効期間等の詳細は，試験機関で確認してください）

③ 　2級建築施工管理技術検定の「第一次検定」合格者

3．申込に必要な書類

① 　受検申請書

② 　住民票（住民票コードを記入した場合は不要）

③ 　パスポート用証明写真1枚

④　受検料の振替払込受付証明書
⑤　資格証明書（技能検定合格証明書，免許証明書等）の写し
⑥　卒業証明書（原本）

（注）・①～④は，受検申込者全員が提出するものです。
　　　・⑤～⑥は，受検資格区分イ～ロに応じた提出書類です。

　なお，**再受検申込者**は，「受検票」，「不合格通知」，「受検証明書」のいずれかの原本を添付すれば，提出書類の一部（実務経験証明書，住民票，資格証明書，卒業証明書等）を省略できる場合があります。

> ※受験案内の内容は変更することがありますので，
> 　必ず早めに各自でご確認ください。

4．建築施工管理に関する実務経験

●実務経験として認められる工事種別（業種）・工事内容・受検種別

主な工事種別 （業種）	主な工事内容	受検 種別
●建築一式工事	・事務所ビル建築工事　　・共同住宅建築工事 ・一般住宅建築工事等 ・建築物解体工事（総合的な企画，指導，調整のもとに建築物を解体する工事）　　　　　　　　等	建　築
●大工工事(躯体) ●型枠工事 ●とび・土工・コンクリート工事 ●鋼構造物工事 ●鉄筋工事 ●ブロック工事 ●解体工事	・大工工事（躯体）　　　・とび工事 ・型枠工事　　　　　　　・建築物解体工事 ・足場仮設工事　　　　　・（PC，RC，鋼）杭工事 ・囲障工事　　　　　　　・地盤改良工事 ・コンクリート工事　　　・屋外広告工事 ・鉄骨工事　　　　　　　・鉄筋加工組立工事 ・ガス圧接工事 ・コンクリートブロック積み工事　　　　　　等	躯　体

	・造作工事	・塗膜防水工事	
●造作工事 ●左官工事 ●石工事 ●屋根工事 ●タイル・レンガ工事 ●板金工事 ●ガラス工事 ●塗装工事 ●防水工事 ●内装仕上工事 ●建具工事 ●熱絶縁工事	・レンガ積み工事 ・ALC パネル工事 ・サイディング工事 ・左官工事 ・モルタル工事 ・吹き付け工事 ・とぎ出し工事 ・洗い出し工事 ・石積み（張り）工事 ・エクステリア工事 ・屋根葺き工事 ・建築板金工事 ・ガラス加工取り付け工事 ・塗装工事 ・アスファルト防水工事 ・モルタル防水工事 ・シーリング工事	・シート防水工事 ・注入防水工事 ・インテリア工事 ・天井仕上工事 ・壁張り工事 ・内部間仕切り壁工事 ・床仕上工事 ・畳工事 ・ふすま工事 ・家具工事 ・防音工事 ・金属製建具取付工事 ・サッシ取付工事 ・金属製カーテンウォール取付工事 ・シャッター取付工事 ・木製建具取付工事 ・建築断熱工事　　　　等	仕上げ

●実務経験として認められる従事した立場

●施工管理	請負者の立場での現場管理業務（現場施工を含む）
●設計監理	設計者の立場での工事監理業務
●施工監督	発注者の立場での工事監理業務

5．第一次検定の内容

① 第一次検定は，**マークシートによる四肢一択式，及び四肢二択式**で出題され，午前に実施されます。

② 過去の試験の出題内容と出題数は次記のとおりで，選択問題と必須問題に分かれています。なお，**選択問題は，解答数が指定解答数を超えた場合，減点となりますから注意してください。**

区　分	細　分（本書区分）		出題数	解答数
建築学等	第1章　建築学		14	9
	第2章　建築設備・外構関連		3	3
施工管理法	第3章　施工共通（躯体）	（知識）	11	8
	第4章　施工共通（仕上げ）			
	第5章　施工管理		10	10
	第3章　施工共通（躯体）	（応用能力）	4	4
	第4章　施工共通（仕上げ）			
法　規	第6章　法規		8	6
合　計			50	40

　令和3年度の試験からは，施工管理法の応用能力問題について**マークシートによる四肢二択式の問題**が出題されています。

6．第二次検定の内容

① 　第二次検定は，施工管理法についての**記述式による筆記試験とマークシートによる四肢一択式の試験**が午後に実施されます。

② 　内容は，下記の分類にしたがって出題されています。

問題番号	出題内容
問題1	施工経験記述（施工計画，品質管理，工程管理のうち1問）
問題2	建築工事に関する用語（14個の中から5つを選択）
問題3	工程表に関する問題（バーチャート工程表，ネットワーク手法）
問題4	法規に関する問題（建設業法，建築基準法施行令などから計3問）
問題5－A	建築受検の選択問題（躯体4問，仕上げ4問の計8問）
問題5－B	躯体受検の選択問題（躯体大問4問で解答数8箇所）
問題5－C	仕上げ受検の選択問題（仕上げ大問4問で解答数8箇所）

　令和3年度の試験からは，問題4と受検種別問題5については**マークシートによる四肢一択式の問題**が出題されています。

7．試験日時

　試験は毎年2回（前期は6月に第一次検定のみ）全国各都市において実施されます。試験日時等の詳細については，試験実施機関までお問い合わせ下さい。

［試験実施機関］

　一般財団法人建設業振興基金　試験研修本部（http://www.fcip-shiken.jp/）

　〒105−0001

　　東京都港区虎ノ門4丁目2番12号　虎ノ門4丁目MTビル2号館

　　TEL：03-5473-1581　FAX：03-5473-1592

［受付期間］

　第1回（第一次検定）：1月上旬から2週間（第一次検定のみ年2回に）

　第2回（第一次検定・第二次検定）：7月上旬から2週間

> ## ※第一次検定免除者の受付期間について は，
> ## 必ず早めに各自でご確認ください。

　「第一次・第二次検定試験」「第一次検定のみ試験」「第二次検定のみ試験」のどれかで申し込みます。

［試験日時］

　第1回（第一次検定）：毎年6月第2日曜日（第1回は第一次検定のみ）

　第2回（第一次検定・第二次検定）：11月第2日曜日

　・第一次検定：10時15分〜12時45分（150分）

　・第二次検定：14時15分〜16時15分（120分）

［試験地］

　札幌，青森，仙台，東京，新潟，金沢，名古屋，大阪，広島，高松，

福岡，鹿児島，沖縄（会場確保の都合上，周辺都市で実施する場合があります。）

※第一次検定のみ受検の学生を対象（学校申込）に，上記に加え，帯広，盛岡，秋田，長野，出雲，倉敷，高知，長崎でも開催します。

※受験案内の内容は変更することがありますので，必ず早めに各自でご確認ください。

なお，受検申込書の取扱先は，申込受付開始の約2週間前から，「一般財団法人建設業振興基金　試験研修本部」のほか，下記の取扱先で販売しています。

名　称	住　所	電話番号
（一財）北海道開発協会	〒001－0011 札幌市北区北11条西2丁目 セントラル札幌北ビル1F	001－709－5212
（一社）東北地域づくり協会	〒980－0871 仙台市青葉区八幡1－4－16 公益ビル	022－268－4192
（一社）公共建築協会	〒104－0033 東京都中央区新川1－24－8 東熱新川ビル6F	03－3523－0381
（一社）関東地域づくり協会	〒101－0042 東京都千代田区神田東松下町 45番地 神田金子ビル7F	03－3254－3195
（一社）北陸地域づくり協会	〒950－0197 新潟市江南区亀田工業団地 2－3－4	025－381－1301
（一社）中部地域づくり協会	〒460－8575 名古屋市中区丸の内3－5－10 名古屋丸の内ビル8F	052－962－9086

名　称	住　所	電話番号
（一社）近畿建設協会	〒540－6591 大阪市中央区大手前1－7－31 OMMビルB1F	06－6947－0121
（一社）中国建設弘済会	〒730－0013 広島市中区八丁堀15－10 セントラルビル4F	082－502－6934
（一社）四国クリエイト協会	〒760－0066 高松市福岡町3－11－22 建設クリエイトビル	087－822－1657
（一社）九州地域づくり協会	〒812－0013 福岡市博多区博多駅東 2－5－19 サンライフ第3ビル4F	092－481－3784
（一社）沖縄県建設業協会	〒901－2131 浦添市牧港5－6－8 沖縄建設会館2F	098－876－5211

※名称，住所等は，変更する場合がありますので，本部のホームページ等で
確認してください。

8．合格発表と合格基準点

合格発表は，発表日に試験機関である（一財）建設業振興基金から本人あ
てに合否の通知が発送されます。

また，国土交通省各地方整備局，北海道開発局，内閣府沖縄総合事務局に，
当該地区で受検した合格者の受検番号が掲示され，（一財）建設業振興基金
では，全地区の合格者番号を閲覧できるほか，**（一財）建設業振興基金ホー
ムページに発表日から2週間，合格者の受検番号が公表されます。また試験
日の翌日から1年間，試験問題等の公表も行われます。**

[合格発表日]
第1回（第一次検定）：7月上旬
第2回：第一次検定受検者は翌年1月下旬
第2回：第一次・第二次検定と第二次検定のみ試験は翌年2月上旬

[合格基準点]

　　第一次検定及び第二次検定の別に応じて，次の基準以上が合格となりますが，試験の実地状況等を踏まえ，変更する可能性はあります。
　　・第一次検定：得点が60%以上
　　・第二次検定：得点が60%以上

　なお，合格率は，第一次検定が45%前後，第二次検定が33%前後で，最終合格率は15%前後です。

※受験案内の内容は変更することがありますので，
　必ず早めに各自でご確認ください。

第 1 章
建 築 学
（選択問題）

1-1　計画原論

1　日照・日射・日影

試験によく出る選択肢

日照，日射及び日影
- [ ] 天空日射量とは，日射が大気中で散乱した後，地表に到達する日射量をいう。
- [ ] 日照率とは，日照時間の可照時間に対する比を百分率で表したものをいう。
- [ ] 北緯35度付近における冬至の終日日射量は，南向き鉛直面が他のどの向きの鉛直面よりも大きい。
- [ ] 北緯35度付近の夏至における東向き・西向き鉛直面が受ける終日日射量は，南向き鉛直面よりも多い。
- [ ] 夏至に終日日影となる部分は，1年を通じて日影となるので永久日影という。
- [ ] 終日日影とは，建物などによって，1日中日影になる部分をいう。
- [ ] 大気透過率が大きいほど直達日射が強くなり，天空日射は弱くなる。
- [ ] 縦ルーバーは西日をさえぎるのに効果があり，水平ルーバーは夏季の南面の日射を防ぐのに効果がある。
- [ ] 日影を考慮した隣棟間隔は，前面隣棟間隔係数に南側の建築物の最高高さを乗じて求める。

試験によく出る問題

問題1

日照，日射及び日影に関する記述として，最も不適当なものはどれか。

1．天空日射量とは，日射が大気中で散乱した後，地表に到達する日射量をいう。

2．日照率とは，日照時間の可照時間に対する比を百分率で表したものをいう。

3．北緯35度付近における冬至の終日日射量は，南向き鉛直面が他のどの向きの鉛直面よりも小さい。

4．終日日影とは，建物などによって，1日中日影になる部分をいう。

【解 説】

1．直接地表に達する日射量を**直達日射量**，大気圏で雲やチリなどにより乱反射されて地表に達する日射量を**天空日射量**といいます。

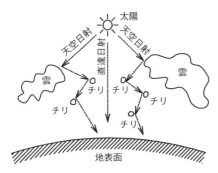

「全天日射量＝直達日射量
＋天空日射量」です。

直達日射量と天空日射量

2．日の出から日没までの時間を**可照時間**といい，実際に日の当たった時間を**日照時間**といいます。**日照率**とは，日照時間の可照時間に対する比を百分率で表したものです。

第1章

建築学

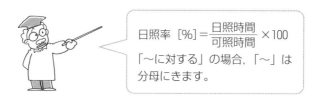

日照率 [%]＝ \dfrac{日照時間}{可照時間} ×100

「～に対する」の場合，「～」は分母にきます。

3．冬至の終日日射量の大小関係は，**南面＞水平面＞東・西面**となり，南向き鉛直面は，他のどの向きの鉛直面よりも大きいです。

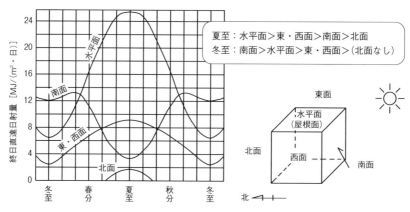

夏至：水平面＞東・西面＞南面＞北面
冬至：南面＞水平面＞東・西面＞（北面なし）

水平面・鉛直壁面の終日日射量（北緯35度）

4．建物の配置や平面形状によっては，一日中，日の当たらない部分ができます。これを**終日日影**といいます。特に，最も日照に有利な**夏至の日**でも**終日日影**となる部分は，一年中で日影となり，この部分を**永久日影**といいます。

解答　3

問題2

日照，日射及び日影に関する記述として，最も不適当なものはどれか。

1．可照時間とは，日の出から日没までの時間をいう。

2．天空日射量とは，日射が大気中で散乱した後，地表に到達する日射量をいう。

3．終日日影とは，建物などによって，1日中日影になる部分をいう。

4．北緯35度付近の夏至における東向き・西向き鉛直面が受ける終日日射
量は，南向き鉛直面よりも少ない。

解　説

1．日の出から日没までの時間は**可照時間**です。

2．日射が大気中で散乱した後，地表に到達する日射量は**天空日射量**です。

3．**終日日影**とは，建物などによって1日中日影になる部分をいいます。

4．　問題1　の　解　説　の3を参照してください。

　　夏至における終日日射量の大小関係は，<u>水平面>**東・西面**>**南面**>北
面</u>となります。したがって，<u>東向き・西向き鉛直面が受ける終日日射量
は，南向き鉛直面よりも**多い**</u>です。

解答　**4**

問題3

日射に関する記述として，最も不適当なものはどれか。

1．日射量は，ある面が単位面積当たり単位時間内に受ける熱量で表される。

2．建物の屋上面を植栽することは，屋内への日射熱の影響を低減させる
ために有効である。

3．夏至における建物の鉛直壁面が受ける1日の直達日射量は，南面の方
が西面より大きい。

4．大気透過率が大きいほど，直達日射が強くなり，天空日射は弱くなる。

解　説

1．**日射量**は，ある面が単位面積当たり**単位時間内に受ける熱量**［W/m²］
で表されます。

2．屋上庭園など建物の**屋上面を植栽**することは，屋内への日射熱の影響
を低減させる効果があります。

3．**夏至**における終日日射量の大小関係は，水平面＞東・西面＞南面＞北面となり，南面の方が西面より**小さい**です。

4．大気層に入射する前の太陽の日射量（太陽定数 I_0）に対する，地表での直達日射量（I）の割合を**大気透過率** $\left(\mathsf{P}=\dfrac{I}{I_0}\right)$ といいます。

　　したがって，大気透過率が大きいほど直達日射量が強くなるので，天空日射量は弱くなります。

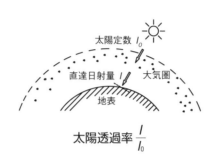

太陽定数 I_0
直達日射量 I　大気圏
地表

太陽透過率 $\dfrac{I}{I_0}$

太陽透過率は，水蒸気や塵埃が少なく，空気が澄んでいるほど大きいです。

解答　　<u>3</u>

2 採光・照明

試験によく出る選択肢 📝

採光・照明

- ☐ 人工光源は，色温度が高くなるほど青みがかった光色となる。
- ☐ 点光源による照度は，光源からの距離の2乗に反比例する。
- ☐ 光束は，視感度に基づいて測定された単位時間あたりの光のエネルギー量をいい，単位は（ルーメン）である。
- ☐ 光度は，光源の明るさを表す量である。
- ☐ 直接照明は，間接照明よりも陰影が濃くなる。
- ☐ 高い位置の窓による採光は，低い位置の窓によるものよりも照度のばらつきが少ない。
- ☐ 室内のある点における昼光率は，時刻や天候によって変化しない。

試験によく出る問題 📋

問題 4

照明に関する記述として，最も不適当なものはどれか。

1. 均斉度は，作業面の最低照度の最高照度に対する比である。
2. 演色性は，物の色の見え方に影響を与える光源の性質をいう。
3. 点光源による照度は，光源からの距離の2乗に反比例する。
4. 人工光源は，色温度が高くなるほど赤みがかった光色となる。

解 説

1. **均斉度**とは，照度分布における均斉の度合いのことで，$\dfrac{最低照度}{最高照度}$（最低照度の最高照度に対する比）をいいます。
2. 照明による色の見え方を**演色**といい，物の色の見え方に影響を与える光源の性質を**演色性**といいます。

3．点光源による照度は，光源からの**距離の２乗に反比例**します。

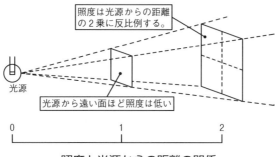

照度と光源からの距離の関係

4．**人工光源**は，色温度が高くなるほど，「**黒→深赤→橙→桃→白→青白→青**」と色が変化します。したがって，色温度が高くなるほど**青みがかった光色**となります。

解答　**4**

 問題5

照明に関する記述として，最も不適当なものはどれか。

1．照度は，単位面積あたりに入射する光束の量をいい，単位は lx（ルクス）である。

2．輝度は，視感度に基づいて測定された単位時間あたりの光のエネルギー量をいい，単位は（ルーメン）である。

3．タスク・アンビエント照明は，全般照明と局部照明を併せて行う方式である。

4．グレアは，高輝度な部分や極端な輝度対比などによって感じるまぶしさである。

解　説

1．**照度**は，受照面における**単位面積当り**に受ける光束をいい，単位は**ルクス［lx］**です。

2．**輝度**は，特定の方向から見たときの明るさを示します。単位時間あた
りの光のエネルギー量を**光束**といい，単位は**ルーメン〔lm〕**です。

光に関する用語・単位

用語	説　明	単　位
光束	・光源のエネルギー放射束のうち，人間が光として感じる量 ・単位時間当りに流れる光のエネルギー量	ルーメン〔lm〕
光度	・光源の明るさを表す量 ・単位立体角当りの光束	カンデラ〔cd〕
照度	・入射する光の量を示す指標 ・受照面における単位面積当りに受ける光束 ・点光源による照度は，光源からの距離の2乗に反比例	ルクス〔lx〕， ルーメン毎平方メートル〔lm/m²〕
輝度	・ある面をある方向から見たとき，すなわち，見る方向から光の発散面の明るさを評価する量	カンデラ毎平方メートル〔cd/m²〕， スチルブ〔sb〕

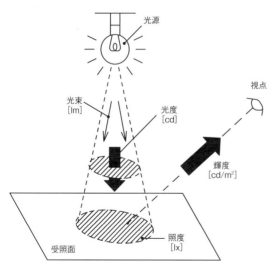

光束：光のエネルギー量
光度：単位立体角当り
照度：単位面積当たり
輝度：ある方向から見た
をポイントの覚えるとよいです。

光に関する用語

3. **タスク・アンビエント照明**は，**全般照明（アンビエント照明）**で周囲に最低限必要な明るさを確保し，作業面は**局部照明（タスク照明）**によって照度の不足分を補う方式です。
4. 視野内の高輝度な部分や極端な輝度対比などによって引き起こされる視力の低下，目の疲労，不快感などの障害を**グレア（まぶしさ）**といいます。

解答　2

問題6

採光及び照明に関する記述として，最も不適当なものはどれか。
1. 照度は，光源の明るさを表す量である。
2. 昼光率は，室内のある点での天空光による照度と，屋外の全天空照度との比率である。
3. タスク・アンビエント照明は，全般照明と局部照明を併せて行う方式である。
4. 均斉度は，作業面の最低照度の最高照度に対する比である。

解　説

1. **照度**は，**受照面の明るさを表し**，受照面における単位面積当たりに受ける光束の量をいいます。**光源の明るさを表す量は光度**です。
2. 「室内のある点の水平照度」と「全天空照度」との比率は一定で，この比率を**昼光率**といいます。

$$昼光率\ [\%] = \frac{室内のある点の水平照度（E）}{全天空照度（Es）} \times 100$$

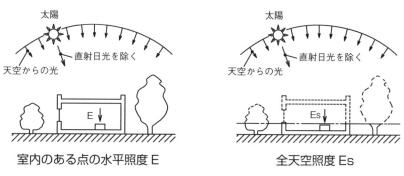

太陽

天空からの光　直射日光を除く

E ↓

室内のある点の水平照度 E

太陽

天空からの光　直射日光を除く

Es ↓

全天空照度 Es

昼光率

3．**問題5** の │　解　説　│ の3を参照してください。
4．**問題4** の │　解　説　│ の1を参照してください。

解答　1

3 伝熱・結露・換気

試験によく出る選択肢 📝

伝熱

□ 壁面の熱伝達率は，壁の表面に当たる風速が大きいほど大きい値となる。

□ 熱伝導抵抗は，材料の厚さが同じ場合，グラスウールの方がコンクリートより大きい。

□ 熱伝導率は，軽量コンクリートより普通コンクリートの方が大きい。

□ 壁を貫流する熱量は，外気温度と室内温度の差が大きいほど多くなる。

結露

□ 室内の表面結露を防止するためには，壁体の熱貫流率を小さくする。

□ 室内の表面結露を防止するためには，壁体に熱容量の大きい材料を用いる。

□ 室内の表面結露を防止するためには，壁の熱貫流抵抗を大きくする。

□ 室内の表面結露を防止するためには，絶対湿度を一定にして室温を上げる。

換気

□ 換気回数とは，１時間当たりの換気量を室容積で割った値である。

□ 第３種機械換気方式は，室内を負圧に保つことができる。

□ 第２種機械換気方式は，室内の空気圧が室外より正圧になるので，周辺からの空気の流入を防止することができる。

□ 第３種換気方式は，自然給気と機械排気による換気方式である。

□ 室内外の温度差による換気では，排気のための開口部は高い位置に設けるのがよい。

□ 気密性の高い室で開放型の燃焼器具を使用すると，二酸化炭素が増加する。

□ 室内空気の二酸化炭素の濃度は，室内の空気汚染の指標として用いられる。

試験によく出る問題

問題7

伝熱に関する記述として，最も不適当なものはどれか。

1. 熱伝導率は，一般に密度が大きい材料ほど大きくなる傾向がある。
2. 壁体を貫流する熱量は，外気温度と室内温度の差が大きいほど多くなる。
3. 壁面の熱伝達率は，壁の表面に当たる風速が大きいほど小さい値となる。
4. 壁体は，熱貫流率が大きいものほど断熱性能が低い。

第1章

建築学

解 説

1. **熱伝導率**は，材料内の熱の伝わりやすさを示す値で，密度が大きい材料ほど大きいです。

伝熱に関する用語

熱伝達率	材料の表面と周辺の空気との間の熱の伝わりやすさを示す値
熱伝導率	材料内の熱の伝わりやすさを示す値
熱貫流率	伝熱の全過程の熱の伝わりやすさを示す値

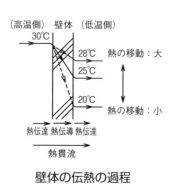

壁体の伝熱の過程

熱の移動が大きい
↓
外気温の影響が大きい
↓
不快な室内環境になりやすい

2. **壁体を貫流する熱量（熱貫流量）Q [W]** は次式で表され，外気温度
　と室内温度の差（$t_1 - t_2$）が大きいほど大きくなります。

$$\boxed{Q = K \times (t_1 - t_2) \times S}$$

K：熱貫流率 $[\mathrm{W/(m^2 \cdot K)}]$
t_1：高温側の空気の温度 $[\mathrm{K}\,(\text{℃})]$
t_2：低温側の空気の温度 $[\mathrm{K}\,(\text{℃})]$
S：面積 $[\mathrm{m^2}]$

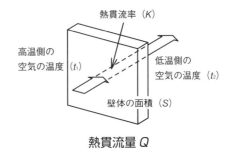

熱貫流量 Q

3. **熱伝達率**は，材料の表面と周辺の空気との間の熱の伝わりやすさを示す値です。壁の**表面が粗いほど**，<u>壁の表面に当たる**空気の流れが速いほど**，熱伝達率は**大きく**なります</u>。

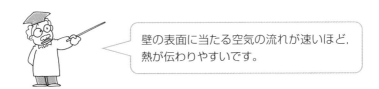

壁の表面に当たる空気の流れが速いほど，
熱が伝わりやすいです。

4. **熱貫流率が大きいものほど**熱の移動が大きく，**断熱性能が低い**です。

主な材料の熱伝導率の大小

金属　コンクリート　ガラス　木材　断熱材
　　　モルタル
大　←　　　　　　　　　　　　→　小

<u>解答　3</u>

36

問題8

定常状態における壁体の温度勾配を示す図として，適当なものはどれか。

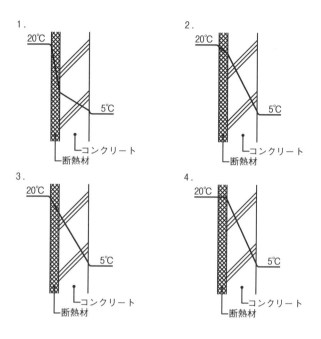

解　説

問題7 の ┃ 解　説 ┃ の1を参照してください。

壁の**熱伝導率が大きい**ほど，壁の両面の温度差は小さくなるので，温度勾配は**緩やか**になります。**断熱材**は，コンクリートより**熱伝導率が小さい**ため，壁の両面の温度差は大きくなり，温度勾配が**急**になります。

したがって，選択肢1が正解です。

解答　1

問題9

結露に関する次の文章中，□□□に当てはまる語句の組合せとして，最も適当なものはどれか。

「空気の含有水分量すなわち　イ　を一定のまま湿り空気の温度を下げると，湿り空気はその　ロ　で飽和状態となり，さらに下げると，その水分の一部は　ハ　して水滴となる。冬季，暖房した室の窓面上に生じる水滴は，このプロセスで形成されたものであり，これを結露という。」

	イ	ロ	ハ
1.	相対湿度	露点温度	蒸　発
2.	絶対湿度	露点温度	凝　縮
3.	絶対湿度	湿球温度	蒸　発
4.	相対湿度	湿球温度	凝　縮

解　説

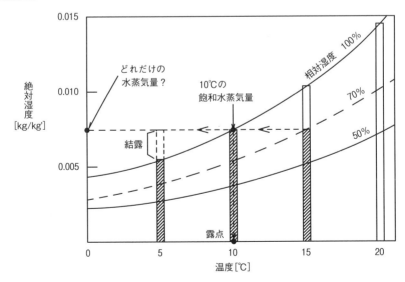

空気線図と結露

空気の含有水分量，すなわち 絶対湿度 を一定のまま湿り空気の温度を下げると，湿り空気はその 露点温度 で飽和状態（相対湿度100%）となり，さらに下げると，その水分の一部は 凝縮 して水滴となります。冬季，暖房した室の窓面上に生じる水滴は，このプロセスで形成されたものであり，これを結露といいます。

解答　2

問題10

外壁の室内側表面の結露を防止する対策として，最も不適当なものはどれか。
1．壁の表面に近い空気を流動させる。
2．壁体の熱貫流率を大きくする。
3．熱橋（ヒートブリッジ）となる部分には断熱材を施す。
4．室内より絶対湿度の低い外気との換気を行う。

解　説

1．壁の表面温度が**露点温度以下**にならないように，壁の表面に近い空気を流動させることは結露の防止に効果的です。

暖かい空気が，低温の材料に触れると，結露が生じます。

2．壁体の**熱貫流率を小さく（断熱性を良く）**して，室内の表面温度が低くならないようにします。
3．**熱橋（ヒートブリッジ）**は，まわりに比べて極端に熱を伝えやすい部分で，その部分に断熱材を施すことは効果的です。
4．室内より絶対湿度の低い**外気との換気**を行うことは，室内の湿度を下げることになり効果的です。

解答　2

問題11

換気に関する記述として，最も不適当なものはどれか。

1．空気齢とは，空気が流入口から室内のある点まで到達するのに要する時間のことである。

2．風圧力による自然換気では，換気量は開口部面積と風速に比例する。

3．室内外の温度差による自然換気では，給気口と排気口の高低差が大きいほど換気量は大きい。

4．換気回数とは，1時間当たりの換気量を室面積で割った値である。

解　説

1．空気齢は空気の新鮮度を示すもので，外部から**建物内部に入った空気が室内のある地点まで到達するのに要する平均時間**です。空気齢が長いほど換気効率が悪いと判断できます。

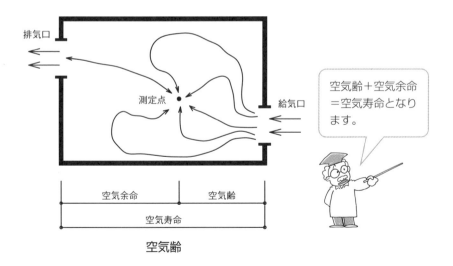

空気齢

2．風圧力による自然換気（**風力換気**）の換気量は，**開口部面積と風速に比例**します。

3．室内外の温度差による自然換気（**重力換気**）において，**給気口と排気口の高低差が大きい**ほど換気量は大きくなります。

換気の種類

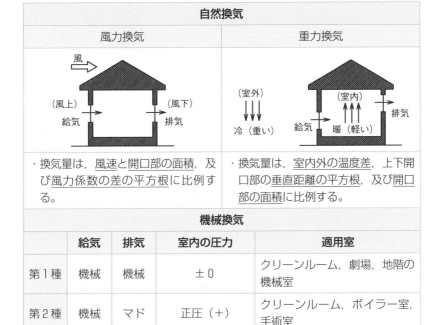

自然換気	
風力換気	重力換気
・換気量は，風速と開口部の面積，及び風力係数の差の平方根に比例する。	・換気量は，室内外の温度差，上下開口部の垂直距離の平方根，及び開口部の面積に比例する。

機械換気				
	給気	排気	室内の圧力	適用室
第1種	機械	機械	±0	クリーンルーム，劇場，地階の機械室
第2種	機械	マド	正圧（＋）	クリーンルーム，ボイラー室，手術室
第3種	マド	機械	負圧（－）	台所，便所，浴室

4．**換気回数（N）**とは，1時間当たりの**必要換気量（Q）を室容積（V）で割った値**で，室面積ではありません。

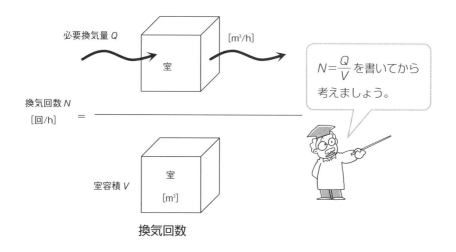

解答　4

問題12

換気に関する記述として，最も不適当なものはどれか。

1．室内空気の二酸化炭素の濃度は，室内空気質の汚染を評価するための指標として用いられている。

2．冷暖房を行う部屋では，換気設備に全熱交換器を用いると，換気による熱損失，熱取得を軽減できる。

3．第3種機械換気方式は，室内を正圧に保つことができる。

4．室内外の温度差による自然換気では，温度差が大きくなるほど換気量は多くなる。

解　説

1．室内の空気は，いくつかの原因が重なって汚染されますが，環境状態が悪化するにつれて **CO_2濃度（二酸化炭素の濃度）**も増すので，室内の空気汚染の程度を表す指標として，一般に **CO_2濃度**が使用されます。

空気清浄度の基準

	項　目	基　準
(1)	浮遊粉じんの量	0.15mg/m³以下
(2)	一酸化炭素（CO）の含有量	10/1,000,000（10ppm）以下（0.001%以下）
(3)	二酸化炭素（CO₂）の含有量	1000/1,000,000（1000ppm）以下（0.1%以下）
(4)	温　度	17℃～28℃
(5)	相対湿度（湿度）	40%～70%
(6)	気流	0.5m/s 以下
(7)	ホルムアルデヒド放散量	0.1mg/m³以下（室温23～25℃：0.08ppm以下）
(8)	クロルピリホス	原則として使用禁止

第1章 建築学

　2．**全熱交換器**は，**外気を室内空気に近い**気温，湿度の新鮮空気として取り入れることができるので，換気による熱損失，熱取得を軽減できます。

　3．室内を**正圧**に保つことができる換気方式は，**第2種機械換気方式**です。第3種機械換気方式は，室内を**負圧**に保ちます。

　4．（問題11）の　解　説　の3を参照してください。

　　　室内外の温度差による自然換気では，**温度差が大きくなる**ほど換気量は多くなります。

解答　3

（問題13）

換気に関する記述として，最も不適当なものはどれか。

　1．自然換気は，屋外の風圧力を利用する場合と，室内外の温度差を利用する場合がある。

　2．第2種機械換気方式は，室内の空気圧が室外より負圧になるので，周辺からの空気の流入を防止することができる。

　3．全般換気は，室内全体の空気を外気によって希釈しながら入れ替えるもので，住宅の居室や事務所ビルの執務室などに通常用いられる。

4．室内空気の二酸化炭素の濃度は，室内空気質の汚染を評価するための
指標として用いられている。

解　説

1．**自然換気**には，**風圧力**による換気と**室内外の温度差**による換気があり
ます。
2．**第2種機械換気方式**は，室内の空気圧が室外より<u>正圧</u>になるので，**周
辺からの空気の流入を防止**することができ，ボイラー室，発電機室，手
術室などに使用されます。
3．**全般換気**は，室全体に対して換気を行って，その室内に発生する汚染
物質の濃度を薄める換気です。
4．問題12の｜解　説｜の1を参照してください。

解答　2

4 音

試験によく出る選択肢 📝

音

- □ 単層壁の透過損失は，同じ材料の場合，厚さが厚いものほど大きい。
- □ 講演を主とする室の最適残響時間は，音楽ホールに比べて短い。
- □ 塀などの障壁の裏側に音が回り込む現象は，周波数の低い音の方が起こりやすい。
- □ 室容積が同じ場合，室内の総吸音力が大きくなると，残響時間は短くなる。
- □ 騒音レベルによる許容値は，一般に図書室より住宅の寝室の方が小さい。
- □ 音の高低は，主として音の振動数によって決まる。
- □ 吸音とは，壁などに入射する音を吸収又は透過させて反射させないようにすることをいう。
- □ 残響とは，音源から出ている音を急に停止した後，その音が次第に減衰して消えていく現象をいう。

試験によく出る問題 📋

問題14

音に関する記述として，最も不適当なものはどれか。

1. 残響時間は，室内の仕上げが同じ場合，室の容積が大きいほど長くなる。
2. ある音が他の音によって聞こえにくくなる現象を，マスキング効果という。
3. 単層壁の透過損失は，同じ材料の場合，厚さが厚いものほど小さい。
4. 人の耳に達する音は，音源から直進する直接音と，天井や壁などではね返される反射音がある。

1．音源が停止した後も室内に音が残る現象を**残響**といい，音の強さのレベルが**60dB 低下**するまでの時間を**残響時間**といいます。

　　残響時間は次式で表され，室内の仕上げが同じ場合，**室の容積が大きいほど長く**なります。

$$残響時間\ T = \frac{0.161V}{A}\ [秒]$$

　　V：室容積 $[m^3]$
　　A：吸音力（$\overline{\alpha} \times S$　$\overline{\alpha}$：平均吸音率　S：室内表面積 $[m^2]$）

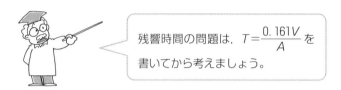

残響時間の問題は，$T = \dfrac{0.161V}{A}$ を書いてから考えましょう。

2．ある音を聞こうとする場合に，他の音が同時に存在すると聞き取りにくくなります。このような現象を**マスキング効果**といいます。

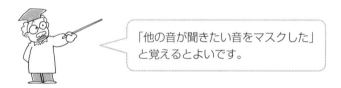

「他の音が聞きたい音をマスクした」と覚えるとよいです。

3．透過損失の値が大きいほど，遮音性に優れています。単層壁の**透過損失**は，同じ材料の場合，**厚さが厚いものほど大きい**です。

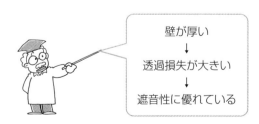

壁が厚い
↓
透過損失が大きい
↓
遮音性に優れている

理解しよう!

吸音と遮音

吸音		遮音	
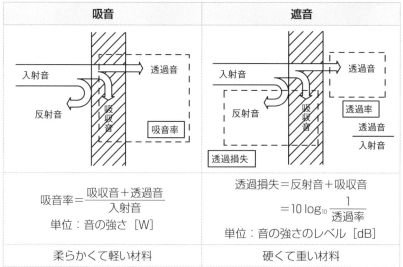			
$吸音率＝\dfrac{吸収音＋透過音}{入射音}$ 単位：音の強さ［W］		$透過損失＝反射音＋吸収音$ $＝10\log_{10}\dfrac{1}{透過率}$ 単位：音の強さのレベル［dB］	
柔らかくて軽い材料		硬くて重い材料	

4．人の耳に到達する音には，音源から直進する**直接音**と，天井や壁など
　ではね返される**反射音**があります。なお，直接音が聞こえてから，その
　後に反射音が聞こえることを**反響（エコー）**といいます。

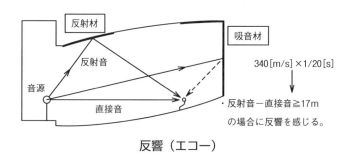

反響（エコー）

問題15

音に関する記述として，最も不適当なものはどれか。

1．遮音による騒音防止の効果を上げるには，壁や窓などの透過損失の値を高めるようにする。

2．床衝撃音には，軽量床衝撃音と重量床衝撃音がある。

3．講演を主とする室の最適残響時間は，音楽ホールに比べて長い。

4．NC曲線は，騒音が人に与える不快感やうるささの程度を，周波数別に許容値で示した曲線である。

解　説

1．**問題14** の 解　説 の3を参照してください。

2．**床衝撃音**には，足音や椅子・テーブルの移動等による**軽量**床衝撃音と，子供の飛び跳ね等による**重量**床衝撃音があります。

3．**最適残響時間**の長さの大小関係は，「(長) **音楽ホール**＞学校講堂＞映画館＞**講演を主とする室**（短）」です。

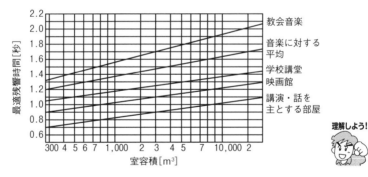

最適残響時間

4．**NC曲線**は，騒音が人に与える影響を考慮して，騒音の許容値を周波数別に評価した曲線です。値が小さいほど，許容される騒音レベルは低くなります。

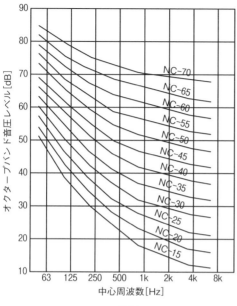

NC 値は，室内の騒音の評価値で，値が小さいほど楽に会話ができます。

NC 曲線

解答　3

問題16

音に関する記述として，最も不適当なものはどれか。

1．音が1点から球面状にひろがる場合，音の強さは音源からの距離の2乗に反比例する。

2．音は，伝搬の仕方によって，一般に空気伝搬音と固体伝搬音とに分けられる。

3．塀などの障壁の裏側に音が回り込む現象は，周波数の高い音の方が起こりやすい。

4．同じ機械を同じ出力で2台運転したとき，1台を止めると，音の強さのレベルは，約3dB減少する。

1．音が球面状に一様にひろがる点音源の場合，**音の強さは，音源からの**
距離の２乗に反比例します。したがって，音源からの距離が２倍になる
と，音の強さは１/４になり，音の強さのレベルは６［dB］減少します。

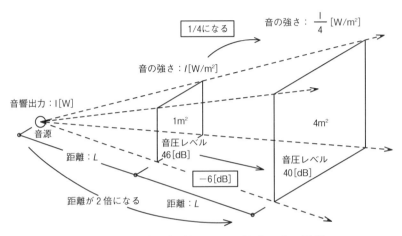

音源からの距離が２倍になった場合の音の拡散

2．一般に**伝搬音**は，音源から発生した音が空気中を伝わる音（**空気伝搬**
音）と，床や壁などを振動させて空気中に音として放射する音（**固体伝**
搬音）とに分けられます。

3．塀などの障壁の裏側に音が回り込む現象を**回折**といいます。一般に，
高周波数（短波長）の音は**直進性**が大きく，<u>低周波数（長波長）</u>の音は
<u>回折性</u>が大きいです。

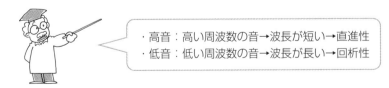

4．**同じ音が同時に2つあった場合**の音の強さのレベルは**約3dB大きくなる**ので，1台を止めると，音の強さのレベルは約3dB減少します。

① 同じ音が2つ存在
（＋3dB）

② 同じ音が3つ存在
（＋5dB）

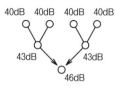

③ 同じ音が4つ存在
（＋6dB）

音の強さのレベルの合成

解答　3

5　色彩

色

- ☐ 補色を並べると，互いに強調しあい，あざやかさが増して見える。
- ☐ 色の温度感覚には，暖色や寒色と，それらに属さない中性色がある。
- ☐ 色の膨張や収縮の感覚は，一般に明度が高い色ほど膨張して見える。
- ☐ 各色相における最も彩度の高い色を，純色という。
- ☐ 壁の上部を明度の高い色，下部を明度の低い色で塗り分けると，安定感が生じる。
- ☐ 実際の位置より遠くに見える色を後退色，近くに見える色を進出色という。
- ☐ 純色に白又は黒を混色してできる色を，清色という。
- ☐ マンセル表色系では，色相について彩度の最大値は同じではない。
- ☐ 暖かく感ずる色相は，冷たく感ずる色相に比べ近距離に感じられる。
- ☐ マンセル色立体において，中心の鉛直軸は無彩色である。

試験によく出る問題 📋

問題17

色に関する記述として，最も不適当なものはどれか。

1．色の膨張や収縮の感覚は，一般に明度が高い色ほど膨張して見える。
2．色の温度感覚には，暖色や寒色と，それらに属さない中性色がある。
3．同じ色でもその面積が大きいほど，明るさや，あざやかさが増して見える。
4．補色を並べると，同化し，互いにあざやかさが失われて見える。

解　説

1．色の膨張や収縮の感覚は，一般に**明度や彩度が高いほど膨張**して見えます。

2．色の温度感覚には，**暖色**（暖かく感じる色）や**寒色**（寒く感じる色）と，それらに属さない**中性色**があります。

色の心理的効果

暖色と寒色	暖色：暖かく感じる色（赤〜黄），進出色 寒色：寒く感じる色（青緑〜青紫），後退色
膨張と収縮	明度・彩度が高いほど膨張して見える。
派手と地味	明度・彩度が高いほど派手に見える。
重いと軽い	明度の低い色は重く，高い色は軽く感じる。
硬いと柔らかい	明度の低い色は硬く，高い色は柔らかく感じる。

マンセル色相環

「暖色と寒色」，「膨張と収縮」など，対になる用語は，一緒に覚えましょう。

3．面積の大小によって起こる色の見え方を**面積効果**といい，同じ色でもその面積が大きいほど，明るさや，あざやかさが増して見えます。

4．補色を並べると，<u>互いに強調しあい，あざやかさが増して見え</u>，このような色の見え方を**補色対比**といいます。

理解しよう!

色の見え方

面積効果	大きい面積のものは小さい面積のものより，明度や彩度が増加して見える。
補色残像	ある色を見た後に白色を見ると，始めに見た色の補色が感じられる。

色相対比	同じ色でも背景色の影響を受けて，その色が背景色の補色に近づいて見える。 ・赤の背景色の黄色→緑かかって見える。 ・緑の背景色の黄色→赤みかかって見える。
明度対比	明度の低い色を背景→明度が高く見える。
彩度対比	彩度の低い色を背景→鮮やかに高彩度に見える。
補色対比	補色を並べた場合→互いに彩度が強調され鮮やかに見える。
プルキンエ現象	同じ色でも暗い所で見ると，短波長の青い色は鮮やかに見え，長波長の赤い色は次第に暗く沈んで見える。
演色性	壁などを照明する光源の種類や照明方法を変えると，同じ色でも異なった色に見えることがある。

解答 **4**

問題18

色に関する記述として，最も不適当なものはどれか。

1．色の温度感覚には，暖色や寒色と，それらに属さない中性色がある。
2．実際の位置よりも遠くに見える色を後退色，近くに見える色を進出色という。
3．色の膨張や収縮の感覚は，一般に明度が低いほど膨張して見える。
4．同じ色でもその面積が大きいほど，明るく，あざやかさが増して見える。

解　説

1．問題17 の 解　説 の2を参照してください。
2．実際の位置よりも遠くに見える色を**後退色**，近くに見える色を**進出色**といい，進出色である暖色は，寒色より近距離に感じます。
3．問題17 の 解　説 の1を参照してください。
色の膨張や収縮の感覚は，一般に**明度が高い**ほど膨張して見えます。
4．問題17 の 解　説 の3を参照してください。

解答 **3**

色に関する記述として, 最も不適当なものはどれか。

1. 各色相における最も明度の高い色を, 純色という。
2. 色合いをもたない明度だけをもつ色を, 無彩色という。
3. 純色に白又は黒を混色してできる色を, 清色という。
4. 2つの色を混ぜて灰色になるとき, その2色は互いに補色の関係にあるという。

解 説

1. 各色相の中で最も**彩度の高い色**を, **純色**といいます。
2. **無彩色**は, マンセル色立体の中心軸上の色で, 色合いをもたない**明度だけをもつ色**です。Nと明度のみで表し, 完全な黒が「N0」, 完全な白が「N10」です。

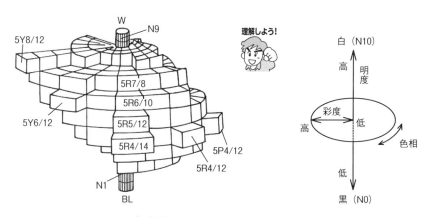

マンセル色立体

3. **清色**とは, **純色**に**白又は黒を混色**してできる色をいい, 純色に白のみを混ぜた場合を**明清色**, 黒のみを混ぜた場合を**暗清色**といいます。
4. マンセル色相環において対角線上に位置する2つの色は**補色**の関係にあり, 混ぜると**無彩色(灰色)**になります。

色の心理的効果に関する記述として，最も不適当なものはどれか。

1．色の温度感覚には，暖色や寒色と，それらに属さない中性色がある。

2．壁の上部を明度の低い色，下部を明度の高い色で塗り分けると，安定感が生じる。

3．色の派手，地味の感覚は，一般に，彩度が高いほど派手に感じられる。

4．実際の位置よりも遠くに見える色を後退色，近くに見える色を進出色という。

解　説

1．問題17 の 解　説 の2を参照してください。

2．壁の**上部**を**明度の高い色**，下部を**明度の低い色**で塗り分けると，安定感が生じます。

3．色の派手，地味の感覚は，明度・彩度が**高いほど派手**に感じられます。

4．問題18 の 解　説 の2を参照してください。

解答　2

1 − 2　一般構造

6　地盤・基礎

試験によく出る選択肢 ✏

地盤・基礎構造
- □ 沖積層より洪積層の方が，建築物の支持地盤として適している。
- □ 独立基礎は，一般に基礎梁を用いて相互に連結することが多い。
- □ 直接基礎の底面の面積が同じでも，基礎底面の形状が異なれば許容支持力は変わる。
- □ 直接基礎の底面は，冬季の地下凍結深度より深くする。
- □ 土の粒径は，レキ，砂，シルト，粘土の順に小さくなる。
- □ 圧密沈下の許容値は，独立基礎の方がべた基礎に比べて小さい。
- □ 地盤に不同沈下が予想される場合は，建物にエキスパンションジョイントを設ける。
- □ 直接基礎の鉛直支持力は，基礎スラブの根入れ深さが深くなるほど大きくなる。

杭基礎
- □ 支持杭は，硬い地層に杭先端を貫入させ，主にその杭の先端抵抗力で建物を支持する。
- □ 既製コンクリート杭のセメントミルク工法は，伏流水がある地盤に適していない。
- □ 地盤中に埋設された杭には，地震時に曲げモーメントが生じる。
- □ 杭に働く負の摩擦力とは，周囲の地盤が沈下することにより，杭周面に下向きに作用する力をいう。
- □ 摩擦杭は，主に土と杭周面の摩擦力で支える。
- □ 支持杭の許容支持力には，基礎スラブ底面における地盤の支持力は加算しない。
- □ 地震時に杭が曲げ破壊する場合には，破壊は杭上部に発生しやすい。
- □ 杭周辺の地盤に沈下が生じると，杭に作用する負の摩擦力は，摩擦杭より支持杭の方が大きい。

試験によく出る問題 📋

問題21

基礎構造に関する記述として，最も不適当なものはどれか。

1．直接基礎は，基礎スラブの形式によって，フーチング基礎とべた基礎に大別される。

2．同一建築物に杭基礎と直接基礎など異種の基礎を併用することは，なるべく避ける。

3．洪積層より沖積層の方が，建築物の支持地盤として適している。

4．直接基礎の鉛直支持力は，基礎スラブの根入れ深さが深くなるほど大きくなる。

解　説

1．**直接基礎**は，フーチング基礎（独立基礎，布基礎）とべた基礎に大別されます。

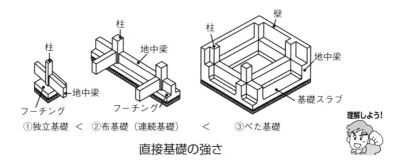

直接基礎の強さ

2．**不同沈下**などの障害が生じないようにするため，原則として，同一建築物に**異なる構造方法**による基礎を併用してはなりません。

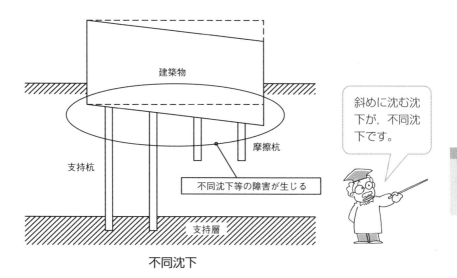

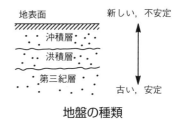

斜めに沈む沈下が，不同沈下です。

不同沈下

3．沖積層は新しい堆積層で，比較的軟弱です。**沖積層**より**洪積層**の方が，建築物の支持地盤として適しています。

地盤の種類	特　　徴
沖積層	新しく，不安定な地盤
洪積層	比較的安定した地盤
第三紀層	最も安定した地盤

地表面

新しい，不安定

沖積層

洪積層

第三紀層

古い，安定

地盤の種類

4．直接基礎には，建築物が水平力を受けた場合に横移動や浮上りが生じないように，適切な**根入れ深さを確保**します。その鉛直支持力は，基礎スラブの根入れ深さが**深くなるほど大きくなります**。

<u>解答　3</u>

問題22

基礎等に関する記述として，最も不適当なものはどれか。

1．複合フーチング基礎は，隣接する柱間隔が狭い場合などに用いられる。

2．独立フーチング基礎は，一般に梁で連結しない。

3．杭基礎は，一般に直接基礎で建物自体の荷重を支えられない場合に用いられる。

4．杭は支持形式による分類から，支持杭と摩擦杭に分けられる。

| 解　説 |

1．**複合**フーチング基礎は，２本以上の柱を１つのフーチングで支える基礎形式で，**隣接する柱間隔が狭い場合**などに用いられます。

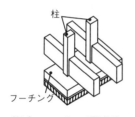

複合フーチング基礎

フーチング基礎には，「独立，複合，連続」の種類があります。

2．**独立**フーチング基礎は，**単一の柱**からの荷重を独立したフーチングによって支持する基礎です。一般に**地中梁で連結**して，**不同沈下を防止**します。

3．**杭基礎**は，地盤が軟弱で支持層が深い場合など，直接基礎で建物自体の荷重を支えられない場合に用いられます。

4．杭は**支持形式による分類**から，支持杭と摩擦杭に分けられます。

　　杭先端を強固な支持層（硬い地層）に貫入させ，建物重量の大部分を支持層に伝える杭を**支持杭**，杭周面の摩擦力で建物重量を地盤に伝える杭を**摩擦杭**といいます。

解答　**2**

問題23

杭基礎に関する記述として，最も不適当なものはどれか。

1．杭基礎の工法には，打込み杭，埋込み杭，場所打ちコンクリート杭などがある。
2．摩擦杭は，硬い地層に杭先端を貫入させ，主にその杭の先端抵抗力で建物を支持する。
3．杭の設計に当たっては，地震時に働く水平力などを考慮する。
4．鋼杭は，地中での腐食への対処として，鋼材の板厚に腐食代（しろ）を考慮する。

| 解　説 |

1．杭基礎の**工法による分類**には，打込み杭，埋込み杭，場所打ちコンクリート杭があります。

杭基礎の工法による分類

工　法	概　要
打込み杭	既製の杭を打撃や振動によって，地盤に打込む。
埋込み杭	既製の杭を，あらかじめ掘った穴に挿入する。
場所打ちコンクリート杭	杭を設置しようとする場所に穴をあけ，その中にかご状の鉄筋を挿入し，コンクリートを打込んでつくる。

2．**問題22** の | 解　説 | の4を参照してください。
　　硬い地層（支持層）に杭先端を貫入させ，主にその杭の**先端抵抗力で**建物を支持する杭は，**支持杭**です。
3．地震時には地盤も振動するので，杭の設計に当たっては，**地震時に働く水平力**などを考慮します。
4．**鋼杭**は防錆処理などの防錆対策が必要ですが，一般的には，**腐食代を見込んで肉厚を大きくする**ことで対応しています。

解答　**2**

問題24

杭基礎に関する記述として，最も不適当なものはどれか。

1．場所打ちコンクリート杭は，地盤を削孔し，その中に鉄筋かごを挿入してコンクリートを打ち込んでつくる。
2．外殻鋼管付コンクリート杭は，大きな水平力が作用する杭に適している。
3．既製コンクリート杭のセメントミルク工法は，伏流水がある地盤に適している。
4．鋼管杭は，既製コンクリート杭に比べて破損しにくく，運搬，仮置きに際して，取扱いが容易である。

解　説

1．**問題23** の 解　説 の1を参照してください。

2．**外殻鋼管付コンクリート杭（SC 杭）** は，高強度コンクリートを鋼管の中空部に注入し，遠心締固めによって製造した**鋼管コンクリート杭**です。膨張材を添加することでコンクリートと鋼管の付着力を高めており，大きな水平力が作用する杭に適しています。

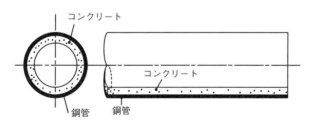

コンクリート

コンクリート

鋼管　　鋼管

外殻鋼管付コンクリート杭（SC 杭）

3．**セメントミルク工法**は，杭の**先端と周囲をセメントミルクで固める**ため，硬化するまでセメントミルクを逸散させないようにしなければなりません。したがって，<u>伏流水がある地盤においては検討が必要となり，適していません。</u>

4．**鋼管杭**は，既製コンクリート杭に比べて**質量が軽く**，運搬や仮置きに際して取扱いが簡単で，破損しにくいです。

解答　**3**

7 鉄筋コンクリート構造

試験によく出る選択肢 📝

鉄筋コンクリート構造

- ☐ 柱の最小径は，原則としてその構造耐力上主要な支点間の距離の1/15以上とする。
- ☐ コンクリートの設計基準強度が高くなると，鉄筋のコンクリートに対する許容付着応力度は高くなる。
- ☐ 耐震壁は，建築物の重心と剛心との距離ができるだけ小さくなるように配置する。
- ☐ ラーメン構造の梁に長期荷重が作用する場合には，一般に梁中央部の下側に引張力が生じる。
- ☐ 腰壁や垂れ壁が付いた柱は，地震時にせん断破壊を起こしやすい。
- ☐ 一般の鉄筋コンクリート造建築物では，風圧によって生じる応力より，地震によって生じる応力の方が大きい。
- ☐ 大梁は，せん断破壊よりも曲げ降伏を先行するように設計する。

鉄筋コンクリート造の配筋

- ☐ 四辺固定の長方形床スラブの中央部の引張鉄筋は，スラブの下側に配筋する。
- ☐ 基礎梁の出隅部の主筋では，異形鉄筋を使用した場合，鉄筋の末端部にフックを必要としない。
- ☐ あばら筋や帯筋は，梁や柱のせん断力に対して配置された鉄筋である。
- ☐ 梁の主筋は，主に梁の曲げ応力を負担する。
- ☐ 円形断面の柱の主筋は，8本以上とする。
- ☐ 柱のせん断力は，帯筋量を増やすことにより増加する。
- ☐ 柱の帯筋は，柱の曲げ耐力を高める効果はない。
- ☐ 鉄筋の線膨張係数は，コンクリートの線膨張係数とほぼ同じである。

試験によく出る問題 📋

問題25 出る！出る！出る！

鉄筋コンクリート構造に関する記述として，最も不適当なものはどれか。

1. コンクリートの短期の許容圧縮応力度は，長期に対する値の2倍とする。

2. 耐震壁は，上階，下階とも同じ位置になるように設けるのがよい。

3. 柱の最小径は，原則としてその構造耐力上主要な支点間の距離の $\frac{1}{20}$ 以上とする。

4. 大スパンの梁は，長期荷重によるクリープを考慮する。

解 説

1. コンクリートの**短期**の許容**圧縮**応力度は，**長期**に対する値の**2倍**とします。

コンクリートの許容応力度 [N/mm²]

種 類	長期許容応力度			短期許容応力度		
	圧縮	引張	せん断	圧縮	引張	せん断
普通コンクリート	Fc/3	—	Fc/30かつ (0.49＋Fc/100) 以下	長期の 2倍	—	長期の 1.5倍
軽量コンクリート			普通コンクリートに 対する値の0.9倍			

Fc：コンクリートの設計基準強度 [N/mm²]

2. **耐震壁**は，平面上で縦・横方向に**バランスよく配置**し，**上階，下階とも同じ位置**になるように設けるのがよいです。

3. **柱の最小径**は，普通コンクリートを使用する場合，その構造耐力上主要な支点間の距離の <u>1/15以上</u> とします。なお，軽量コンクリートを使用する場合は <u>1/10以上</u> とします。

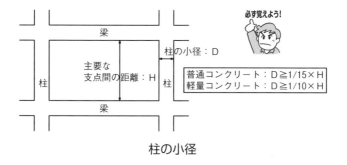

柱の小径

4．**クリープ**とは，一定の荷重が長期に作用した場合にひずみが増加する現象で，鉄筋よりコンクリートの方が生じやすいです。そのため梁にクリープが生じると，**コンクリートの圧縮強度が減少**し，**圧縮鉄筋の応力が増大**します。したがって，圧縮鉄筋を増やすなど，**長期荷重によるクリープによる影響**を考慮します。

解答　3

問題26

鉄筋コンクリート構造に関する記述として，最も不適当なものはどれか。

1．鉄筋に対するコンクリートのかぶり厚さは，構造耐力，耐久性及び耐火性を確保するために必要である。
2．柱の主筋の断面積の和は，コンクリートの断面積の0.8％以上とする。
3．鉄筋は，引張力以外に圧縮力に対しても有効に働く。
4．コンクリートの設計基準強度が高くなると，鉄筋のコンクリートに対する許容付着応力度は低くなる。

解　説

1．鉄筋に対するコンクリート被覆の厚さを**かぶり厚さ**といい，**構造耐力，耐久性及び耐火性を確保**するために必要です。

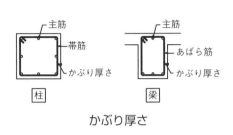

かぶり厚さは，部材の最外側の
帯筋やあばら筋から測ります。

かぶり厚さ

2．柱の主筋全断面積の和(柱の主筋比)は，コンクリート全断面積の0.8%
以上とします。

数値を覚えているだけで
点数にできます。

鉄筋コンクリートの鉄筋比	
梁のあばら筋比	
柱の帯筋比	0.2%以上
床スラブ筋比	
壁のせん断補強筋比	0.25%以上
柱の主筋比	0.8%以上

3．鉄筋コンクリート構造において，**圧縮力**は**コンクリートと鉄筋**が負担
し，**引張力**は**鉄筋のみ**が負担します。

4．鉄筋のコンクリートに対する**許容付着応力度**は，コンクリートの設計
基準強度が高いほど高くなります。

┌─ 許容付着応力度 ─────────────┐

理解しよう！

○コンクリートの設計基準強度が大きいほど大きい。
○梁の上端筋は，その他の鉄筋に比べて減少する。

解答　4

鉄筋コンクリート構造に関する記述として，最も不適当なものはどれか。

1．耐震壁は，建築物の重心と剛心との距離ができるだけ大きくなるように配置する。

2．柱は，軸方向の圧縮力，曲げモーメント及びせん断力に十分耐えられるようにする。

3．大梁は，柱と柱をつなぎ床の荷重を支えると同時に，地震力などの水平荷重にも抵抗する部材である。

4．床スラブは，床の鉛直荷重を梁に伝えるとともに，地震時には架構が一体となって水平力に抵抗させる役割を持っている。

建築学

解　説

1．地震力が建築物の中心である**重心**に作用するのに対して，それに抵抗する回転の中心は**剛心**です。重心と剛心との距離が大きい場合には**ねじれ変形**を起こすので，重心と剛心との距離はできるだけ**小さくなる**ように計画します。

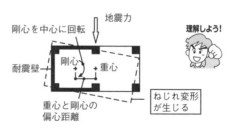

ねじれ変形の発生

3．**大梁**は柱と柱をつないで骨組みを構成し，床の荷重を支えると同時に，地震力などの水平荷重にも抵抗します。

4．**床スラブ**は，床の**鉛直荷重**を支えるだけでなく，地震力等の**水平力**を柱や耐震壁に伝達する働きもあります。

解答　　1

問題28

鉄筋コンクリート造の配筋に関する記述として，最も不適当なものはどれか。

1. 基礎梁の出隅部の主筋では，異形鉄筋を使用しても鉄筋の末端部にフックを必要とする。
2. 構造耐力上主要な部分である柱の帯筋比は，0.2％以上とする。
3. 梁せいが大きい場合，あばら筋の振れ止め，はらみ止めとして，腹筋と幅止め筋を設ける。
4. 四辺固定の長方形床スラブの中央部の引張鉄筋は，スラブの下側に配筋する。

解 説

1. 下記に示す鉄筋の末端部には，フックを付けなければなりません。したがって，**基礎梁**の出隅部の主筋では，末端部にフックを必要としません。

末端部にフックが必要な箇所

○丸鋼（丸鋼の末端部にはすべてフックが必要）
○あばら筋，帯筋
○柱及び梁（基礎梁を除く）の出隅部の鉄筋
○煙突の鉄筋

2. 問題26 の 解 説 の2の表を参照してください。
3. 梁せいが大きい場合，あばら筋の振れ止め，はらみ止めとして，上下の主筋の間に**腹筋**と**幅止め筋**を設けます。

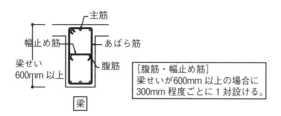

腹筋と幅止め筋

4．四辺固定の長方形床スラブの**中央部**は，スラブの下側に曲げモーメントが生じるので，引張鉄筋はスラブの**下側に配筋**します。

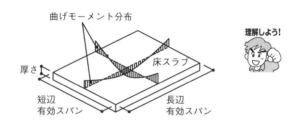

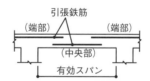

四辺固定の長方形床スラブ

解答　1

8 鉄骨構造

試験によく出る選択肢 📝

鉄骨構造

- ☐ スチフナーは，梁のウェブの座屈防止のために設ける補強材である。
- ☐ 引張材では，ボルト孔などの断面欠損は部材の強さに影響する。
- ☐ フィラープレートは，厚さの異なる板を高力ボルトなどで接合する際，板厚の差をなくすために挿入する板である。
- ☐ 溶接と高力ボルトを併用する継手で，高力ボルトを先に行う場合は両方の許容耐力を加算してよい。
- ☐ スプライスプレートは，ボルト接合の継手を構成するために，母材に添える板のことである。
- ☐ エンドタブは，溶接の始端と終端に取り付ける補助板のことをいう。
- ☐ 隅肉溶接の有効長さは，隅肉溶接の始端から終端までの長さから隅肉サイズの2倍を減じたものである。
- ☐ 高力ボルト接合の摩擦面には，錆の発生などによる一定の値以上のすべり係数が必要である。
- ☐ 超音波探傷試験は，溶接部の内部欠陥の検査に使用される。

鉄骨構造の建築物の一般的な特徴

- ☐ 鋼材は強くて粘りがあるため，鉄筋コンクリート構造に比べ，変形能力が大きい。
- ☐ 鋼材は不燃材料であるが，鉄骨構造の骨組は十分な耐火性能を有しない。
- ☐ 鉄骨は，腐食しやすく，かつ，熱の影響を受けやすい。
- ☐ 鉄筋コンクリート構造に比べて自重が小さいため，建築物に入力する地震力は小さくなる。

試験によく出る問題

問題29

鉄骨構造に関する記述として，最も不適当なものはどれか。

1．添え板（スプライスプレート）は，梁のウェブの座屈防止のために設
 ける補強材である。
2．合成梁に用いる頭付きスタッドは，鉄骨梁と鉄筋コンクリート床版が
 一体となるように設ける部材である。
3．ダイアフラムは，柱と梁の接合部に設ける補強材である。
4．柱脚の形式には，露出形式，根巻き形式，埋込み形式がある。

第1章

建築学

解 説

1．**スプライスプレート**は，ボルト接合部の継手を構成するために母材に
 添える板をいいます。設問の記述は，**スチフナー**についての内容です。

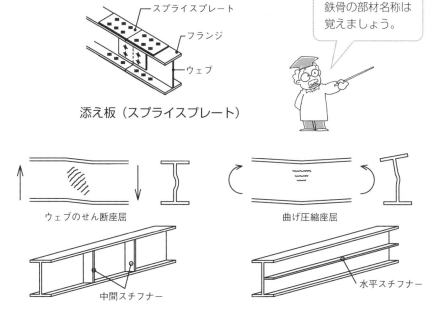

ウェブの座屈とスチフナー

2．合成梁に用いる**頭付きスタッド（スタッドボルト）**は，鉄骨梁と鉄筋
コンクリートスラブが一体となって働くように，梁フランジ上端面に**ス
タッド溶接**します。

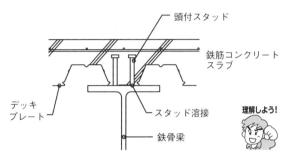

スタッド溶接による合成スラブ

3．**柱と梁の接合部**は，取りつく梁からの力が集中する部分となり，複雑
な力が生じます。この応力を滑らかに伝達させて，接合部に変形を生じ
させないようにするため，梁のフランジの延長上に**ダイアフラムを設け
て補強**します。

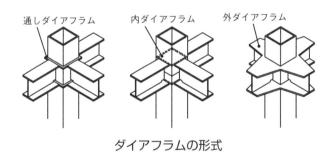

ダイアフラムの形式

4. **柱脚の形式**には，露出形式，根巻き形式，埋込み形式があり，その固
   定度の大小関係は，埋込み形式＞根巻き形式＞露出形式です。

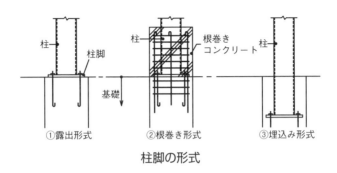

柱脚の形式

解答　1

問題30

鉄骨構造に関する記述として，最も不適当なものはどれか。

1．引張材では，ボルト孔などの断面欠損は部材の強さに影響しない。
2．軽量鋼構造の軽量形鋼は，普通の形鋼に比べて部材にねじれや局部座
   屈が生じやすい。
3．高力ボルト接合の摩擦面は，適切な粗さにして一定のすべり係数を確
   保する。
4．合成梁に用いるスタッドボルトは，鉄骨梁と鉄筋コンクリート床版が
   一体となって働くようにするために設ける。

解　説

1．**引張材**では，ボルト孔などの**断面欠損**は部材の強さに影響します。引
   張応力度の算定において用いる**有効断面積**（A_N）は，材軸に垂直な面
   の**全断面積**（A）から，ボルト孔などによる**欠損面積**（$2 \times d \times t$）を
   引いて算出します。

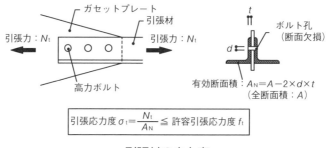

$$引張応力度\ \sigma_t = \frac{N_t}{A_N} \leqq 許容引張応力度\ f_t$$

引張材の応力度

2．軽量鋼構造の**軽量形鋼**は，材厚が幅に比べて薄いため，普通の形鋼に比べて部材に**ねじれや局部座屈が生じやすく**，応力が集中する部分は弱点になりやすいです。

3．高力ボルト接合の**摩擦面**は，適切な粗さにして一定の**すべり係数0.45**（亜鉛めっきの場合：0.4）を確保します。

4．**問題29**の　解　説　の2を参照してください。

解答　1

問題31

鉄骨構造の建築物の一般的な特徴に関する記述として，最も不適当なものはどれか。

1．鉄筋コンクリート構造に比べ，大スパンの建築物が可能である。

2．鉄筋コンクリート構造に比べ，工場加工の比率が高く，現場作業が少ない。

3．鉄筋コンクリート構造に比べ，鋼材は強くて粘りがあるため，変形能力が小さい。

4．鉄筋コンクリート構造に比べ，同じ容積の建築物では，構造体の軽量化が図れる。

　鋼材は強くて粘りがある（**靭性に富む**）ため，鉄筋コンクリート構造に比べ，比較的小さな部材で骨組を構成でき，その**変形能力も大きい**です。

鉄骨構造の一般的な特徴

○靭性に富み粘り強いので，耐震性に優れている。

○細く薄い部材であるため，座屈やねじれなどによる変形を考慮する。

○鋼材は不燃材料であるが，十分な耐火性能を有しない。

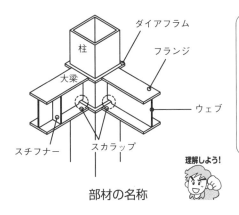

・フランジ ——— 曲げモーメントを負担

・ウェブ ——— せん断力を負担

・ダイアフラム ——— 箱形断面材の局部破壊の防止

・スチフナー ——— ウェブの局部座屈の防止

・スカラップ ——— 溶接継目の交差の防止

理解しよう！

部材の名称

解答　3

問題32

鉄骨構造の接合に関する記述として，最も不適当なものはどれか。

1．完全溶込み溶接は，溶接部の強度が母材と同等になるように全断面を完全に溶け込ませる溶接である。

2．隅肉溶接の有効長さは，隅肉溶接の始端から終端までの長さである。

3．普通ボルト接合を用いる場合には，建築物の延べ面積，軒の高さ，張り間について制限がある。

4．高力ボルト摩擦接合は，高力ボルトで継手部材を締め付け，部材間に生じる摩擦力によって応力を伝達する接合法である。

1．応力を伝達する溶接継目の形式は，完全溶込み溶接，部分溶込み溶接，隅肉溶接に大別されます。**完全溶込み溶接**は，突き合わせ母材に開先（溝，グルーブ）を作り，そこを溶着金属で埋めて接合する溶接継目であり，**すべての応力を伝達する**ことができます。

①完全溶込み溶接　　　②部分溶込み溶接　　　③隅肉溶接

溶接継目の形式

2．隅肉溶接の**有効長さ**は，**隅肉溶接の始端から終端までの長さ（溶接の全長）**から，隅肉の**サイズの2倍**を減じたものとします。

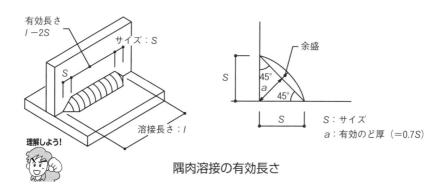

隅肉溶接の有効長さ

3．**普通ボルト接合**は，ボルトが緩まないように**戻り止め**（コンクリートに埋込む，ナット部分を溶接する，二重ナットを使用するなど）を行った上で，**軒高9m以下，スパン13m以下，かつ，延べ面積3,000m²以下**の場合の建築物に使用できます。

4．**高力ボルト摩擦接合**は，接合部を強い力で締め付け，ボルトの軸に導入された軸力によって生じる**部材間の摩擦力**によって力を伝達する接合です。

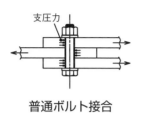

支圧力

普通ボルト接合

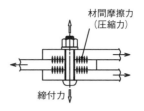

材間摩擦力
（圧縮力）

締付力

高力ボルト摩擦接合

<u>解答　2</u>

9 木構造

試験によく出る選択肢 📝

木造在来軸組構法

□ 軒桁は，垂木を直接受けて屋根荷重を柱に伝えるために用いられる。

□ 地震力に対して有効な耐力壁の必要長さは，各階の床面積が同じ2階建であれば，2階より1階の方が大きい。

□ 構造耐力上主要な部分である柱の有効細長比は，150以下とする。

□ 筋かいを入れた軸組の構造耐力上必要な長さの算定において，軸組長さに乗ずる倍率は，たすき掛けの場合，片側のみの場合の2倍とする。

□ 3階建の1階の柱の断面は，原則として，小径13.5cm以上とする。

□ 圧縮力を負担する木材の筋かいは，厚さ3cm以上で，幅9cm以上とする。

□ 垂木と軒桁の接合には，ひねり金物を用いる。

□ 軒桁と小屋梁の接合には，羽子板ボルトを用いる。

試験によく出る問題 📋

問題33

木造在来軸組構法に関する記述として，最も不適当なものはどれか。

1．大梁その他の横架材のスパン中央部付近の下側には，欠込みを設けないものとする。

2．胴差は，垂木を直接受けて屋根荷重を柱に伝えるために用いられる。

3．床などの水平構面は，水平荷重を耐力壁や軸組に伝達できるよう水平剛性をできるだけ高くする。

4．筋かいをたすき掛けにするため，やむを得ず筋かいを欠き込む場合は，必要な補強を行う。

┌─ 解　説 ─────────────────

1．梁，桁その他の横架材には，そのスパン**中央部付近の下側**に構造耐力上支障のある**欠込みを設けない**ものとします。

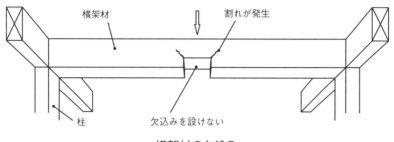

横架材の欠込み

2．**胴差**は，建物外周部の 2 階以上の床の位置で，柱を相互につないでいる横架材です。なお，**軒桁**は，**垂木**を直接受けて屋根荷重を柱に伝えるために用いられます。

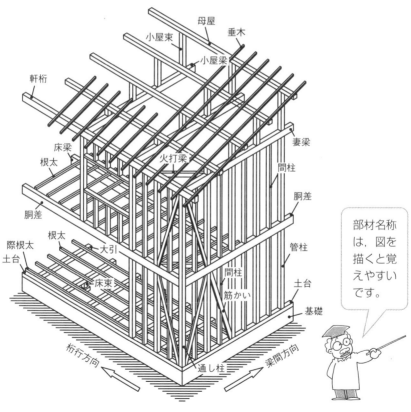

木造軸組構法

部材名称は，図を描くと覚えやすいです。

木造軸組構法の主な部材

真　壁	壁の仕上げ面を柱と柱の間に納め，柱が外面に現れる壁をいう。
軒　桁	垂木を直接受けて屋根荷重を柱に伝えるために用いられる。
胴　差	2階以上の床の位置で柱を相互に繋いでいる横架材である。
土　台	柱の下部に配置して，柱からの荷重を基礎に伝えるために用いられる。
筋かい	圧縮筋かい：厚さ3cm×幅9cm以上， 引張筋かい：厚さ1.5cm×幅9cm以上
火打梁	桁と梁の交差部に入れ，骨組の水平面を堅固にするために用いられる。
柱	柱の有効細長比：150以下， 3階建ての1階の柱の断面：小径13.5cm以上

3．床などの水平構面は，水平荷重を耐力壁や軸組に伝達する役割があるので**水平剛性をできるだけ高く**します。

4．筋かいを**たすき掛け**にするため，やむを得ず筋かいを欠き込む場合は，**必要な補強**を行い，**交差する筋かいのどちらか一方を通さ**なければなりません。

解答　2

問題34

木造在来軸組構法に関する記述として，最も不適当なものはどれか。

1．和小屋の小屋梁には，曲げモーメントが生じる。

2．地震力に対して有効な耐力壁の必要長さは，各階の床面積が同じ2階建であれば，1，2階とも同じである。

3．筋かいと間柱の交差する部分は，筋かいを欠き取らずに，間柱断面を切り欠くようにする。

4．土台は軸組最下部の水平材で，柱の下端を連結し，柱からの荷重を基礎に伝えるために用いられる。

1. 和小屋は，小屋梁や小屋束などの水平・垂直材で構成され，小屋梁に働く主要な力は**曲げモーメント**です。

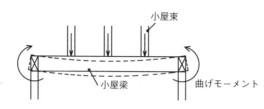

小屋束

小屋梁

曲げモーメント

和小屋の小屋梁

2. **地震力に対して有効な耐力壁の必要長さは，建築物の階数と屋根葺材の種類によって異なります**。各階の床面積が同じ2階建の場合， 1階の方が2階よりも大きくなります。

地震力に対して必要な壁量

建築物	階の床面積に乗ずる数値〔cm/m²〕					
	平家	2階建		3階建		
		1階	2階	1階	2階	3階
重い屋根（瓦葺等）の建物	15	33	21	50	39	24
軽い屋根（スレート，金属板等）の建物	11	29	15	46	34	18
階数の算定については，地階の部分の階数は算入しない。						

2階建ての場合，1階部分は2階部分を支えているので，2階部分より重くなり，地震力が大きいです。

3. **筋かいと間柱が交差する部分**では，壁の下地材を取付けるための補助材である**間柱の方を切り欠きます**。

第1章

建築学

4．**土台**は，柱の下部に配置して，柱からの荷重を基礎に伝えるために用いられます。

解答　2

問題35

木造在来軸組構法に関する記述として，最も不適当なものはどれか。

1．筋かいにより引張力が生じる柱の脚部近くの土台には，アンカーボルトを設置する。
2．構造耐力上主要な部分である柱の有効細長比は，200以下とする。
3．梁，桁その他の横架材のスパン中央部付近の下側には，欠込みを設けないものとする。
4．火打梁は，外周軸組の四隅や大きな力を受ける間仕切軸組の交差部に入れ，骨組の水平面を堅固にする。

解　説

1．1階の柱に**筋かいが取り付く場合**は，柱心より**200mm 程度**の位置に**アンカーボルト**を設置します。
2．構造耐力上主要な部分である**柱の有効細長比**は，**150以下**とします。

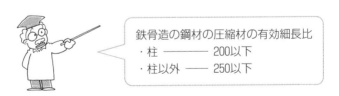

鉄骨造の鋼材の圧縮材の有効細長比
・柱 ―――― 200以下
・柱以外 ―― 250以下

3．**問題33** の　**解　説**　の1を参照してください。
4．**火打梁**は，桁と梁など**外周軸組の四隅**や大きな力を受ける間仕切軸組の交差部に入れて，骨組の水平面を堅固にするために用いられます。

解答　2

10 構造計画

試験によく出る選択肢 📝

構造設計における荷重及び外力
- ☐ 地震層せん断力係数は，上階になるほど大きくなる。
- ☐ 事務室の積載荷重の値は，一般に，大梁，柱又は基礎の構造計算用より，床の構造計算用の方を大きくする。
- ☐ 多雪区域以外の区域の場合，地震時において積雪荷重を考慮しない。
- ☐ 建物に耐震上設けるエキスパンションジョイント部のあき寸法の検討には，建物の高さを考慮する。
- ☐ 耐震の面からは，剛心と重心との距離をできるだけ小さくする。
- ☐ 風圧力と地震力は，同時に作用するものとして計算しない。

構造材料の力学的性質
- ☐ 弾性体の応力度σとひずみ度εとの比（σ/ε）をヤング係数という。
- ☐ 応力度−ひずみ度曲線において，弾性限度を超える範囲を塑性域という。
- ☐ 熱膨張係数とは，熱による材料の単位長さ当たりの膨張長さの割合をいう。
- ☐ 引張応力度の算定には，断面二次モーメントは関係しない。
- ☐ 圧縮応力度の算定には，断面係数は関係しない。

試験によく出る問題 📋

問題36

建築物の構造設計における荷重及び外力に関する記述として，最も不適当なものはどれか。

1. 風力係数は，建築物の断面及び平面の形状に応じて定められた数値とするか，風洞実験によって定める。
2. 地震層せん断力係数は，上階になるほど小さくなる。
3. 床の積載荷重の値は，床の構造計算をする場合と大梁の構造計算をする場合で，異なる数値を用いることができる。
4. 多雪区域における地震力の算定に用いる荷重は，建築物の固定荷重と積載荷重の和に積雪荷重を加えたものとする。

1．**風圧力 Q** は，（速度圧 q）×（風力係数 C_f）で計算し，速度圧 q，風力係数 C_f は，次式によって計算します。なお，風力係数は，風洞試験によって定める場合のほか，**建築物の断面及び平面の形状**に応じて国土交通大臣によって定められています。

$$q=0.6\times E\times V_0^2$$

　　E：当該建築物の屋根の高さ及び周辺の地域に存する建築物その他の工作物，樹木その他の風速に影響を与えるものの状況に応じて国土交通大臣が定める方法により算出した数値

　　V_0：その地方における過去の台風の記録に基づく風害の程度その他の風の性状に応じて30〔m/s〕から46〔m/s〕までの範囲内において国土交通大臣が定める風速

$$C_f=C_{pe}-C_{pi}$$

　　C_{pe}：建築物の外圧係数（屋外から押す方向を正とする）

　　C_{pi}：建築物の内圧係数（屋内から押す方向を正とする）

2．**地震層せん断力係数 C_i** は，$C_i=Z\times R_t\times A_i\times C_0$ で計算されます。このうち，A_i は地震層せん断力係数の**高さ方向の分布係数**で，上階ほど大きな値となり，C_i も**上階**になるほど**大きな値**となります。

地震層せん断力係数の高さ方向の分布係数 A_i

○上階ほど，また設計用一次固有周期が長いほど，大きな値となる。

○地上部分の最下層は，$A_i=1.0$ とする。

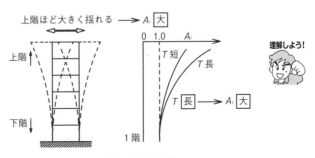

高さ方向の分布係数 A_i

3. 積載荷重の値は，室の種類，**構造計算の対象により数値が異なり**，構造計算用の積載荷重の大小関係は，**床用＞大梁・柱・基礎用＞地震力用**です。

積載荷重

構造計算の対象 室の種類		（い） 床の構造計算をする場合 （単位 N/m²）	（ろ） 大ばり，柱又は基礎の構造計算をする場合 （単位 N/m²）	（は） 地震力を計算する場合 （単位 N/m²）
(1)	住宅の居室，住宅以外の建築物における寝室又は病室	1,800	1,300	600
(2)	事務室	2,900	1,800	800
(3)	教室	2,300	2,100	1,100
(4)	百貨店又は店舗の売場	2,900	2,400	1,300
(5)	劇場，映画館，演芸場，観覧場，公会堂，集会場その他これらに類する用途に供する建築物の客席又は集会室　固定席の場合	2,900	2,600	1,600
	その他の場合	3,500	3,200	2,100
(6)	自動車車庫及び自動車通路	5,400	3,900	2,000
(7)	廊下，玄関又は階段	(3)～(5)までに掲げる室に連絡するものにあっては，(5)の「その他の場合」の数値による。		
(8)	屋上広場又はバルコニー	(1)の数値による。ただし，学校又は百貨店の用途に供する建築物にあっては，(4)の数値による。		

4. **多雪区域**における地震力の算定に用いる荷重は，建築物の**固定荷重 G** と**積載荷重 P** の和に**積雪荷重0.35S** を加えたものとします。

応力の組合せ

力の種類	想定する状態	一般区域 (多雪区域外)	多雪区域の場合
長期に生ずる力	常　時	$G+P$	$G+P$
	積雪時		$G+P+0.7S$
短期に生ずる力	積雪時	$G+P+S$	$G+P+S$
	暴風時	$G+P+W$	$G+P+W$
			$G+P+0.35S+W$
	地震時	$G+P+K$	$G+P+0.35S+K$

G：固定荷重によって生ずる力　　　W：風圧力によって生ずる力
P：積載荷重によって生ずる力　　　K：地震力によって生ずる力
S：積雪荷重によって生ずる力

解答　2

問題37

　建築物に作用する荷重及び外力に関する記述として，最も不適当なものは
どれか。
　1．固定荷重は，建築物各部自体の体積にその部分の材料の単位体積質量
　　及び重力加速度を乗じて算定する。
　2．事務室の積載荷重の値は，一般に，大梁，柱又は基礎の構造計算用よ
　　り，床の構造計算用の方を小さくする。
　3．屋根面における積雪量が不均等となるおそれのある場合は，その影響
　　を考慮して積雪荷重を計算する。
　4．風圧力は，速度圧に風力係数を乗じて計算する。

解　説

　1．**固定荷重**は，建築物自体の**重さ**に仕上げ材等の**重さ**を加えた荷重で，
　　建築物各部自体の**体積**にその部分の材料の単位**体積質量**及び**重力加速度**
　　を乗じて算定します。
　2．問題36 の 解　説 の3を参照してください。
　　　積載荷重の値は，**大梁，柱又は基礎の構造計算**用より，**床の構造計算**
　　用の方を**大きく**します。

3．積雪荷重は，屋根全体に雪が一様に分布している場合に比べて，一部
　　が溶けるなど，**不均等な分布となる方が不利になる場合があるので，そ**
　　の影響を考慮します。

4．**問題36**の｜解　説｜の1を参照してください。
　　風圧力は，（速度圧）×（風力係数）で求めます。

解答　2

問題38

構造材料の力学的性質に関する記述として，最も不適当なものはどれか。

1．弾性係数の一つで，垂直応力度 σ と材軸方向のひずみ度 ε との比（σ / ε）をヤング係数という。

2．物体の一軸方向に外力が作用するとき，伸びのひずみとそれに対し直
　　角方向に収縮するひずみとの比をポアソン比という。

3．応力度－ひずみ度曲線において，弾性限度を超えない範囲を塑性域と
　　いう。

4．一定の大きさの持続荷重によってひずみが時間とともに増大する現象
　　をクリープという。

｜解　説｜────────────────────────

1．弾性体の応力度 σ とひずみ度 ε との比（σ / ε）を**ヤング係数**といいます。

ヤング係数は，力と変形の関係を表す比例定数です。

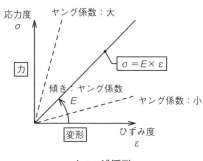

ヤング係数

2．物体の一軸方向に外力（N）が作用する場合，**伸びのひずみ（ε）**とそれに対し**直角方向に収縮するひずみ（ε'）**との比（ε'/ε）を**ポアソン比**といいます。

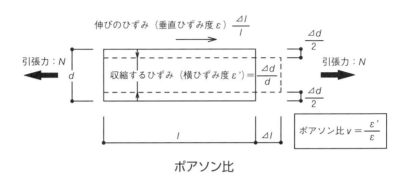

伸びのひずみ（垂直ひずみ度 ε）$\dfrac{\varDelta l}{l}$

引張力：N

収縮するひずみ（横ひずみ度 ε'）＝$\dfrac{\varDelta d}{d}$

d

引張力：N

$\dfrac{\varDelta d}{2}$

$\dfrac{\varDelta d}{2}$

l　　　　$\varDelta l$

ポアソン比 $v = \dfrac{\varepsilon'}{\varepsilon}$

ポアソン比

3．応力度－ひずみ度曲線において，**弹性限度を超えない範囲を弹性域**といい，**超える範囲を塑性域**といいます。

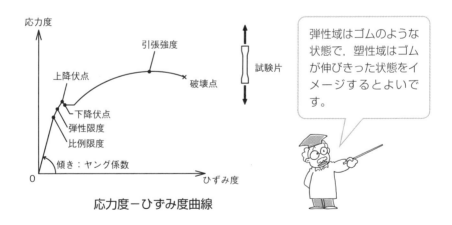

応力度

引張強度

上降伏点

破壊点

下降伏点
弹性限度
比例限度

傾き：ヤング係数

0

ひずみ度

応力度－ひずみ度曲線

試験片

弹性域はゴムのような状態で，塑性域はゴムが伸びきった状態をイメージするとよいです。

4．一定の荷重を継続して載荷すると，時間の経過に伴い変形が増大する現象を**クリープ**といいます。

解答　**3**

11 構造力学

試験によく出る問題 📋

問題39

図に示す集中荷重を受ける単純梁の支点 A 及び B に生じる鉛直反力（V_A, V_B）及び水平反力（H_A, H_B）の値として，誤っているものはどれか。

ただし，$\cos\theta = \dfrac{3}{5}$ とし，反力は右向き及び上向きを「＋」，左向き及び下向きを「－」とする。

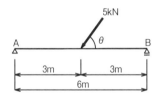

1．$V_A = + 3$ kN
2．$V_B = + 2$ kN
3．$H_A = + 3$ kN
4．$H_B = 0$ kN

解　説

斜めの荷重は，水平方向と垂直方向に分解します。

$\cos\theta = \dfrac{3}{5}$ より，斜線の長さが 5，横線の長さが 3 の直角三角形に該当するので，鉛直荷重 4 kN，水平荷重 3 kN となります。

斜めの荷重の分解

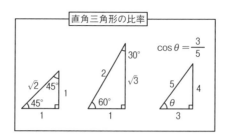

必ず覚えよう！

支点A及びBに生じる反力を図のように設定します。ただし，移動端である支点Bには，反力は生じません。（$H_B = 0$ kN）

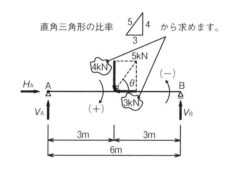

直角三角形の比率 から求めます。

$\boxed{H_A \text{ を求める。}}$

・$\Sigma X = 0$ より，

$H_A - 3 = 0$

∴ $\underline{H_A = 3\ [\text{kN}]}$

$\boxed{V_B \text{ を求める。}}$

・$\Sigma M_A = 0$ より，

$4 \times 3 - V_B \times 6 = 0$

$12 - V_B \times 6 = 0$

∴ $\underline{V_B = 2\ [\text{kN}]}$

$\boxed{V_A \text{ を求める。}}$

・$\Sigma Y = 0$ より，$V_A + V_B - 4 = 0$

$V_B = 2\ [\text{kN}]$ から，$V_A + 2 - 4 = 0$

∴ $\underline{V_A = 2\ [\text{kN}]}$

解答　1

移動端	回転端	固定端
$\downarrow V$	$H \rightarrow$ $\uparrow V$	$H \rightarrow$ M $\uparrow V$
V：鉛直反力	V：鉛直反力 H：水平反力	V：鉛直反力 H：水平反力 M：モーメント

$(+)$
$(-)$ ←―・―→ $(+)$
$(-)$

反力の符号　　　　　　モーメントの符号

$(+)$　　$(-)$

━━ つり合い条件式 ━━

○$\Sigma X = 0$（水平方向の力の合計が 0 ）→水平方向の力がつり合っている。

○$\Sigma Y = 0$（鉛直方向の力の合計が 0 ）→鉛直方向の力がつり合っている。

○$\Sigma M = 0$（モーメントの合計が 0 ）　→モーメント（回転力）がつり合っ
　　　　　　　　　　　　　　　　　　　　ている。

必ず覚えよう!

問題40

　図に示す単純梁の左側半分に等分布荷重 *w* が作用するとき，梁の中央部 C点に生ずる曲げモーメント *M* とせん断力 Q の大きさの組合せとして，正しいものはどれか。

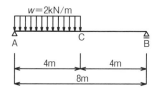

1．$M = 8\,KN\cdot m$,　$Q = 2\,KN$
2．$M = 8\,KN\cdot m$,　$Q = 4\,KN$
3．$M = 16KN\cdot m$,　$Q = 2\,KN$
4．$M = 16KN\cdot m$,　$Q = 4\,KN$

解　説

　等分布荷重や等辺分布荷重は，集中荷重に置き換えます。

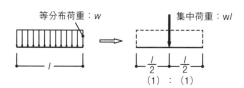

等分布荷重の置き換え

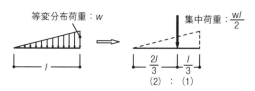

等変分布荷重の置き換え

応力を求める点で構造物を切断し，片方を選択します。ただし，選択する方に支点がある場合は，**切断する前に反力を求めておきます**。

(1) 反力の算定

V_B を求める。

・$\Sigma M_A = 0$ より，

$8 \times 2 - V_B \times 8 = 0$

$16 - V_B \times 8 = 0$

∴ $\underline{V_B = 2 \ [\text{kN}]}$

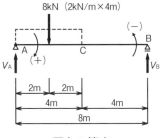

反力の算定

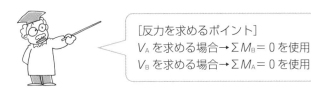

[反力を求めるポイント]
V_A を求める場合 → $\Sigma M_B = 0$ を使用
V_B を求める場合 → $\Sigma M_A = 0$ を使用

(2) 応力の算定

Q_C を求める。

・$\Sigma Y = 0$ より，

$Q_C + V_B = 0$

$Q_C + 2 = 0$

∴ $\underline{Q_C = -2 \ [\text{kN}]}$

したがって，<u>せん断力の大きさは 2 kN</u> です。

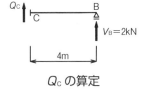

Q_C の算定

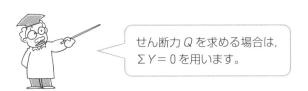

せん断力 Q を求める場合は，
$\Sigma Y = 0$ を用います。

$\boxed{M_\text{C} \text{を求める。}}$

・$\Sigma M_\text{C} = 0$ より，

$M_\text{C} - V_\text{B} \times 4 = 0$

$M_\text{C} - 2 \times 4 = 0$

∴ $\underline{M_\text{C} = 8}$ ［kN・m］

したがって，曲げモーメントの大

きさは 8 kN・m です。

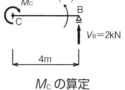

M_C の算定

曲げモーメント M を求める場合は，
$\Sigma M_\text{C} = 0$ を用います。
（回転の中心：応力を求める点 C）

解答　1

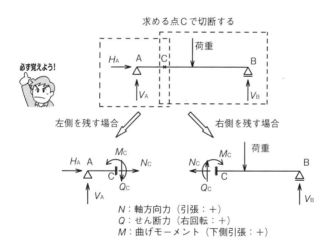

N：軸方向力（引張：＋）
Q：せん断力（右回転：＋）
M：曲げモーメント（下側引張：＋）

応力の求め方（切断方法）

問題41

図に示す片持ち梁の A 点に集中荷重 P が，AB 間に等分布荷重 w がそれぞれ作用したとき，支点 B に生じる垂直反力 V_B とモーメント反力 M_B の値の組合せとして，正しいものはどれか。

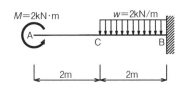

	V_B	M_B
1.	上向き 2 kN	右回り 6 KN・m
2.	下向き 2 kN	左回り 2 KN・m
3.	上向き 4 kN	右回り 6 KN・m
4.	下向き 4 kN	左回り 2 KN・m

解　説

$\boxed{V_B \text{ を求める。}}$

・$\Sigma Y = 0$ より，

$\quad -4 + V_B = 0$

$\quad \therefore \quad \underline{V_B = 4 \ [\text{kN}] \ （上向き）}$

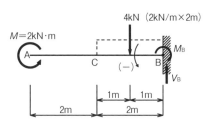

$\boxed{M_B \text{ を求める。}}$

・$\Sigma M_B = 0$ より，

$\quad -2 - 4 \times 1 + M_B = 0$

$\quad\quad\quad -6 + M_B = 0$

$\quad \therefore \quad \underline{M_B = 6 \ [\text{kN} \cdot \text{m}] \ （右回り）}$

解答　**3**

図に示す片持梁に同じ大きさの集中荷重 P が作用したときの曲げモーメント図として，正しいものはどれか。

ただし，曲げモーメントは材の引張側に描くものとする。

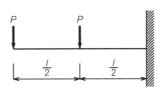

1.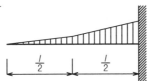

2.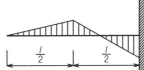

3.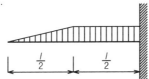

4.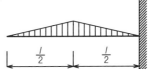

解　説

$\boxed{M_\text{A} を求める。}$

・$\Sigma M_\text{A} = 0$ より，

$$-P \times \frac{l}{2} - M_\text{A} = 0$$

$$\therefore \quad M_\text{A} = -\frac{Pl}{2} \ （上側引張）$$

M 図

$\boxed{M_\text{B} \text{を求める。}}$

・$\Sigma M_\text{B}= 0$ より，

$$-P \times l - P \times \frac{l}{2} - M_\text{B} = 0$$

∴ $M_\text{B} = -\dfrac{3Pl}{2}$（上側引張）

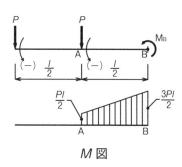

M 図

モーメント図を描く場合，荷重が
生じている点や支点のモーメント
を求めるとよいです。

以上のことから，モーメント図は，次の図となります。

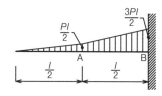

解答　1

1−3 建築材料

12 木材・木質材料

試験によく出る選択肢 ✏️

木材の一般的な性質
- ☐ 木材の熱伝導率は，含水率が低いほど小さい。
- ☐ 木材の辺材部分は，心材部分に比べて乾燥にともなう収縮が大きい。
- ☐ 全乾状態とは，木材の水分が完全に無くなった状態をいう。
- ☐ 密度の高い木材ほど，含水率の変化による膨張・収縮が大きい。

木質材料
- ☐ 合板は，単板3枚以上をその繊維方向が互いに直角となるように接着したものである。
- ☐ 集成材は，ひき板や小角材などを繊維方向が互いに平行となるように集成接着したものである。
- ☐ 単板積層材は，単板を繊維方向が平行となるように積層接着したものである。
- ☐ フローリングボードは，1枚のひき板を基材とした単層フローリングである。
- ☐ フローリングブロックは，ひき板を2枚以上並べて接合したものを基材とした単層フローリングである。

試験によく出る問題 📋

問題43

木材に関する一般的な記述として，最も不適当なものはどれか。
1．繊維に直交する方向の圧縮強度は，繊維方向の圧縮強度より小さい。
2．心材は，辺材に比べて耐久性が大きい。
3．節のある木材の引張強度は，節のないものより小さい。
4．木材の熱伝導率は，含水率が低いほど大きい。

1．木材の**圧縮強度**は，繊維に**直交する方向（半径方向，接線方向）の方**が繊維方向より**小さい**です。

接線方向　　半径方向

幹軸方向
（繊維方向）

木材の方向

強度の大小関係
　繊維＞半径＞接線
膨張収縮の大小関係
　接線＞半径＞繊維

2．**樹皮に近い**色調の淡い木質部分を**辺材**といい，辺材より内側の色調の濃い木質部分を**心材**といいます。**心材**は，辺材に比べて**耐久性が大きい**です。

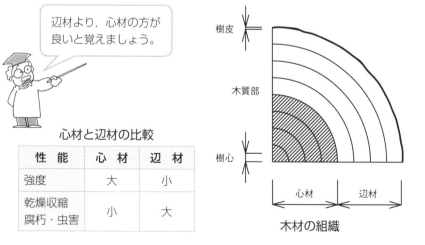

辺材より，心材の方が
良いと覚えましょう。

心材と辺材の比較

性　能	心　材	辺　材
強度	大	小
乾燥収縮
腐朽・虫害	小	大

樹皮

木質部

樹心

心材　　辺材

木材の組織

3．木材の引張強度は，**節や割れ**などの欠点があると**小さく**なります。

4．木材の**熱伝導率（熱の伝わりやすさ）**は，**含水率が低い（乾燥している）**ほど，**小さく**なります。

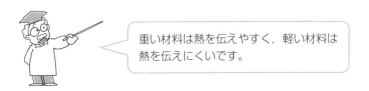

重い材料は熱を伝えやすく，軽い材料は
熱を伝えにくいです。

解答　4

 問題44

木材の一般的な性質に関する記述として，最も不適当なものはどれか。

1．木材の強度は，繊維飽和点以上では，含水率が変化してもほぼ一定である。

2．木材の熱伝導率は，密度の小さいものほど小さい。

3．木材の辺材部分は，心材部分に比べて乾燥にともなう収縮が小さい。

4．木材の強度は，含水率が同じ場合，密度の大きいものほど大きい。

解　説

1．木材の**強度**は，**繊維飽和点以上の含水率**では，**ほぼ一定**ですが，繊維飽和点以下の含水率では，含水率の低下により強度は高くなります。

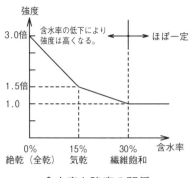

含水率と強度の関係

繊維飽和点以上の含水率では，強度や収縮・膨張などは変化しません。

2. の の4を参照してください。

　　密度が小さいほど空隙が多くなり，木材の強度や**熱伝導率は小さく**なります。

3. の の2を参照してください。

　　木材の<u>辺材</u>部分は，**心材**部分に比べて乾燥にともなう**収縮が大きい**です。

4. 含水率が同じ場合，**密度の大きい**ものほど空隙が少なく緻密ですので，**木材の強度は大きく**なります。

解答　**3**

問題45 出る 出る

木質材料に関する記述として，最も不適当なものはどれか。

1. 集成材は，ひき板や小角材などを繊維方向が互いに<u>直角</u>となるように集成接着したものである。

2. フローリングボードは，1枚のひき板を基材とした単層フローリングである。

3. フローリングブロックは，ひき板を2枚以上並べて接合したものを基材とした単層フローリングである。

4. パーティクルボードは，木材などの小片を接着剤を用いて熱圧成形したものである。

1. **集成材**は，ひき板や小角材などを**繊維方向が互いに平行**となるように集成接着したものです。

   なお，ひき板を幅方向に並べ，繊維方向が互いに直交になるように組み合わせて積層接着したものに**直交集成材（CLT）**があります。

・合板 ── 繊維方向が互いに直角
・集成材 ── 繊維方向が互いに平行

合板と集成材

合　板	集成材
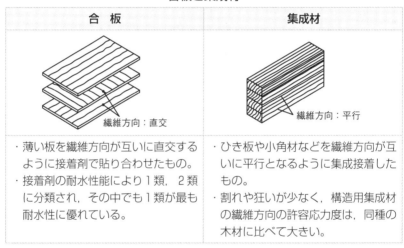 繊維方向：直交	繊維方向：平行
・薄い板を繊維方向が互いに直交するように接着剤で貼り合わせたもの。 ・接着剤の耐水性能により１類，２類に分類され，その中でも１類が最も耐水性に優れている。	・ひき板や小角材などを繊維方向が互いに平行となるように集成接着したもの。 ・割れや狂いが少なく，構造用集成材の繊維方向の許容応力度は，同種の木材に比べて大きい。

2. **フローリングボード**は，**１枚の板**（ひき板又は単板を縦接合したもの及び構成層が１の集成材を含む）を基材とした**単層フローリング**です。
3. **フローリングブロック**は，ひき板，単板又は構成層が１の集成材を**２枚以上並べて接合（縦接合を除く）**したものを基材とした**単層フローリング**です。

4．パーティクルボードは，木材の小片（チップ）に**接着剤**を加えて，加熱圧縮しながら板状に成形した製品です。

解答　1

フローリング類の種類

種　類		定　義
単層フローリング（構成層が1つ）	フローリングボード	一枚の板（ひき板又は単板を縦接合したもの及び構成層が1の集成材を含む）を基材とした単層フローリング。
	フローリングブロック	ひき板，単板又は構成層が1の集成材を2枚以上並べて接合（縦接合を除く）したものを基材とした単層フローリングであって，素地床の上のみに張り込むのに適当な強度を有するもの。
	モザイクパーケット	ひき板又は単板の小片（最長辺が22.5cm以下，「ピース」という）を2個以上並べて紙等を使用して組み合わせたものを基材とした単層フローリングであって，素地床の上のみに張り込むのに適当な強度を有するもの。
複合フローリング（構成層が2つ以上）	複合1種フローリング	合板のみを基材とした複合フローリング。
	複合2種フローリング	集成材又は単板積層材のみを基材とした複合フローリング。
	複合3種フローリング	複合1種および複合2種以外の複合フローリング。

問題46

木質系材料に関する記述として，**最も不適当な**ものはどれか。

1．木質系セメント板は，主原料として木毛・木片などの木質原料及びセメントを用いて圧縮成形して製造した板である。

2．フローリングブロックは，合板を基材とした複合フローリングである。

3．繊維板は，木材その他の植物繊維を主原料とし，これらを繊維化して
　　から成形した板状材料である。
　4．フローリングボードは，1枚のひき板を基材とした単層フローリング
　　である。

解　説

　1．**木質系セメント板**は，主原料として**木毛**（木材をリボン状に削ったも
　　の）や木片などの木質原料とセメントを用いて圧縮成形した板です。
　2．問題45 の 解　説 の3を参照してください。
　　　フローリングブロックは，**ひき板，単板又は構成層が1の集成材**を，
　　2枚以上並べて接合したものを基材とした**単層フローリング**です。
　3．**繊維板（ファイバーボード）**は，木材を細かく**繊維状に加工**し，板状
　　に成形した製品です。

繊維板（ファイバーボード）の種類

種　類	概要・特徴
インシュレーションファイバーボード（インシュレーションボード）	・比重0.35未満（軟質繊維板） ・防音性・断熱性に優れている。
ミディアムデンシティファイバーボード（MDF）	・比重0.35以上〜0.8未満（中質繊維板） ・均質で表面が平滑である。
ハードファイバーボード（ハードボード）	・比重0.8以上（硬質繊維板）

　4．問題45 の 解　説 の2を参照してください。

解答　2

13 セメント・コンクリート

試験によく出る選択肢 📝

セメント・コンクリート

- □ セメントの粉末が微細なほど，コンクリートの強度発現は速くなる。
- □ 引張強度は，圧縮強度の $\frac{1}{10}$ 程度である。
- □ コンクリートの熱膨張率は，鉄筋とほぼ同じである。
- □ コンクリートの圧縮強度が大きくなるほど，ヤング係数は大きくなる。
- □ コンクリートは不燃性であるが，長時間火熱を受けると変質する。
- □ コンクリートの耐久性は，水セメント比が小さいほど向上する。
- □ 水セメント比が大きいほど，コンクリートの圧縮強度は小さくなる。
- □ フライアッシュセメントB種を用いたコンクリートは，普通コンクリートに比べて長期強度が大きい。
- □ 高炉セメントB種を用いたコンクリートは，化学抵抗性が大きいが，水和熱は小さい。

試験によく出る問題 📋

問題47

コンクリートに関する記述として，最も不適当なものはどれか。

1．セメントの粉末が微細なほど，コンクリートの強度発現は遅くなる。
2．単位セメント量や単位水量が過大になると，ひび割れが生じやすくなる。
3．コンクリートは，大気中の炭酸ガスやその他の酸性物質の浸透によって徐々に中性化する。
4．コンクリートの圧縮強度が大きくなるほど，ヤング係数は大きくなる。

1．セメントの**粉末が微細**なほど**水和反応が速く**なり，コンクリートの強度発現が**速く**なります。

粒子の大小による特徴

理解しよう！

粒　子	細かい	粗　い
比表面積	大きい	小さい
反応	速い	遅い
ひび割れ	しやすい	しにくい

2．**単位セメント量**や**単位水量**が過大になると，ひび割れが生じやすくなります。コンクリートの**ひび割れ防止対策**としては，以下の点に注意する必要があります。

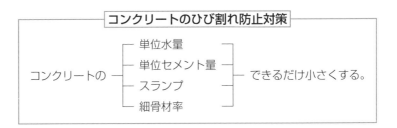

コンクリートのひび割れ防止対策

コンクリートの ―― 単位水量／単位セメント量／スランプ／細骨材率 ―― できるだけ小さくする。

3．コンクリートは，もともとアルカリ性ですが，硬化したコンクリートが**空気中の炭酸ガス（CO_2）**の作用によって，次第にアルカリ性を失って，中性に近づく現象を**コンクリートの中性化**といいます。

4．一般にコンクリートの**ヤング係数 E_c** は次式で求められ，圧縮強度 F_c が大きくなるほど，ヤング係数は**大きく**なります。

$$E_C = 3.35 \times 10^4 \times \left(\frac{\gamma}{24}\right)^2 \times \left(\frac{Fc}{24}\right)^{\frac{1}{3}}$$

　γ ：コンクリートの気乾単位体積重量〔kN/m³〕

　Fc：コンクリートの設計基準強度〔N/mm²〕

　なお，ヤング係数については， 問題38 の 解　説 の1を参照してください。

解答　1

問題48

コンクリートに関する一般的な記述として，最も不適当なものはどれか。

1．コンクリートの熱膨張率は，鉄筋とほぼ同じである。

2．アルカリ性であるので，コンクリート中の鉄筋が錆びるのを防ぐ。

3．不燃性であり，長時間火熱を受けても変質しない。

4．引張強度は，圧縮強度の $\frac{1}{10}$ 程度である。

解　説 —————————————————————————

1．コンクリートの**熱膨張率（線膨張係数）**は 1×10^{-5}〔1/℃〕で，鉄筋と**ほぼ同じ**です。

2．コンクリートは**アルカリ性**であり，コンクリート中の鉄筋の錆を防ぎます。

3．コンクリートは一般的に熱に強く**不燃性**ですが，<u>長時間火熱を受けると変質し強度が低下します</u>。

4．コンクリートは，引張力に非常に弱く，その引張強度は，**圧縮強度の$\frac{1}{10}$程度**です。

解答　3

問題49

コンクリートに関する記述として，最も不適当なものはどれか。

1．コンクリートの耐久性は，水セメント比が大きいほど向上する。

2．普通コンクリートの単位容積質量は，約2.3t/m³である。

3．コンクリートは，大気中の炭酸ガスやその他の酸性物質の浸透によって徐々に中性化する。

4．コンクリートの乾燥収縮は，ひび割れ発生の主要な原因となる。

解　説

1．コンクリートの性質は，**水とセメントの割合**によって異なります。この割合を**水セメント比** $\left(\dfrac{水}{セメント}\right)$ で表し，水セメント比が小さいほど，コンクリートの耐久性は向上します。

水セメント比は，小さい方が良いと覚えましょう。

2．**普通コンクリートの単位容積質量は，約2.3 [t/m³]** です。なお，**軽量コンクリート**の場合は， 1種で1.8〜2.1 [t/m³]， 2種で1.4〜1.8 [t/m³] です。

3． 問題47 の 解 説 の3を参照してください。

4．コンクリートの**乾燥収縮**は，ひび割れ発生の主要な原因となります。**単位セメント量が大きく，単位骨材が小さいもの**ほど，乾燥収縮量が大きく，ひび割れが発生しやすいです。

解答　**1**

問題50

　普通ポルトランドセメントと比較した各種セメントの一般的な特性に関する記述として，最も不適当なものはどれか。

1．フライアッシュセメントB種を用いたコンクリートは，長期強度が小さい。
2．早強ポルトランドセメントを用いたコンクリートは，低温でも強度発現が早い。
3．中庸熱ポルトランドセメントを用いたコンクリートは，水和熱が小さく，乾燥収縮も小さい。
4．高炉セメントB種を用いたコンクリートは，化学的な作用に対する抵抗力が大きい。

第1章

建築学

解　説

1．**フライアッシュ**セメントB種を用いたコンクリートは，**乾燥収縮が小さく，長期強度が大きい**です。また，水和熱が小さく，**マスコンクリート**に適しています。

セメントの種類と特徴

種　類		特　徴	適　用
ポルトランドセメント ・セメントの粉末により，分類される。	普　通	・最も一般的なセメント	・一般に使用
	早　強	・粉末が普通ポルトランドセメントより細かい。 ・普通ポルトランドセメントより強度発現が早い。 ・水和熱が大きい。	・工期の短縮 ・冬期工事
	中庸熱	・水和熱が小さい。 ・乾燥収縮が少ない。	・マスコンクリート ・夏期工事 ・高強度コンクリート

混合セメント	高炉セメント ・ポルトランドセメントに高炉スラグ（製鉄の際にできる副産物を微細粉末にしたもの）を混ぜたもの。	・初期強度がやや小さい。 ・強度発現が遅いが，長期材齢強度が大きい。 ・水和熱が小さい。 ・化学抵抗性が大きい。 ・アルカリ骨材反応の抵抗性が大きい。	・マスコンクリート ・酸類・海水・下水などに接する工事
	シリカセメント ・ポルトランドセメントにシリ化質混合材を混ぜたもの。	・化学抵抗性が大きい。 ・水密性が大きい。	・高炉セメントと同等
	フライアッシュセメント ・ポルトランドセメントにフライアッシュ（火力発電の際に生じるススを集めたもの）を混ぜたもの。	・ワーカビリティー良好 ・水和熱が小さい。 ・乾燥収縮が少ない。 ・中性化速度が大きい。	・普通ポルトランドセメントと同等 ・マスコンクリート
アルミナセメント ・アルミナの多いボーキサイト等と石灰を原料としたセメント		・超早強性 ・水和熱が大きい。 ・耐火性が大きい。	・煙道，ボイラーの内装 ・緊急工事 ・極低温工事

※　高炉セメントは高炉スラグ，シリカセメントはシリカ質混合材，フライアッシュセメントはフライアッシュの分量がそれぞれ少ないものからＡ，Ｂ，Ｃ種とする。

2．**早強**ポルトランドセメントを用いたコンクリートは，低温でも強度発現が早く，冬期工事などに使用されます。

3．**中庸熱**ポルトランドセメントを用いたコンクリートは，水和熱が小さく，乾燥収縮も小さいので，マスコンクリートとして使用されます。

4．**高炉セメントＢ種**を用いたコンクリートは，化学的な作用に対する抵抗力が大きく，アルカリ骨材反応の抵抗性も大きいです。

解答　1

セメント又はコンクリートに関する記述として，最も不適当なものはどれか。

1. セメントは，水との水和反応に伴って熱を発生する。
2. コンクリートの引張強度は，圧縮強度に比べて小さい。
3. セメントの粉末が微細なほど，コンクリートの強度発現は早くなる。
4. 水セメント比が大きくなると，コンクリートの耐久性は大きくなる。

解 説

1. **セメント**は，水と練り混ぜることによって熱を発生し，時間の経過とともに硬化が進行し強度が増大します。このように，水と反応（水和反応）して硬化する性質を**水硬性**といいます。
2. 問題48 の │ 解 説 │ の4を参照してください。
3. 問題47 の │ 解 説 │ の1を参照してください。
4. 問題49 の │ 解 説 │ の1を参照してください。

　　水セメント比が大きくなると，コンクリートの耐久性は小さくなります。

解答　4

14 鋼材・非鉄金属

試験によく出る選択肢 📝

鋼材
- ☐ 鋼は炭素含有量が多くなると，溶接性は低下する。
- ☐ 融点は，約1,500℃である。
- ☐ 建築の構造用鋼材の炭素量が多いと，融点が下がり溶けやすい。
- ☐ 建築の構造用鋼材の炭素量は，鋳鉄に比べて少ない。
- ☐ 鋼材記号 STKR は，一般構造用角形鋼管を表す。
- ☐ 鋼材記号 SM は，溶接構造用圧延鋼材を表す。
- ☐ 鋼材記号 SD は，鉄筋コンクリートに用いる異形棒鋼を表す。

非鉄金属
- ☐ 青銅は，銅とすずを主体とする合金で鋳造しやすく，装飾金物などに用いられる。
- ☐ アルミニウムはマンガンやマグネシウムを加えると耐食性が増す。
- ☐ ステンレス鋼は，炭素量の少ないものほど耐食性に優れている。
- ☐ 銅は鉄に比べ熱伝導率が大きく，耐食性に優れている。

試験によく出る問題 📋

問題52

鋼の一般的な性質に関する記述として，最も不適当なものはどれか。

1．鋼は弾性限度内であれば，引張荷重を取り除くと元の状態に戻る。
2．鋼の引張強さは250～300℃で最大となり，それ以上の高温になると急激に低下する。
3．鋼は炭素含有量が多くなると，溶接性は向上する。
4．鋼は熱処理によって，強度などの機械的性質を変化させることができる。

解　説

1. 問題38 の 解　説 の3を参照してください。

　鋼材は**弾性限度内**であれば，引張力により鋼材にひずみが生じても，その力を取り除けば，ひずみが消えて**元の状態に戻ります**。なお，弾性限度を超えて，元の状態に戻らない性質を**塑性**といいます。

2. 鋼材の**引張強度**は，**200～300℃程度で最大**，500℃付近で半減，1,000℃でほぼ0（ゼロ）となります。

3. 鋼材は鉄と炭素の合金で，<u>炭素量が増す</u>と，引張強度・降伏点強度・硬度が増します。しかし，<u>伸びが減少</u>し，**溶接性が低下**します。

4. 鋼材は，次のような**熱処理**によって，その性質を変化させることができます。

鋼材の主な熱処理

熱処理の種類	概　要
焼なまし	・800℃～900℃に加熱後，炉中で冷却して残留応力を除去する。 ・引張応力は低下するが，軟らかくなる。
焼入れ	・800℃～900℃に加熱後，水・油中で急冷する。 ・強さ，硬さ，耐摩耗性などは向上するが，もろくなる。
焼戻し	・焼入れした鋼を200℃～600℃に熱した後，空気中で冷却する。 ・強度は低下するが，靭性が向上する。
焼ならし	・800℃～900℃に加熱後，空気中で冷却すると，均質化して，もろかったものが強くなる。

解答　3

問題53

構造用鋼材に関する記述として，最も不適当なものはどれか。

1. 密度は，約7,850kg/m³である。

2. 融点は，約500℃である。

3. 線膨張係数は，約1.2×10^{-5}（1/℃）である。

4. ヤング係数は，約2.05×10^5N/mm²である。

1．鋼材の**密度（比重）**は，約7,850［kg/m³］（7.85）です。

2．鋼材の**融点**は，**約1,500℃**です。

3．鋼材の**線膨張係数**は，**約1.0×10⁻⁵［1/℃］**で，コンクリートとほぼ同じです。

4．鋼の**ヤング係数**は，**約2.05×10⁵［N/mm²］**で，引張強度の違いなどに関係なく一定の値です。

解答　2

理解しよう!

主な金属の性質

金　属	比重	溶融点 [℃]	線膨張係数 [1/℃]	熱伝導率 [W/m・K]	ヤング係数 [N/mm²]	引張強さ [N/mm²]
アルミニウム	2.69	660	2.46×10⁻⁵	222	0.70×10⁵	84〜191
銅	8.93	1,080	1.65×10⁻⁵	293	1.29×10⁵	240
鉛	11.3	327	2.90×10⁻⁵	35	0.16×10⁵	9〜23
普通鋼	7.85	1,530	1.12×10⁻⁵	60	2.05×10⁵	400〜540

問題54

日本産業規格（JIS）に規定する構造用鋼材の記号と名称の組合せとして，不適当なものはどれか。

1．SS ──────── 一般構造用圧延鋼材

2．SM ──────── 溶接構造用圧延鋼材

3．SN ──────── 建築構造用圧延鋼材

4．STKR ──────── 一般構造用炭素鋼鋼管

解　説

　鋼材記号 **STKR** は，**一般構造用角形鋼管**を表します。なお，**一般構造
用炭素鋼鋼管**の鋼材記号は，**STK** です。

解答　4

鋼材の記号と規格名称

記　号	規格名称	記　号	規格名称
SS	一般構造用圧延鋼材	STKR	一般構造用角形鋼管
SM	溶接構造用圧延鋼材	BCP	建築構造用プレス成形角形鋼管
SN	建築構造用圧延鋼材	BCR	建築構造用ロール成形角形鋼管
SSC	一般構造用軽量形鋼	STK	一般構造用炭素鋼管
SNR	建築構造用圧延棒鋼	STKN	建築構造用炭素鋼管

問題55　

　日本産業規格（JIS）による構造用鋼材の記号と規格名称の組合せとして，
不適当なものはどれか。

1．SN ─────── 建築構造用圧延鋼材
2．SM ─────── 一般構造用圧延鋼材
3．STK ─────── 一般構造用炭素鋼鋼管
4．SSC ─────── 一般構造用軽量形鋼

解　説

　鋼材記号 **SM** は，**溶接構造用圧延鋼材**を表します。なお，**一般構造用
圧延鋼材**の鋼材記号は，**SS** です。

解答　2

非鉄金属に関する記述として，最も不適当なものはどれか。

1．鉛は，非鉄金属のなかでも比重が大きく，X線遮へい用材料などに用いられる。

2．アルミニウムは，押出加工により複雑な断面形状が容易に得られ，サッシなどに用いられる。

3．青銅は，銅と亜鉛を主体とする合金で鋳造しやすく，装飾金物などに用いられる。

4．銅は，大気中で表面に緑青を生じるが内部への侵食は少なく，屋根葺き材などに用いられる。

解　説

1．鉛は**比重が大**（11.3）で，**X線遮へい用材料**などに用いられます。

2．アルミニウムは**押出加工による加工が容易**で，建築材料としてサッシなどに数多く使用されています。

3．**青銅**は，**銅とすずを主体とする合金**です。銅と亜鉛を主体とする合金は**黄銅（真ちゅう）**です。

・銅と亜鉛の合金 ── 黄銅（真ちゅう）
・銅とすずの合金 ── 青銅（ブロンズ）

4．銅は鉄に比べて熱伝導率が大きく耐食性に優れています。大気中で表面に**緑青を生じる**が内部への侵食は少なく，屋根葺き材などに用いられます。

解答　**3**

15 建具・ガラス

試験によく出る選択肢 📝

建具の性能試験における性能項目
- ☐ 断熱性とは，建具表面の熱の移動を防ぐ程度をいう。
- ☐ 気密性とは，圧力差によって生じる空気の漏れを防ぐ程度をいう。
- ☐ 強さとは，面内及び面外力に耐える程度をいう。
- ☐ 「普通」のスライディングサッシ（引違い窓など）の性能項目として，断熱性は含まれない。
- ☐ 「普通」の鋼製片開き戸の性能項目として，面内変形追随性は含まれない。

ガラス
- ☐ 強化ガラスは，破損時の飛散防止効果がない。
- ☐ 複層ガラスは，並置した板ガラスの間に乾燥した空気を密封したもので，断熱性が高い。
- ☐ 熱線吸収板ガラスは，冷房負荷を軽減させる効果がある。
- ☐ 合わせガラスは，破損しても破片が細粒状にならない。

試験によく出る問題 📋

問題57

日本産業規格（JIS）に規定する建具の性能試験における性能項目に関する記述として，最も不適当なものはどれか。
1. 断熱性とは，建具表面の結露の発生を防ぐ程度をいう。
2. 水密性とは，圧力差によって生じる建具室内側への雨水などの侵入を防ぐ程度をいう。
3. 気密性とは，圧力差によって生じる空気の漏れを防ぐ程度をいう。
4. 強さとは，面内及び面外力に耐える程度をいう。

解　説

1．断熱性とは，建具表面の**熱の移動を抑える程度**をいい，**熱貫流抵抗値 [㎡・K/W] に適合**するものとして表します。

2．水密性とは，圧力差によって生じる建具室内側への**雨水などの侵入を防ぐ程度**をいい，室内側に漏水がない場合，その圧力差で表します。

3．気密性とは圧力差によって生じる**空気のもれを防ぐ程度**をいい，建具前後の圧力差における通気量で表します。

4．強さとは，**面内力及び面外力に耐える程度**を表します。

解答　　1

建具の性能項目

項　目	内　容	
強さ	面内力及び面外力に耐える程度を表す。	
耐震性	地震および震動によって生じる面内変形に追随し得る程度を表す。	
耐風圧性	建具の耐えうる風圧力の値によって，耐風圧性の程度を表す。	
	表示	S－1（800Pa），S－2（1200Pa），S－3（1600Pa），S－4（2000Pa），S－5（2400Pa），S－6（2800Pa），S－7（3600Pa）
気密性	建具前後の圧力差における通気量（サッシの隙間から漏れる空気の量）で表す。	
	表示	A－1（120等級線），A－2（30等級線），A－3（8等級線），A－4（2等級線）
水密性	建具前面に4ℓ/min・㎡の水を噴射しながら，所定の圧力差を10分間保持して，室内側に漏水がない場合に，その圧力差で表す。	
	表示	W－1（100Pa），W－2（150Pa），W－3（250Pa），W－4（350Pa），W－5（500Pa）
遮音性	どの程度の音まで遮ることができるかを示し，サッシによって遮られる音量を等級で表す。	
	表示	T－1（25等級線），T－2（30等級線），T－3（35等級線），T－4（40等級線）

	建具の熱貫流抵抗値（m²·K/W）に適合するものとして表す。
断熱性	表示	H−1（0.215），H−2（0.246），H−3（0.287），H−4（0.344），H−5（0.430）

問題58

日本産業規格（JIS）に規定する建具の性能試験における性能項目に関する記述として，最も不適当なものはどれか。

1．水密性とは，圧力差によって生じる建具室内側への雨水などの侵入を防ぐ程度をいう。
2．強さとは，面内及び面外力に耐える程度をいう。
3．耐震性とは，地震及び震動によって生じる面内変形に追随し得る程度をいう。
4．耐風圧性とは，圧力差によって生じる空気のもれを防ぐ程度をいう。

解　説

問題57 の 解　説 を参照してください。

耐風圧性とは，サッシやドアがどの程度の**風圧に耐える**ことができるかを表す性能です。圧力差によって生じる**空気のもれを防ぐ程度**は，**気密性**で表されます。

解答　**4**

問題59

日本産業規格（JIS）の規定において，性能による種類が「普通」のスライディングサッシ（引違い窓など）の場合，性能項目として定められていないものはどれか。

1．水密性
2．気密性
3．耐風圧性
4．断熱性

　スライディングサッシ（引違い窓など）の性能による種類が「**普通 m**」の場合，「**遮音性**」や「**断熱性**」は，性能項目として定められていません。

解答　4

サッシの性能による種類及び記号

種類記号 性能項目	スイング			スライディング		
	普通	防音	断熱	普通	防音	断熱
	m	t	h	m	t	h
開閉力※1	◎	◎	◎	◎	◎	◎
開閉繰り返し※1	◎	◎	◎	◎	◎	◎
耐風圧性※2	◎	◎	◎	◎	◎	◎
気密性	◎	◎	◎	◎	◎	◎
水密性	◎	◎	◎	◎	◎	◎
戸先かまち強さ※3	規定されていない			◎	◎	◎
遮音性		◎			◎	
断熱性			◎			

※1．スイングは，開き窓に適用し，スライディングは，引違窓及び片引き窓
　　　に適用する。
※2．PVC 製内窓には適用しない。
※3．耐風圧性の等級 S－5以上のものだけに適用する。
備考．◎は必須性能とする。

日本産業規格（JIS）に規定するスイングドアセットの性能による種類には「普通」，「防音」，「断熱」，「耐震」があるが，「普通」の鋼製片開き戸の場合，必須の性能項目として定められていないものはどれか。

1．ねじり強さ
2．鉛直荷重強さ
3．開閉繰り返し
4．面内変形追随性

解　説

　スイングドアセットの性能による種類が**「普通 m」**の場合，**「遮音性」**，**「断熱性」**，**「面内変形追随性」**は，性能項目として定められていません。

解答　**4**

ドアセットの性能による種類及び記号

		スイング			スライディング		
種類記号	普通	防音	断熱	耐震※2	普通	防音	断熱
性能項目	m	t	h	q	m	t	h
ねじり強さ	◎	◎	◎	◎	規定されていない		
鉛直荷重強さ	◎	◎	◎	◎			
開閉力	◎	◎	◎	◎	◎	◎	◎
開閉繰り返し	◎	◎	◎	◎	◎	◎	◎
耐衝撃性※1	◎	◎	◎	◎	規定されていない		
遮音性		◎				◎	
断熱性			◎				◎
面内変形追随性				◎	規定されていない		
耐風圧性	○	○	○	○	○	○	○
気密性	○	○	○	○	○	○	○

| 水密性 | ○ | ○ | ○ | ○ | ○ | ○ | ○ |

※1. 戸の面積の50%以上をガラスが占めるものには，適用しない。

※2. 耐震qは面内変形時に開放できることをいう。

備考. ◎は必須性能とし，○は選択性能とする。

・スイング：主に枠の面外に戸が移動する開閉形式
・スライディング：主に枠の面内を戸が移動する開閉形式

問題61

ガラスに関する記述として，**最も不適当なもの**はどれか。

1．熱線吸収板ガラスは，冷房負荷を軽減させる効果がある。

2．型板ガラスは，光を拡散し，視線を遮る効果がある。

3．複層ガラスは，結露防止に効果がある。

4．強化ガラスは，破損時の飛散防止効果がある。

解　説

1．**熱線吸収**板ガラスは，通常のガラスの原料に微量のコバルト，鉄，ニッケルなどの**金属を添加して着色**したガラスで，**冷房負荷を軽減**させる効果があります。

2．**型板**ガラスは，**片側表面に型模様**を付けたガラスで，**光を拡散**するとともに**視野を遮る**機能があります。

3．**複層**ガラスは，2枚の板ガラスを，専用のスペーサーを用いて**一定間隔を保ち**，周囲を封着材で密封し内部の空気を乾燥状態に保ったガラスです。**断熱性**が高く，**結露防止**に効果があります。

4．**強化**ガラスは，板ガラスを軟化点（約700℃）近くまで加熱した後，常温の空気を均一に吹付けて急冷してつくったガラスです。普通ガラスに比べ**3～5倍の強度**があるが，割れたときは**破片が粒状になる**ため，破損時の飛散防止効果はありません。

解答　**4**

フロート板ガラス	倍強度ガラス	強化ガラス
1倍	2倍	3〜5倍
粒状にならない	粒状にならない	粒状になる

理解しよう！

ガラスの種類

名　称	製造方法・特徴
すり板ガラス	・透明なガラスの片面を珪砂・金剛砂と金属ブラシなどで不透明にすり加工したガラス。
フロート板ガラス	・最も一般的なガラスで、溶融金属の上にガラス素地を浮かべながら成形したガラス。 ・平滑度、透明度が高く、採光性に優れている。
型板ガラス	・2本の水冷ロールの間に溶融状態のガラスを通過させ、ロールで彫刻された型模様をガラス面に刻んで成形するロールアウト法によって製造される。 ・片側表面に型模様を付けたガラスで、光を拡散するとともに視野を遮る機能がある。
網入り板ガラス	・フロート板ガラスの中に、格子・亀甲・縞模様の金属網を封入したガラス。 ・割れても金網に支えられ、破片の散乱の危険が少なく、防火ガラスとして使用される。
線入り板ガラス	・フロート板ガラスの中に、金属線を平行に封入したガラスで、見た目がすっきりしているのでデザイン効果がある。 ・ガラスが割れても破片の飛散を防ぐことができるが、網入り板ガラスとは異なり、防火ガラスとしては使用できない。
熱線吸収板ガラス	・通常のガラスの原料に微量のコバルト、鉄、ニッケルなどの金属を添加して着色したガラス。 ・透明なガラスに比べ、日射エネルギーを20〜60%程度吸収して、夏期の冷房負荷を軽減する。 ・可視光線を一部吸収し、眩しさを和らげる。

熱線反射板ガラス	・フロート板ガラスの表面に反射率の高い金属酸化物の薄膜をコーティングしたガラス。 ・冷房負荷の軽減，ミラー効果がある。
強化ガラス	・板ガラスを軟化点（約700℃）近くまで加熱した後，常温の空気を均一に吹付けて急冷してつくったガラス。 ・普通ガラスに比べ3～5倍の強度がある。 ・割れたときは破片が粒状になる。 ・急激な温度変化に対して強い。
倍強度ガラス	・フロート板ガラスの2倍以上の耐風圧強度，熱割れ強度を有する加工ガラスで，加工後の切断ができない。 ・フロート板ガラスと同等の割れ方をし，粒状にならないことから破片が落下しにくいので，高所で用いられる。
合わせガラス	・2枚（特殊な場合は3枚以上）の板ガラスでポリビニルブチラール（PVB）樹脂の中間膜をはさみ，加熱圧着したガラス。 ・中間膜により，割れにくく耐貫通性も高いうえに，割れても破片が飛散しない。 ・安全性，防犯性が高い。
複層ガラス （ペアガラス）	・通常，2枚（特殊な場合は3枚）の板ガラスを，専用のスペーサーを用いて一定間隔を保ち，周囲を封着材で密封し内部の空気を乾燥状態に保ったガラス。 ・断熱性が高く，結露しにくい。
Low-E ガラス	・ガラス表面に特殊な金属膜をコーティングした低放射ガラス。 ・複層ガラスとして使用すると，断熱性能をさらに向上させることができる。 ・複層ガラスの室内側に Low-E ガラスを使用すると，冬期の断熱性能を重視したものとなり，屋外側に使用すると，夏期の日射遮蔽性を重視したものとなる。

16 石材・タイル

試験によく出る選択肢 ✏️

石材
- ☐ 鉄平石は，安山岩の一種である。
- ☐ 大谷石は，凝灰岩の一種である。
- ☐ 大理石は変成岩に属し，耐酸性に乏しく雨水に弱い。
- ☐ 花こう岩は火成岩に属するが，耐火性に劣る。
- ☐ 凝灰岩は，耐久性が乏しい。
- ☐ 花こう岩は安山岩に比べ耐火性に劣っている。

タイル
- ☐ 素地は，タイルの主体をなす部分をいい，施ゆうタイルの場合，表面に施したうわぐすりを含まない。
- ☐ クリンカータイルは，せっ器質の比較的厚いタイルで，屋外の床に用いることが多い。
- ☐ タイルの焼成温度は，陶器質より磁器質の方が高い。
- ☐ タイルの吸水率は，せっ器質より磁器質の方が小さい。
- ☐ 陶器質タイルは，主として内装用タイルとして用いられる。
- ☐ モザイクタイルは，一般に磁器質である。

試験によく出る問題 📋

問題62

石材名と岩石名の組合せとして，最も不適当なものはどれか。

1. 稲田石 ——————— 花こう岩
2. ビアンコ　カラーラ ——— 大理石
3. 大谷石 ——————— 凝灰岩
4. 鉄平石 ——————— 砂岩

1. 「稲田石」は，白御影とよばれるようにその白さを特徴とした**花崗岩**です。
2. 「ビアンコ　カラーラ」は，イタリア産の白**大理石**で，ローマ時代から建築材や彫刻材として多用されてきました。
3. 「大谷石」は，栃木県大谷から産する**凝灰岩**です。軟石で加工が容易で耐火性に優れているので，古くから外壁や土蔵などの建材として使用されてきました。
4. 「鉄平石」は，板状に割れる性質（板状節理）をもった**安山岩**です。

解答　4

石材の種類と特性

分　類	種　類	石材名	特　性
火成岩	花崗岩	稲田石, 北木石, 万成石	・圧縮強さ，耐久性大。耐火性小。 ・質かたく，大材が得やすい。
	安山岩	鉄平石, 小松石, 白川石	・細かい結晶でガラス質。 ・耐久性，耐火性大。
水成岩	凝灰岩	大谷石	・火山灰の凝固したもの。 ・軟質軽量。風化しやすい。 ・加工性，耐火性・吸水性大。
	砂岩	多胡石 サンドストーン	・光沢は無く，吸水性が大きい。 ・摩耗しやすい。耐火性大。
	粘板岩	雄勝スレート 玄昌石	・層状にはがれる。吸水性小。 ・質ち密，色調黒。天然スレート。
変成岩	大理石	寒水石 トラバーチン, オニックス	・質ち密，光沢あり。 ・酸，雨水に弱い。
	蛇紋岩	蛇紋石	・大理石に似ている。 ・磨くと黒，濃緑，白の模様が美しい。
人造石	擬石	種石─花崗岩，安山岩	
	テラゾー	種石─大理石，蛇紋岩	

問題63

石材の一般的な性質に関する記述として，最も不適当なものはどれか。

1．大理石は，耐酸性が優れている。
2．安山岩は，耐火性が優れている。
3．凝灰岩は，耐久性が乏しい。
4．花こう岩は，耐火性が乏しい。

解　説

1．**大理石**は，**耐酸性，耐火性に劣る**ため，外壁や外構などには適しません。主に**室内の装飾**に用いられます。
2．**安山岩**は，耐久性や**耐火性に優れており**，石垣や砕石（砂利）として使われ，石材として**鉄平石，小松石**などがあります。
3．**凝灰岩**は火山灰が凝固したもので，軟質軽量で風化しやすく，**耐久性に乏しい**です。
4．**花こう岩**は通称御影石といい，耐摩耗性，耐久性に優れるが，**耐火性に劣ります**。

解答　1

問題64

日本産業規格（JIS）に規定するタイルに関する記述として，最も不適当なものはどれか。

1．ユニットタイルは，施工しやすいように多数個のタイルを並べ，シート又はネット状の台紙などを張り付け連結したものをいう。
2．素地は，タイルの主体をなす部分をいい，施ゆうタイルの場合，表面に施したうわぐすりを含む。
3．タイルの吸水率による種類は，Ⅰ類，Ⅱ類，Ⅲ類に区分される。
4．裏あしは，セメントモルタルなどとの接着をよくするため，タイルの裏面に付けたリブ又は凹凸のことをいう。

1. **ユニットタイル**は，施工を容易にするため，タイルの表面もしくは裏面に**シート又はネット状の台紙**などを張り付けて，多数個のタイルを並べて連結したものです。

2. **施釉タイル**は，釉薬（うわぐすり）が表面に形成されたタイルです。**素地**は，タイルの主体をなす部分をいい，施釉タイルの場合は釉薬を除いた部分です。なお，釉薬をしない素地のままのタイルを**無釉タイル**といいます。

3. タイルの**吸水率による種類**は，次に示すように，Ⅰ類，Ⅱ類，Ⅲ類に区分されます。

タイルの種類

吸水率による区分	吸水率	焼成温度
Ⅰ類（磁器質タイルに相当）	3.0%以下	1,300〜1,450℃
Ⅱ類（せっ器質タイルに相当）	10.0%以下	1,200〜1,300℃
Ⅲ類（陶器質タイルに相当）	50.0%以下	1,000〜1,200℃

用途とタイルの材質

用　途	材　質
寒冷地・外装用タイル	Ⅰ類・Ⅱ類とし，耐凍害性に優れたものとする。
内装用タイル	Ⅲ類，またはⅠ類・Ⅱ類とする。
床用タイル	Ⅰ類またはⅡ類とし，すべり抵抗性に優れたものとする。

4. **裏足**とは，タイルと張付けモルタルの接着性を高めるために，**タイル裏面に設けられた凸凹**をいいます。外部で使用する外装タイルの裏足は，通常，あり状とします。

解答　**2**

17 防水材料・シーリング材

防水材料

- ☐ 砂付あなあきアスファルトルーフィングは，防水層と下地との絶縁工法に用いるルーフィングである。
- ☐ モルタル防水は，防水剤を混入したモルタルを用い，防水層を形成するものである。
- ☐ アスファルトのやわらかさは，針入度で表し，その数値の大きいものほど柔らかい。

シーリング材

- ☐ シリコーン系シーリング材は，耐熱・耐寒性に優れ，ガラス越しの耐光接着性にも優れている。
- ☐ シーリング材表面の細かい亀甲状のひび割れをクレージングという。
- ☐ ムーブメントの比較的大きい目地をワーキングジョイントという。
- ☐ プライマーは，被着面とシーリング材との接着性を良好にするために用いる。
- ☐ マスキングテープは，施工中，構成材の汚染防止と目地縁の線を通りよく仕上げるために使用する保護テープである。

試験によく出る問題 📋

問題65

防水材料に関する記述として，最も不適当なものはどれか。

1. 網状アスファルトルーフィングは，天然又は有機合成繊維で作られた粗布にアスファルトを浸透，付着させたものである。
2. 砂付あなあきアスファルトルーフィングは，防水層と下地との密着工法に用いるルーフィングである。
3. アスファルトルーフィングは，有機天然繊維を主原料とした原紙にアスファルトを浸透，被覆し，表裏面に鉱物質粉末を付着させたものである。
4. アスファルトプライマーは，下地と防水層の接着性を向上させるために用いられる。

1. **網状アスファルトルーフィング**は，天然又は有機合成繊維で作られた**粗布にアスファルトを浸透，付着させたもの**です。防水層立上り末端部やパイプ等突出物回りの処理材として使用されます。

2. **砂付あなあきアスファルトルーフィング**は，防水層と下地の<u>絶縁工法</u>に用いるルーフィングで，<u>絶縁工法の最下層に使用</u>します。なお，**砂付面が下**になるようにして用います。

3. **アスファルトルーフィング**は，有機天然繊維を主原料とした**原紙にアスファルトを浸透させたもの**で，基材としてフェルトを用いたものをアスファルトルーフィングフェルトといいます。

4. **アスファルトプライマー**は，アスファルトをエマルション状にした下地処理剤で，**アスファルトと下地の接着性をよくする**ために使用します。

解答　　2

アスファルト製品の種類

製　品	特　徴
アスファルトプライマー	・ブローンアスファルトをエマルション状にした下地処理剤である。 ・アスファルトと下地の接着性をよくするために用いられる。
防水工事用アスファルト	・アスファルトは融解時の異臭などが問題となるので，近年，低温融解のアスファルトの開発が行われ異臭や煙の出ないものが用いられる。 ・3種（温暖地用），4種（寒冷地用）
アスファルトルーフィングフェルト	・有機天然繊維（古紙，木質パルプ，毛くず等）を主原料としたフェルトにストレートアスファルトを浸透させたもので，防水層の中間層に，また，下張材として用いられる。 ・アスファルトルーフィング1500は，製品の単位面積質量が1,500g/m²以上のものである。

ストレッチアスファルト ルーフィングフェルト	・合成繊維不織布に防水用アスファルトを浸み込 ませたシート。
砂付ルーフィング	・原紙にアスファルトを浸透，被覆し表面に鉱物 粉末および砂を付着させたもの。 ・露出防水用の仕上げルーフィングとして用いられる。
穴あき アスファルトルーフィング	・アスファルトルーフィングに穴を開けたもの で，穴あき部分のみアスファルトルーフィング を下地に接着させる。
網状 アスファルトルーフィング	・天然又は有機合成繊維で作られた粗布にアス ファルトを浸透，付着させたもの。 ・防水層立上り末端部やパイプ等突出物回りの処 理材として用いられる。

問題66

防水材料に関する記述として，最も不適当なものはどれか。

1．ステンレスシート防水は，ステンレスシート又はチタンシートを用い，防水層を形成するものである。

2．砂付ストレッチルーフィングは，アスファルト防水に用いられる。

3．塗膜防水は，防水剤を混入したモルタルを用い，防水層を形成するものである。

4．アスファルトプライマーは，下地と防水層の接着性を向上させるために用いられる。

解　説

1．**ステンレスシート防水**は，ステンレスシート又はチタンシートを用いた防水工法です。

2．**ストレッチ**ルーフィングは，**アスファルト防水層の補強用**に開発された伸びやすいルーフィングで，これを用いた防水層の耐久性は向上します。通常，**砂付**ストレッチルーフィングは，**アスファルト露出防水**の防水層の**最上層**に用いられます。

3．**塗膜防水**は，合成ゴム系や樹脂系の液状材料を塗り，硬化した後に形成される被膜を防水層とします。記述の内容は，**モルタル防水の内容**です。

4．**問題65** の 解　説 の4を参照してください。

解答　3

問題67

シーリング材の特徴に関する記述として，最も不適当なものはどれか。

1．ポリサルファイド系シーリング材は，表面の仕上塗材や塗料を変色させることがある。

2．シリコーン系シーリング材は，表面への塗料の付着性が悪い。

3．ポリウレタン系シーリング材は，施工時の気温や湿度が高いと発泡のおそれがある。

4．変成シリコーン系シーリング材は，耐熱・耐寒性が良好で，ガラス越しの耐光接着性に優れている。

解　説

1．**ポリサルファイド系**シーリング材は，表面にゴミや埃が付きにくいですが，**仕上塗材や塗料を変色させる**ことがあります。また，柔軟性に劣るので，ムーブメントの大きい金属類への使用には適しません。

2．**シリコーン系**シーリング材はガラス類によく接着し，耐熱性，耐候性に優れていますが，**表面に塗料が付着しにくい**です。

3．**ポリウレタン系**シーリング材は，**耐熱性，耐候性に劣り**，施工時の気温や湿度が高い場合，発泡のおそれがあります。

4．**変成シリコーン系**シーリング材は，耐熱・耐寒性が良好ですが，ガラス越しの耐光接着性に劣ります。ガラス越しの耐光接着性に優れているシーリング材として**シリコーン系**シーリング材を使用します。

解答　4

主なシーリング材の特徴

種　類	主な特徴
シリコーン系	・耐熱性（−40℃〜150℃），耐候性に優れている。 ・ガラス類によく接着するが，目地周辺を汚染することがある。表面に塗料が付着しにくい。
変性シリコーン系	・耐熱性（−30℃〜90℃），耐候性は良好。 ・目地周辺の非汚染性は良いが，ガラス越しの耐光接着性に劣る。 ・柔軟性があり，ムーブメントの大きい金属類への使用が可能。
ポリサルファイド系	・耐熱性（−20℃〜80℃），耐熱性は良好。 ・表面にゴミ，ほこりが付きにくい。 ・表面の仕上塗材や塗料を変色させることがある。 ・柔軟性があまりなく，ムーブメントの大きい金属類への使用には適さない。
ポリウレタン系	・耐熱性，耐候性に劣るが，目地周辺の非汚染性に優れている。シリコーン系と逆の特性がある。 ・施工時の気温や湿度が高い場合，発泡のおそれがある。
アクリルウレタン系	・硬化後にゴム弾力性があり，コンクリートなどに対し汚染がない。 ・耐久性に優れているが，紫外線に弱く，埃を吸い付けてしまい汚れやすいため，塗膜で被せる場合に使用する。
アクリル系	・硬化後，弾性体となり，湿った部分にも使用が可能。 ・主に，ALC パネル目地に使用。

問題68

シーリングに関する記述として，最も不適当なものはどれか。

1．モジュラスは，シーリング材表面の細かい亀甲状のひび割れである。

2．プライマーは，被着面とシーリング材との接着性を良好にするために，あらかじめ被着面に塗布する材料である。

3．1成分形シーリング材は，あらかじめ施工に供する状態に調製したシーリング材である。

4．2成分形シーリング材は，施工直前に基剤，硬化剤の2成分を着色剤などとともに練り混ぜて使用するように調製したシーリング材である。

解　説

1．**モジュラス**とは，シーリング材に<u>一定の伸びを与えたとき</u>の**引張応力**をいいます。なお，シーリング材表面の細かい亀甲状の**ひび割れはクレージング**といいます。

2．**プライマー**は，被着面とシーリング材との**接着性**を良好にするために，あらかじめ**被着面に塗布する**材料です

3．**1成分形シーリング材**は，あらかじめ施工に供する状態に調製されているシーリング材で，空気中の水分と反応して表面から硬化する**湿気硬化**や**乾燥硬化**します。

4．**2成分形シーリング材**は，シーリング材の主成分であるシリコン（主剤，基剤）が，**硬化剤の触媒によって反応して硬化**するものです。施工直前に**基剤と硬化剤を調合**し，練り混ぜて使用します。

解答　1

シーリング材に関する用語は，実地試験で良く出題されます。

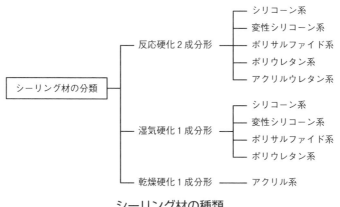

シーリング材の種類

シーリング材に関する主な用語

用　語	概　要
モジュラス	シーリング材に一定の伸びを与えたときの引張応力。例えば，50%の伸びを与えたときの応力を50%モジュラスという。
ボンドブレーカー	シーリング材の3面接着を防止するために目地底に張る材料で，一般にはポリエチレンなどの粘着テープを用いる。
マスキングテープ	施工中，構成材の汚染防止と目地縁の線を通りよく仕上げるために使用する保護テープ。
プライマー	被着面とシーリング材との接着性を良好にするために，あらかじめ被着面に塗布する材料。
ガスケット	水密性，気密性の確保または板ガラスの支持を目的として，ガラス回りに使用するゴムまたはプラスチック系の定形材料で，定形シーリング材と称する。
クレージング	ウェザリングなどによって生じたシーリング材表面の細かい亀甲状のひび割れ。

18 内装材・その他

内装材料・その他

- ☐ 合成樹脂エマルションペイント塗りは，鉄鋼面の素地に適さない。
- ☐ 強化石膏ボードは，心材にガラス繊維を混入し，火災にあってもひび割れや脱落を生じにくくした石膏ボードである。
- ☐ タフテッドカーペットは，ミシン糸によって既製の基布にパイルを植え付けた敷物である。
- ☐ コードカーペットは，パイルを波状に並べてゴムなどの下地材に接着固定した敷物である。
- ☐ ウレタン樹脂系塗り床材は，耐摩耗性に優れている。
- ☐ エポキシ樹脂系塗り床材は，耐薬品性に優れている。

問題69

塗装の種類と素地の組合せとして，最も不適当なものはどれか。

1. 2液形ポリウレタンワニス塗り ——————— 木部面
2. オイルステイン塗り ——————————— 木部面
3. 合成樹脂調合ペイント塗り ——————— 鉄鋼面
4. 合成樹脂エマルションペイント塗り ——— 鉄鋼面

解 説

1. 2液形**ポリウレタンワニス**は，フローリングや家具の塗装など，木部面に適しています。また，塗膜が厚く，耐水・耐摩耗性に優れています
2. **ステイン**は木材の素地に直接吸い込ませる着色剤で。木部面に適しています。

3．合成樹脂**調合ペイント**は，鉄鋼面や木部面に適していますが，耐アルカリ性がなく，モルタルやコンクリート面には適しません。

4．合成樹脂**エマルションペイント**は，木部面やモルタル・コンクリート面に適していますが，**鉄鋼面**には適しません。

解答　4

主な塗料の種類と適応素地

塗料の種類		木部	鉄部	亜鉛メッキ面	コンクリート・モルタル面
オイルステイン塗	オイルステイン	○	×	×	×
ワニス塗	スーパーワニス	○	×	×	×
	ウレタン樹脂ワニス	○	×	×	×
	フタル酸ワニス	○	×	×	×
ラッカー塗	クリアラッカー	○	×	×	×
	ラッカーエナメル	○	×	×	×
合成樹脂調合ペイント		○	○	○	×
フタル酸樹脂エナメル		×	○	×	×
アクリルシリコン樹脂エナメル		×	○	○	○
アルミニウムペイント		×	○	○	×
合成樹脂エマルションペイント		○	×	×	○
合成樹脂エマルション模様塗料		×	×	×	○
アクリル樹脂系非水分散形塗料		×	×	×	○
マスチック塗料		×	×	×	○
塩化ビニル樹脂エナメル		×	×	×	○
多彩模様塗料		×	×	×	○
つや有り合成樹脂エマルションペイント		○	○	○	○
エポキシ樹脂エナメル		○	○	○	○

○：適合　×：不適合

問題70 出る 出る

ボード類に関する記述として，最も不適当なものはどれか。

1．強化石膏ボードは，芯の石膏に有機質繊維を混入した上で油脂をしみ込ませ，強度を向上させたものである。

2．シージング石膏ボードは，両面のボード用原紙及び芯の石膏に防水処理を施したもので，普通石膏ボードに比べ吸水時の強度低下，変形が少ない。

3．けい酸カルシウム板は，石灰質原料，けい酸質原料，繊維等を原料とし，成形後に高温高圧蒸気養生を施したもので，軽量で耐火性，断熱性がよい。

4．フレキシブル板は，セメント，無機質繊維を主原料とし，成形後に高圧プレスをかけたもので，強度が高く，可とう性がある。

解 説

1．**強化石膏ボードは，心材にガラス繊維を混入し，火災にあってもひび割れや脱落を生じにくくした石膏ボード**です。

石膏ボードの種類

種　類	概要・特徴
石膏ボード	主原料の石膏と少量の軽量骨材などの混合物を芯とし，その両面を厚紙で被覆して板状に成形したもの。
シージング石膏ボード	両面の紙と芯の石膏に防水処理を施したもので，多湿な場所や水回りの下地に使用する。
強化石膏ボード	心材にガラス繊維を混入し，火災にあってもひび割れや脱落を生じにくくした石膏ボード。
石膏ラスボード	石膏ボードの表面に凹みを付けたもの。
化粧石膏ボード	石膏ボードの表面に印刷や塗装加工をしたもの。

2．**シージング石膏ボードは，両面の紙と芯の石膏に防水処理**を施したもので，多湿な場所や水回りの下地に使用します。

・強化 —————— 火に強い
・シージング —— 水に強い
がポイントです。

3．**けい酸カルシウム板**は，**けい酸質**原料，**石灰質**原料及び繊維等で構成
された製品で，軽量で耐火性，断熱性がよいです。

4．**フレキシブル板**は，**セメント**，無機質繊維を主原料とした製品で，強
度が高く，防火性，防湿性などに優れています。

解答　1

カーペットに関する記述として，最も不適当なものはどれか。

1．タフテッドカーペットは，パイルを波状に並べてゴムなどの下地材に
接着固定した敷物である。

2．タイルカーペットは，カーペットを正方形に裁断加工し，パッキング
材で裏打ちしたタイル状敷物である。

3．ウィルトンカーペットは，基布とパイルを同時に機械で織る敷物であ
る。

4．ニードルパンチカーペットは，シート状の繊維で基布を挟み込み，針
で刺して上下の繊維を絡ませた敷物である。

解　説

1．**タフテッドカーペット**は，ミシン糸によって既製の基布にパイルを植
え付けた敷物です。記述の内容は，コードカーペットです。

2．**タイルカーペット**は，タフテットやニードルパンチカーペットを**50
cm角程度**にカットし，その周囲がほつれないように特殊なパッキング
（塩ビ系の裏面処理）を施した敷物です。

3．**ウィルトンカーペット**は，**基布とパイルを同時に機械で織っていく機
械織りカーペット**です。

4．**ニードルパンチカーペット**は，シート状の繊維で基布を挟み込み，**多数のニードル（針）で刺して上下の繊維を絡ませて**フェルト状にし，裏面をラテックス・コーティングした敷物です。

解答　1

カーペットの種類と製法

種　類	製　法	内　容
緞通（だんつう）	手織りカーペット	基布の縦糸1本1本にパイルを手で絡ませて結びつけ，カットしながら織っていく。
ウィルトンカーペット	機械織りカーペット	基布とパイルを同時に機械で織っていく。
タフテッドカーペット	刺繍カーペット	基布にパイル糸を刺繍のように刺し込み，引き抜けを防ぐために裏をラテックス（合成糊），塩化ビニル糸のパッキング材などでコーティングし，さらに化粧裏地（第二基布）を張って仕上げる。
コードカーペット	接着カーペット	ウェブを経方向に引き揃えて波型を付け，ジュートなどのパッキン材（基布）に強力な接着剤を用いて連続して圧着固定したもの。
ニードルパンチカーペット	圧縮カーペット	ウェブという短繊維を薄く広く伸ばした膜状のものを重ね合わせて，多数のニードル（針）で突き刺すことで互いに絡み合わせてフェルト状にし，裏面をラテックス・コーティングする。
タイルカーペット		タフテットやニードルパンチカーペットを50cm角程度にカットし，その周囲がほつれないように特殊なパッキング（塩ビ系の裏面処理）を施したもの。

第 2 章
建築設備・外構・契約関連
（必須問題）

2 - 1 建築設備

19 給排水・空調設備

試験によく出る選択肢

給排水設備

- □ トラップは，悪臭などが室内へ進入するのを防ぐためのものである。
- □ 通気管は，排水管内の空気を流通させて換気を行うために設けられる。
- □ 水道直結直圧方式は，水道本管の水圧より直接給水するため，2階建住宅の給水に採用できる。
- □ 汚水排水とは，便器からの排せつ物を含む排水をいう。

屋外排水設備

- □ 遠心力鉄筋コンクリート管のソケット管は，受口を上流に向けて敷設する。
- □ 地中埋設排水管において，ますを設ける場合，雨水ますには泥だめを，汚水ますにはインバートを設ける。
- □ 雨水用ます及びマンホールの底部には，深さ150mm以上の泥だめを設ける。
- □ 排水管を給水管に近接して埋設する場合，排水管は給水管の下方に埋設する。
- □ 分流式の公共下水道に直結する排水設備では，汚水と雨水とを分離して排水する。

空気調和設備

- □ ファンコイルユニット方式は，各ユニットごとの温度調節ができる。
- □ 定風量単一ダクト方式は，負荷変動が均一な大部屋に適している。
- □ ファンコイルユニットは，内部に圧縮機，加熱器を内蔵していない。
- □ 空調用吸収式冷凍機は，冷媒として水を，吸収液として臭化リチウムを用いる。

試験によく出る問題 📋

問題1

給排水設備に関する記述として，最も不適当なものはどれか。

1. 給水タンクの容量は，1日の予想給水量をもとに，給水能力や使用時間などを考慮して決める。
2. 飲料水用の給水タンクは，外部からタンクの天井，底及び周壁の保守点検を行うことができるように設ける。
3. トラップは，排水管内の空気を流通させて換気を行うために設けられる。
4. 地中埋設排水管において，桝を設ける場合，雨水桝には泥だめを，汚水桝にはインバートを設ける。

解 説

1. **給水タンクの容量**は，建物で使用する1日当りの予想給水量をもとに，給水能力や使用時間などを考慮して決めます。一般的には，**1日の使用水量の半分程度（4/10～6/10）**とします。
2. 飲料水用の給水タンクは，外部からタンクの天井，底及び周壁の保守点検ができるように，**周囲及び下部は60cm以上**，マンホールが付く上部は1m以上のスペースを確保します。

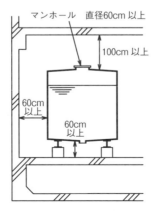

マンホール　直径60cm以上

100cm以上

60cm
以上

60cm
以上

理解しよう！

タンク周囲の保守点検スペース

第2章

建築設備・外構・契約関連

3．排水管からの**有害ガス，悪臭，害虫などが室内に浸入するのを防ぐた**め，衛生器具や排水をともなう器具には，**トラップ**を設けます。なお，排水トラップの深さ（封水深さ）は 5 〜10cm とします。

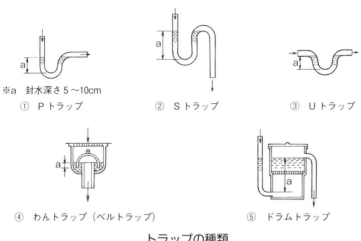

※a　封水深さ 5 〜10cm

①　Ｐトラップ　　　　　②　Ｓトラップ　　　　　③　Ｕトラップ

④　わんトラップ（ベルトラップ）　　　⑤　ドラムトラップ

トラップの種類

4．地中埋設排水管において，桝を設ける場合，雨水排水管用の**雨水桝**には**泥だめ**を，汚水・雑排水管用の**汚水桝**には**インバート**を設けます。なお，**インバート**とは，汚水桝などの底部に設けられる下面が**半円形状の溝**です。

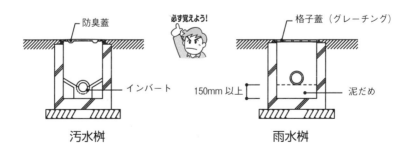

防臭蓋　　　　　　必ず覚えよう！　　　　　格子蓋（グレーチング）

インバート

150mm 以上　　　　泥だめ

汚水桝　　　　　　　　　　　雨水桝

解答　3

問題2

給排水設備工事に関する記述として，最も不適当なものはどれか。

1．水道直結直圧方式は，水圧が大きすぎて2階建住宅の給水には採用できない。

2．ウォーターハンマーとは，給水配管内の水流が急激に停止したとき，振動や衝撃音が生じる現象をいう。

3．飲料水用の給水タンク等の水抜き管は，一般排水系統へ直結せず間接排水とする。

4．屋外排水設備の汚水ますの底部には，下面が半円形状のインバートを設ける。

解　説

1．水道直結直圧方式は，水道本管の水圧を利用して給水する方式です。通常，**2階建て程度**で水栓の少ない建築物に採用されます。

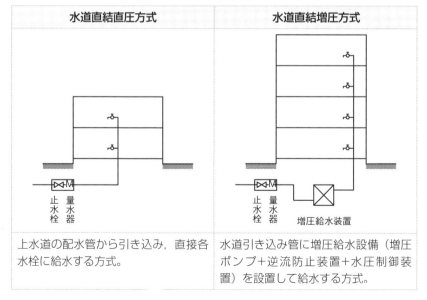

水道直結方式

水道直結直圧方式	水道直結増圧方式
上水道の配水管から引き込み，直接各水栓に給水する方式。	水道引き込み管に増圧給水設備（増圧ポンプ＋逆流防止装置＋水圧制御装置）を設置して給水する方式。

受水槽方式

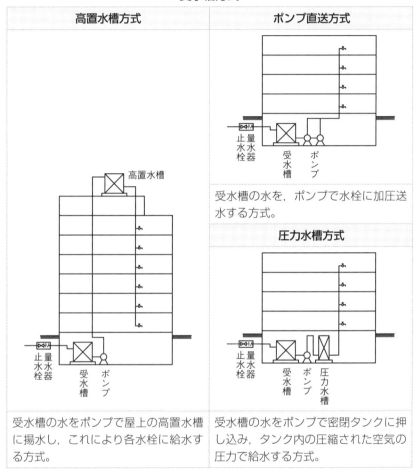

高置水槽方式	ポンプ直送方式
高置水槽	受水槽の水を，ポンプで水栓に加圧送水する方式。
	圧力水槽方式
受水槽の水をポンプで屋上の高置水槽に揚水し，これにより各水栓に給水する方式。	受水槽の水をポンプで密閉タンクに押し込み，タンク内の圧縮された空気の圧力で給水する方式。

2．水栓等を急閉鎖した場合に生じる騒音・振動現象を**ウォーターハンマー**といいます。水圧が高く流速が速いと生じやすく，対策としては，**エアチャンバー等**の水撃防止器を付けます。

3．**間接排水**とは，一般の排水管とは直接接続せず，水受け容器に**排水口空間**を設けて間接的に排水する方式です。その目的は，**飲料水への逆流防止**です。

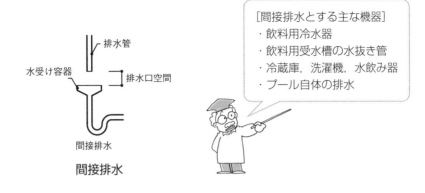

[間接排水とする主な機器]
・飲料用冷水器
・飲料用受水槽の水抜き管
・冷蔵庫，洗濯機，水飲み器
・プール自体の排水

排水管

水受け容器

排水口空間

間接排水

間接排水

4．**問題1** の | 解　説 | の4を参照してください。

解答　**1**

問題3

屋外排水工事に関する記述として，最も不適当なものはどれか。

1．管きょに用いる遠心力鉄筋コンクリート管は，外圧管を用いた。

2．遠心力鉄筋コンクリート管のソケット管は，受口を下流に向けて敷設した。

3．遠心力鉄筋コンクリート管のソケット管の継手は，ゴム接合とした。

4．硬質ポリ塩化ビニル管をコンクリート桝に接合する部分には，砂付きの桝取付け短管を用いた。

| 解　説 |

1．**管渠**とは地面に埋設される管をいい，溝を掘って管を埋設して土を埋め戻します。**外圧管**は，管の外面からの力（埋戻し土による外圧）に対して耐えるように設計されている管です。

2．遠心力鉄筋コンクリート管のソケットは，<u>受口を上流</u>に向けて敷設します。なお，排水管の埋設は，下流部より始め，順次上流部に向けて行います。

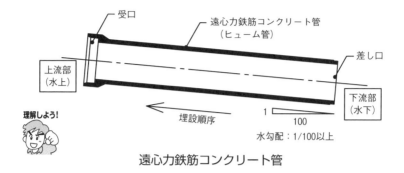

受口　　　　遠心力鉄筋コンクリート管
　　　　　　　（ヒューム管）

差し口

上流部
（水上）

下流部
（水下）

理解しよう!

埋設順序　　　　　　　1
　　　　　　　　　　　100

水勾配：1/100以上

遠心力鉄筋コンクリート管

３．遠心力鉄筋コンクリート管の継手は，ソケット継手として，止水には
　ゴム輪を用いた**ゴム接合**とします。

４．コンクリート桝との接合には，**砂付き加工**された**桝取付け短管**を用い
　ます。

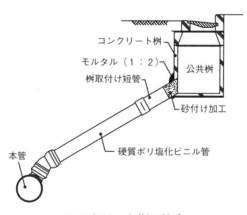

コンクリート桝

モルタル（1：2）

桝取付け短管

公共桝

砂付け加工

本管

硬質ポリ塩化ビニル管

コンクリート桝の接合

解答　2

問題 4

屋外排水設備に関する記述として，最も不適当なものはどれか。

1．地中埋設排水管の勾配は，原則として $\dfrac{1}{100}$ 以上とする。

2．地中埋設排水管を設ける場合，埋設管の長さがその内径又は内法幅の 120倍を超えない範囲内で，ます又はマンホールを設ける。

3．地中埋設排水管において，ますを設ける場合，雨水ますにはインバートを，汚水ますには泥だめを設ける。

4．遠心力鉄筋コンクリート管の排水管の埋設は，下流部より始め，順次上流部に向けて行うのがよい。

解　説

1．**問題 3** の 解　説 の2を参照してください。

2．排水管内の**点検や清掃**を行うために排水管の末端や屈曲部，長い経路の途中に**排水ます**やマンホールを設けます。なお，設ける位置は，埋設管の長さが**管径の120倍を超えない範囲内**とします。

> **排水桝の設置場所**
> ○配管が45度以上の角度で方向を変える箇所
> ○配管の勾配が著しく変化する箇所
> ○延長が長い排水管の途中で，管径の120倍以内の個所

3．**問題 1** の 解　説 の4を参照してください。

地中埋設排水管において桝を設ける場合，**雨水桝**には**泥だめ**を，**汚水桝**には**インバート**を設けます。

4．**問題 3** の 解　説 の2を参照してください。

遠心力鉄筋コンクリート管の**排水管の埋設**は，下流部より始め，**順次上流部に向けて**行います。

問題5

空気調和設備に関する記述として，最も不適当なものはどれか。

1. 単一ダクト方式は，主機械室の空気調和機から各室まで，単一のダクトで冷風又は温風を送る方式である。
2. 二重ダクト方式では，別々の部屋で同時に冷房と暖房を行うことができる。
3. ファンコイルユニット方式は，各ユニットごとの温度調節はできない。
4. パッケージユニット方式は，機内に冷凍機，ファン，冷却・加熱コイル等を内蔵した一体型の空調機を使用する空調方式である。

解　説

1. **単一ダクト方式**は，機械室の空調機から冷風または温風を**1本のダクトにより送風する**方式で，CAV方式とVAV方式があります。
2. **二重ダクト方式**は，冷風と温風の**2本のダクトで給気**し，各室には混合ボックスで調整して送風する方式です。別々の部屋で同時に冷房と暖房を行うことができます。
3. **ファンコイルユニット方式**は，中央機械室で冷水または温水をつくり，各室に設置された**ファンコイルユニットに冷温水を配管で供給**して空調を行う方式です。

   ユニットごとに風量，温度調節ができるため，個別制御が可能であり，ホテル，病室，旅館などに用いられます。
4. **パッケージユニット方式**は，冷凍機・ファン・エアフィルター・加湿器・自動制御機器を1つのケーシングに組み込んだ**パッケージユニットによって空調する**方式。

解答　3

主な空気調和設備の方式

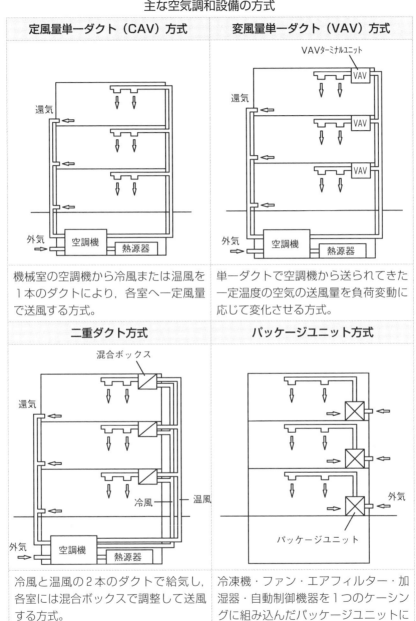

定風量単一ダクト（CAV）方式	変風量単一ダクト（VAV）方式
機械室の空調機から冷風または温風を1本のダクトにより，各室へ一定風量で送風する方式。	単一ダクトで空調機から送られてきた一定温度の空気の送風量を負荷変動に応じて変化させる方式。

二重ダクト方式	パッケージユニット方式
冷風と温風の2本のダクトで給気し，各室には混合ボックスで調整して送風する方式。	冷凍機・ファン・エアフィルター・加湿器・自動制御機器を1つのケーシングに組み込んだパッケージユニットによって空調する方式。

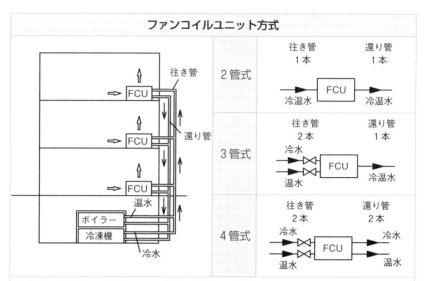

ファンコイルユニット方式

2管式	往き管 1本　還り管 1本 冷温水 → FCU → 冷温水	
3管式	往き管 2本　還り管 1本 冷水 → 温水 → FCU → 冷温水	
4管式	往き管 2本　還り管 2本 冷水 → 温水 → FCU → 冷水 → 温水	

送風機・冷温水コイル・フィルターなどを内蔵したファンコイルユニットを各室に設け，中央機械室から冷水，温水を供給して所定の温湿度を保つ全水式の空気調和方式。

20 電気・照明設備

試験によく出る選択肢 📝

電気設備

- ☐ 電圧区分において，7,000V を超えるものを特別高圧という。
- ☐ 電圧の種別の低圧は，交流の場合，600V 以下のものをいう。
- ☐ 公称電圧が3,300V の配電電圧は，高圧に区分される。
- ☐ 同軸ケーブルは，幹線設備と関連性がない。
- ☐ PBX は，電話設備に関する用語である。
- ☐ 分岐回路において，照明とコンセントは，一般には別回路とする。
- ☐ 配線に用いる CD 管や PF 管などの合成樹脂管は，コンクリートに埋設できる。

照明設備

- ☐ ハロゲン電球は。昼光色・高輝度で，劇場・商店のスポットライトの照明に適している。
- ☐ 白熱電球は，蛍光ランプに比べて，ランプ効率が低い。
- ☐ ナトリウムランプは黄色の単色光源で，主に道路照明に用いられる。

試験によく出る問題 📋

問題6

電気設備に関する記述として，最も不適当なものはどれか。

1．電圧区分において，7,000V を超えるものを高圧という。
2．単相2線式100V は，一般住宅などの電灯やコンセントなどへの供給に用いられる。
3．受電設備などの配電盤から分電盤や制御盤までの配線を幹線という。
4．可とう電線管は，配線工事において，屈曲部などに用いられる。

解 説

1．電圧区分において，**7,000V を超える**ものを**特別高圧**といいます。

電圧区分

	直 流	交 流
低圧	750V 以下	600V 以下
高圧	750V を超え 7,000V 以下	600V を超え 7,000V 以下
特別高圧	7,000V を超えるもの	

電圧区分は,「直流750V, 交流600V」をポイントに 覚えましょう

2．屋内での電気は,電灯,電気機器などの負荷に応じた電気供給方式で行われ,住宅では**100V 単相 2 線式**と100V/200V 単相 3 線式が用いられます。

主な電気供給方式の種類

電気方式（相線数）		定格電圧 [V]	特徴・用途
単相交流	単相 2 線式	100及び200	100V は住宅や小規模ビルなどの電灯・コンセントに使用される。200V は,職業用電熱器・電動機に使用される。
	単相 3 線式	100/200	100V は電灯・コンセントの幹線,200V は40W 以上の蛍光灯等に使用される。
三相交流	三相 3 線式	200	動力用及び中規模以上の建物の40W 以上の蛍光灯等,主に一般低圧電動機の幹線と分岐回路,もしくは単相200V 分岐回路等に使用される。
	三相 4 線式	240/415 (50Hz 地区)	40W 以上の蛍光灯に200V 級,動力用に400V 級など大規模な建物で負荷が大きい場合に使用される。

3．発電所から変電所を経由して送られる電力は,**受電設備又は柱上変圧器**によって電圧を下げた後,配電盤を通じて**分電盤や制御盤**に配電されます。この配電盤から,分電盤や制御盤へ至る配線を**幹線**といいます。

4．**可とう**電線管は曲りやすくできているので,配線工事においては**屈曲部**などに用いられます。

解答　1

問題7

　建築物の電気設備とそれに関する用語の組合せとして，最も関係の少ない ものはどれか。

1. 高圧受変電設備 ――――― キュービクル
2. 幹線設備 ――――― 同軸ケーブル
3. 電話設備 ――――― PBX
4. 照明設備 ――――― コードペンダント

解　説

1. **キュービクル**とは，変圧器，遮断器などの変圧用機器を収容した**扉付 きの自立型鉄製箱**です。キュービクルは，小規模な建築物で，変電設備 として変電室（電気室）を必要としない場合に設置され，**電気設備**に関 する用語です。

2. **同軸ケーブル**は，通信情報の電気設備に使用するケーブルで，**CATV や LAN** に用いられます。**幹線設備**とは関連性がありません。

3. **PBX（構内電話交換機）** は，企業や組織内の**内線電話の相互接続**や， 電話局の回線と企業内の電話機との接続などを効率的に行う装置で，**電 話設備**で用いられます。

4. **コードペンダント**は，コードやチェーンで天井から吊下げる形式の照 明器具で，**照明設備**に関する用語です。

解答　2

問題8

　日本産業規格（JIS）に規定する構内電気設備の名称と配線用図記号の組 合せとして，不適当なものはどれか。

1. 配電盤 ―――――
2. 壁付きコンセント ―――――
3. 蛍光灯 ―――――
4. 3路点滅器 ―――――　●3

選択肢1の図の記号は，**分電盤**です。なお，配電盤の図記号は，です。

解答　1

主な屋内配線用図記号

名　称	図記号	名　称	図記号	名　称	図記号
蛍光灯	⊂─○─⊃	配電盤	⊠	壁灯	◐
非常用照明	●	分電盤	◣	電話用アウトレット	◉
誘導灯	⊗	制御盤	◪	壁付きコンセント	Ⓑ
点滅器	●	3路点滅器	●₃	リモコンスイッチ	●ᴿ

問題9

照明設備に関する一般的な記述として，最も不適当なものはどれか。

1．Hf蛍光ランプは，高効率，長寿命でちらつきが少なく，事務所などの照明に用いられる。
2．水銀ランプは，主に高天井の室内照明及び屋外照明に用いられる。
3．ハロゲン電球は，低輝度であり，道路やトンネルの照明に用いられる。
4．メタルハライドランプは，演色性に優れ，スポーツ施設などの照明に用いられる。

1．**Hf 蛍光ランプ**（高周波点灯専用蛍光ランプ）は，**インバーターを内蔵**した照明器具専用の蛍光ランプで，高効率，長寿命でちらつきが少なく省エネであるため，一般事務室，住宅の照明に適しています。

2．**水銀ランプ**は，長寿命であり，屋外の競技場，公園，庭園の照明に適しています。

3．**ハロゲン電球**は，**昼光色・高輝度**で，劇場・商店のスポットライトの照明に適している。なお，**道路やトンネルの照明**には，**低圧ナトリウムランプ**が用いられます。

4．**メタルハライドランプ**は，水銀ランプの発光管内に金属ハロゲン化物を添加することによって，**ランプ効率と演色性を改良したもの**です。照明の質を重視した大規模な商業空間，公共空間，屋外の景観照明など幅広い用途に使用されています。

解答　**3**

照明の種類と用途

照明の種類	特徴・用途
白熱電球	熱放射が多く，暖かい雰囲気を要する住宅，商店の照明に適している。
ハロゲン電球	昼光色・高輝度で，劇場・商店のスポットライトの照明に適している。
蛍光ランプ	熱放射が少なく，一般事務室，住宅の照明に適している。
高圧水銀ランプ	長寿命であり，屋外の競技場，公園，庭園の照明に適している。
高圧ナトリウムランプ	長寿命であり，天井の高い工場やガソリンスタンドの照明に適している。
低圧ナトリウムランプ	低輝度で，道路やトンネルの照明に適している。

21 消火・防災設備

消火設備

- [ ] ドレンチャー設備は，博物館の展示室内の消火設備として使用することができない。
- [ ] 不活性ガス消火設備は，通信機器室の消火設備として使用する。
- [ ] 泡消火設備は，飛行機の格納庫や屋内駐車場などに設置される。
- [ ] スプリンクラー設備は，百貨店の売場や劇場の舞台などに設置される。

防災設備

- [ ] 自動火災報知設備は，火災発生時に煙又は熱を感知し，自動的にベルが鳴る警報設備である。
- [ ] 「消防法」上，誘導灯の非常電源の種別は，蓄電池設備としなければならない。
- [ ] 劇場の客席部分に設ける客席誘導灯は，避難上必要な床面照度の確保を主な目的とする避難設備である。

試験によく出る問題 📋

問題10

消火設備とその設置場所の組合せとして，最も不適当なものはどれか。

1．ドレンチャー設備 ———— 博物館の展示室
2．不活性ガス消火設備 ———— 通信機器室
3．泡消火設備 ———— 屋内駐車場
4．スプリンクラー設備 ———— 百貨店の売場

解 説

　選択肢1のドレンチャー設備は，**外部からの延焼を防止**するために外部に設置したドレンチャーヘッドから放水し，水膜を張る消火設備です。**博物館の展示室**には不活性ガス消火設備を設けます。

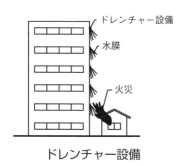

ドレンチャー設備は，内部の火災ではなく，外部の火災に対しての設備です。

ドレンチャー設備

・ドレンチャー設備
・水膜
・火災

主な消火設備の種類

種　類	内　容
屋内消火栓設備	・屋内に設置された消火栓箱の中に収納されたホース，ノズルなどを引き出して放水し，消火にあたる設備。 ・警戒区域半径：25m（1号消火栓），15m（2号消火栓）
スプリンクラー設備	・天井に設置した自動散水栓（スプリンクラーヘッド）が室温の上昇により自動的に作動し，散水して消火する設備。 ・ヘッドには閉鎖型と開放型があり，配管内が充水されている湿式と一部圧縮空気である乾式がある。
水噴霧消火設備	・水噴霧ヘッドを天井に設置し，水を微細な霧状に噴射し，おもに冷却作用と窒息作用により消火する設備。 ・スプリンクラーより高い水圧を必要とし，水量も多い。
泡消火設備	・泡消火薬剤を泡ヘッドなどから放射し，燃焼面を泡で覆い，窒息作用と冷却作用により消火する設備。 ・屋内駐車場などの油火災に適しているが，電気火災には適していない。
不活性ガス消火設備	・ボンベに加圧液化された不活性ガスを放出し，酸素濃度を下げ，主に窒息作用により消火する設備。 ・電気火災や油火災および水損を嫌う通信機器室や受電室，図書館の書庫等に用いられる。 ・消火剤には，二酸化炭素のほかイナートガス（窒素もしくは窒素と他の気体との混合物）などが用いられる。

粉末消火設備	・粉末消火剤を放射して火災を消火する設備で，主に油火災や電気火災に適用される。
連結送水管	・地下街や高層階において，消防隊による消火活動が容易に行えるように設けるもので，消防ポンプ車からの送水口と消防隊のホースを接続する放水口を備えた送水管。
連結散水設備	・地下街など，火災が発生すると煙が充満して消火活動が困難な場所に設置される。 ・外部の水を消防ポンプ車によって，あらかじめ天井に配管してある管を利用して放水し，散水ヘッドから一斉に放水して消火する。
ドレンチャー設備	・外部からの延焼を防止するために圧力水を送水して，ドレンチャーヘッドから放水し，水膜を張って消火する。 ・ドレンチャーヘッドは，建物の屋根，外壁，軒先，窓上などに設置する。

問題11

防災設備に関する記述として，最も不適当なものはどれか。

1．避難口の上部等に設ける避難口誘導灯は，避難口の位置の明示を主な目的とする避難設備である。

2．劇場の客席部分に設ける客席誘導灯は，避難上必要な床面照度の確保を主な目的とする避難設備である。

3．非常警報設備の非常ベルは，火災発生時に煙又は熱を感知し，自動的にベルが鳴る警報設備である。

4．非常用の照明装置は，火災時等に停電した場合に自動的に点灯し，避難上必要な床面照度の確保を目的とする照明設備である。

解　説

　1及び2．誘導灯には次の3種類があります。

誘導灯の種類

避難口誘導灯	避難口と明示した緑色の灯火で，避難口に避難上有効となるように設ける。避難口の上部等に設け，避難口の位置の明示を主な目的とする。
通路誘導灯	避難の方向を明示した緑色の灯火で，廊下，階段，通路など，避難上の設備がある場所に避難上有効となるように床上１ｍ以内の位置に設ける。
客席誘導灯	劇場や映画館などの客席の通路部分に設ける誘導灯で，照度が0.2lx以上と定められている。避難上必要な床面照度の確保を主な目的とする。

避難口誘導灯　　　　　通路誘導灯

３．非常警報設備の**非常ベル**は，火災が発生した場合に非常事態を知らせるために手動で操作するベルです。記述の内容は，**自動火災報知設備**の内容です。

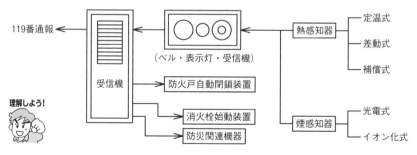

自動火災報知設備の仕組み

４．**非常用の照明装置**は，停電時の安全な避難のための設備です。火災時などで停電した場合に**自動的に点灯**し，避難上必要な床面照度の確保を目的としています。

2-2 外構・測量・その他

22 舗装工事・測量・その他

舗装工事
- ☐ アスファルト舗装の表層から路盤までの厚さは，路床上の設計 CBR の値が高いほど薄くできる。
- ☐ クラッシャランは，岩石をクラッシャーで砕いたものである。
- ☐ パワーストレッチャーは，舗装工事に用いる機器でない。
- ☐ シヤーカッターは，アスファルト舗装工事に用いる機器でない。

測量
- ☐ プラニメーターは，面積測量に用いる機器である。
- ☐ アリダードは，平板測量で使用する。
- ☐ 水準測量には，レベルと標尺が使用される。

その他
- ☐ バスダクトは，電気設備に関連する用語である。
- ☐ ヒートポンプは，空気調和設備に関連する用語である。
- ☐ トラップは，排水設備に関連する用語である。
- ☐ 所要数量は，切りむだなどを含んだ数量をいう。

試験によく出る問題 📋

問題12

構内舗装工事に関する記述として，最も不適当なものはどれか。

1. アスファルト舗装の表層から路盤までの厚さは，路床上の設計 CBR の値が低いほど薄くできる。

2. 路床は，地盤が軟弱な場合を除いて，現地盤の上をそのまま十分に締め固める。

3．アスファルト舗装に用いるフィラーとは，アスファルトと一体となっ
　て骨材の間隙を充填するものをいう。
4．コンクリート舗装に用いるコンクリートのスランプは，一般の建築物
　に用いるものより小さい。

解　説

1．CBR 値は，路床や路盤の支持力を表す指標です。**舗装の厚さは，路
　床土の設計 CBR 値が低いほど厚くし，高いほど薄くできます。**

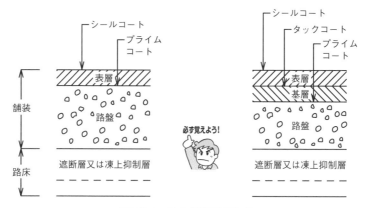

アスファルト舗装の構成

2．通常，**路床は，現地盤の上をそのまま使用**しますが，土質条件により
　地盤改良の必要が生じます。そのような場合，路床土に**セメントや石灰
　を散布混合して安定処理する方法**が用いられます。
3．**フィラー**とは，アスファルトと一体となって骨材の間隙を充填するも
　のをいい，混合物の安定性，耐久性を向上させます。
4．コンクリート舗装に用いるコンクリートは，強度，耐摩耗性，ひび割
　れの防止などの観点から，**スランプ**は，一般の建築物に使用されるもの
　より**小さいもの**を用います。

解答　1

問題13

舗装工事に用いる材料又は機器として，関係のないものはどれか。

1．クラッシャラン
2．パワーストレッチャー
3．インターロッキングブロック
4．プライムコート

解 説

1．**クラッシャラン**は，岩石をクラッシャーで
   砕いたもので，舗装工事の路盤の材料として
   使用されます。
2．**パワーストレッチャー**は，グリッパー工法
   において，カーペットをグリッパーに引っ掛
   ける際に，**カーペットを伸張するための工具**
   です。
3．**インターロッキングブロック**は，敷砂や目
   地砂を用いて施工され，**ブロック相互のかみ**
   合わせによって荷重を分散させる**舗装用ブロック**のことです。

パワーストレッチャー

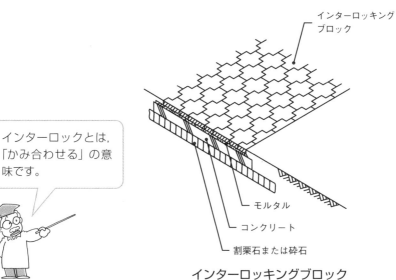

インターロックとは，「かみ合わせる」の意味です。

- インターロッキングブロック
- モルタル
- コンクリート
- 割栗石または砕石

インターロッキングブロック

4. 問題12 の 解 説 の1の図を参照してください。

　プライムコートは，アスファルト舗装工事に用いる材料で，路盤の上に散布されます。路盤の耐久性を高めるとともに，**アスファルト混合物との接着をよくする**ために行います。

各種コート類（アスファルト乳剤）

種　類	目　的
プライムコート	路盤の上に散布されるもので，路盤の耐久性を高めるとともに，アスファルト混合物との接着をよくするために行う。
タックコート	アスファルト混合物からなる表層と基層の接着をよくするために行う。
シールコート	アスファルト表層の上に行うもので，アスファルト表層の耐水性の向上及び劣化防止を目的として行う。

解答　2

問題14

測量の種類とそれに用いる機器の組合せとして，最も不適当なものはどれか。

1．距離測量 ――― 光波測距儀
2．角測量 ――― セオドライト
3．平板測量 ――― アリダード
4．水準測量 ――― プラニメーター

解　説

1．**光波測距儀**は，光波を用いて距離を測定する機器で，**距離測量**に用いられます。

2．**セオドライト**は，望遠鏡を使って**角度の測定（角測量）**を行う機器で，角度の読み取りが数字表示されます。

3．**アリダード**は，方向を観測する装置と図面上に描くための定規縁をもつ機器で，**平板測量**に用いられます。

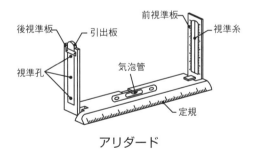

後視準板　　引出板　　前視準板　　視準糸
視準孔　　気泡管
定規

アリダード

4．**プラニメーター**は，等高線に囲まれた面積や，敷地上の面積を求める場合に，必要範囲をなぞることによって**面積の測定（面積測量）**を行う機器です。なお，**水準測量**は，地表面の高低差を求める測量で，主に**レベル**や**標尺（箱尺）**が用いられます。

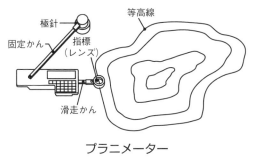

固定かん
極針
指標
（レンズ）
滑走かん
等高線

プラニメーター

解答　4

測量の種類

種　類	概　要
距離測量	・巻尺，光波測距儀などの機器を用いて2点間の距離を求める測量
平板測量	・平板，アリダード，巻尺，ポール，その他の測量器を使い，現場で距離や方向を測り，一定の縮尺の地形を用紙上に作図する測量方法。 ・高い精度は期待できないが，測量と製図とを同時に行うため，手落ちや大きな誤りは少ない。
トラバース測量	・既知点から順に次の点への方向角と距離を測定して，各点の位置を測定する測量方法。
水準測量	・レベルや標尺（箱尺）等を用いて，地盤の起伏や高低差の測定，又は建物の基準高を測定するための測量方法。
スタジア測量	・計測器具であるトランシットの鏡管内の十字横線の上下に刻まれた2本の線（スタジア線）を用いて，2点間の距離・高低差を間接的に測る測量方法

問題15

建築設備とその用語の組合せとして，最も関係の少ないものはどれか。

1．空気調和設備 ——— バスダクト
2．給水設備 ——— バキュームブレーカ
3．排水設備 ——— 通気管
4．ガス設備 ——— マイコンメーター

解　説

1．**バスダクト**とは，**鋼板またはアルミニウムでつくられた金属ダクト**内に絶縁物で支持された銅やアルミなどの導電体を収めたものです。工場や事務所ビルなどの大容量幹線に使用されます。<u>バスダクトは，**電気設備**に関する用語です</u>。

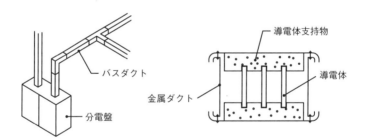

バスダクト配線

2．**バキュームブレーカ**は，フラッシュバルブの作動により給水管に負圧が発生すると，空気を吸い込み逆止弁を閉じて**汚水の逆流を防止**する**給水設備**です。

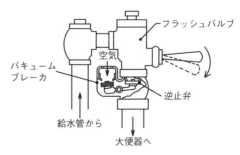

バキュームブレーカ

3. **通気管**は，トラップの封水がなくなるのを防ぐとともに，排水管内の流れを円滑にし，管内の空気を流通させて換気を行うために設ける**排水設備**です。

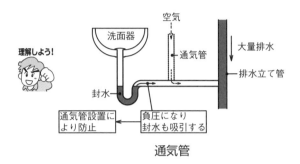

通気管

4. **マイコンメーター**はガスの使用状況を監視するとともに，マイコンピューターが危険と判断した場合は，ガスの供給を止めたり警告を表示する機能をもった**ガス設備**です。

解答 1

積算に関する記述として，最も不適当なものはどれか。

1. 設計数量は，設計図書に表示されている個数や，設計寸法から求めた正味の数量をいう。
2. 所要数量は，切りむだなどを含まない数量をいう。
3. 計画数量は，仮設や土工の数量など，施工計画に基づいて算出した数量をいう。
4. 材料歩掛りは，単位面積や単位容積当たりの施工に必要な材料の数量をいう。

選択肢 2 の**所要数量**は，定尺寸法による**切り無駄**及び施工上やむを得な<u>い**損耗を含んだ数量**</u>をいいます。

積算に用いる数量

用 語	定 義	例
設計数量	設計図書に表示されている個数や設計寸法から求めた正味の数量	コンクリートの体積，左官工事や塗装工事等の仕上面積などの数量
所要数量	定尺寸法による切り無駄及び施工上やむを得ない損耗を含んだ数量	鉄筋，鉄骨，木材等の数量
計画数量	設計図書に表示されていない施工計画に基づいた数量	作業上必要な余盛りを見込んだ根切り土量等の数量

解答　2

第 3 章
施工共通（躯体）
（選択問題）

　令和 3 年度より施工管理法の応用能力問題として，四肢二択形式の出題問題（必須問題）があります。

　難易度に変わりはありませんが，解答する際，他の問題と違って 4 つの選択肢の中から 2 つ解答を選ぶことに注意してください。

3－1 仮設工事・地盤調査

23 仮設工事

試験によく出る選択肢 ✏️

縄張り・遣方
- ☐ 平遣方は，建築物の中間部に設ける遣方である。
- ☐ 建物隅部の遣方は，隅遣方とする。
- ☐ 縄張りとは，工事の着工に先立ち，隣地や道路との境界測量を行い，縄などで建物の輪郭を表示する作業である。

墨出し
- ☐ 墨出し作業において，高さの位置関係を示すために陸墨を出す。
- ☐ 2階より上階における高さの基準墨は，墨の引通しにより，1階の基準高さから出す。
- ☐ 高さの基準点は，原則として2箇所以上に設ける。
- ☐ 陸墨は，水平を示すために壁面に付けた墨である。
- ☐ 建物四隅の基準点の交点を上階に移す際，4点を下げ振りで移す。

試験によく出る問題 📋

問題1

遣方に関する記述として，最も不適当なものはどれか。

1. 水杭の頭部は，物が接触した場合等に，その変状で移動をすぐに発見できるようにいすか切りとする。
2. 水貫は，上端を水杭にしるした高さの基準に合わせて水平に取り付ける。
3. 平遣方は，建築物の隅部に設ける遣方である。
4. 水杭は，根切りや基礎工事に支障がない位置に打ち込む。

1. **遣方**とは，縄張り後，掘削する部分を避けて，建物の位置，高低，通り心の基準を設定するために，**水杭（地杭）**や**水貫**を組立てて**水糸**を張る作業をいいます。なお，水杭の頭部は，その変状で移動が把握できるように**いすか切り**又は**矢はず切り**とします。

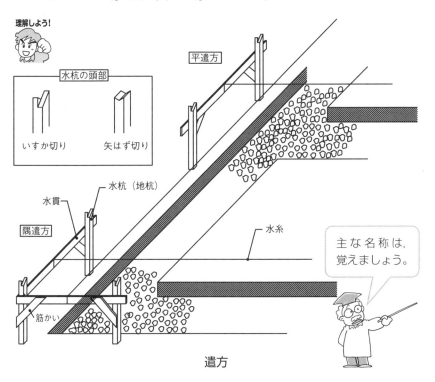

遣方

2. **水貫**は上端をかんな削りとし，**上端を水杭にしるした高さの基準に合わせて水平に打ち付けます。**

3. **平遣方**は，建築物の**中間部**に設ける遣方で，建築物の**隅部**に設ける遣方は，**隅遣方**です。

4. **水杭**は，建物の外周壁から50cm 程度離れた位置で，**掘削する部分に支障のない位置**に打込みます。

 問題2

遣方や墨出し等に関する記述として，最も不適当なものはどれか。

1．建物の位置を確認するための縄張りでは，配置図に従ってロープを張るか，石灰で線を引くなどする。
2．遣方において，かんな掛けした水貫は，上端を基準に合わせて水平に取り付ける。
3．墨出し作業において，高さ位置関係を示すために地墨を出す。
4．鋼製巻尺は，同じ精度を有する巻尺を2本以上用意して，1本は基準巻尺として保管する。

解　説

1．**縄張り**とは，設計図書を基準に，**縄（ロープ）や石灰**などを用いて敷地内に**建物の位置を表示する作業**をいいます。建物の位置と敷地との関係，道路や隣接物との関係などについては**縄張りで確認**します。
2．問題1 の 解　説 の2を参照してください。
3．**地墨**は，平面の位置を示すために**床面に付けた墨**です。高さ位置関係を示すためには，**陸墨（水平墨）**を出します。

必ず覚えよう！

墨の呼び名の種類

墨の呼び名	概　要
地墨	平面の位置を示すために床面に付けた墨
陸墨	水平を示すために壁面に付けた墨
親墨	基準となる墨
逃げ墨	通り芯から一定の距離（1m程度）をおいて平行に付けた墨

4．鋼製巻尺は**JIS1級のものを使用**しますが，誤差が生じる可能性があるため，工事着手前に**テープ合わせを行い**，同じ精度を有する巻尺を2本以上用意し，**1本は基準巻尺として保管**します。

解答　**3**

問題 3

墨出しに関する記述として，最も不適当なものはどれか。

1. 2階より上階における高さの基準墨は，墨の引通しにより，順次下階の墨を上げた。

2. 高さの基準墨を柱主筋に移す作業は，台直し等を終え，柱主筋が安定した後に行った。

3. 通り心の墨打ちができないため，通り心より1m返りの逃げ墨を基準墨とした。

4. 位置の基準点は，建築物の縦，横2方向の通り心を延長し，工事の影響を受けない位置に設けた。

解　説

1. **2階より上階における高さの基準墨**は，鉄骨や柱主筋などの垂直部材で比較的剛強なものを利用して，**1階の基準高さから鋼製巻尺で出します**。

> 高さの基準墨 ── 1階の基準高さから確認
> 床の基準墨 ── 下階の墨から確認
> がポイントです。

2. 高さの基準墨をベンチマークから柱主筋に移す場合，位置が変わってしまわないように，**台直し等を終えて柱主筋が安定した後**に行います。

3. 通り心の位置には柱や壁があり，通常，墨を出せないところがあるため，**通り心より1m返りの逃げ墨を基準墨**とします。

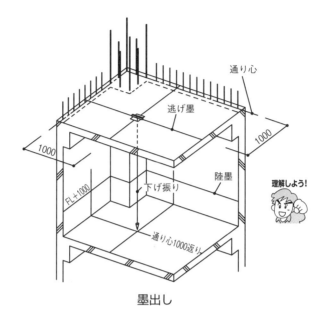

通り心
逃げ墨
1000
1000
陸墨
FL＋1000
下げ振り
理解しよう！
通り心1000返り

墨出し

4．**位置の基準点**（ベンチマーク）は，建築物の縦，横2方向の通り心を
　　延長して，既存の工作物，前面道路，新設の杭など，工事の影響を受け
　　ない位置に2箇所以上設けます。

> ┌─── **ベンチマーク（建物の高さや位置の基準）** ───┐
> ○原則として，2箇所以上に設置する。
> ○工事中に移動しないように設置し，その周囲を養生する。
> ○見通しの良い位置とし，工事完了後まで残せるような位置がよい。

<u>解答　1</u>

24 地盤調査

試験によく出る選択肢

地盤調査

- □ サウンディングは，地盤の強度や変形性状を調べる試験である。
- □ 土の粒径は，細砂，シルト，粘土の順に小さくなる。
- □ 標準貫入試験は，地盤のN値を調べる試験である。
- □ ロータリー式ボーリングは，軟弱な粘性土に使用することができる。
- □ 削孔内に地下水が認められた場合，直ちに測定した水位を地下水位としない。
- □ 標準貫入試験は，土の動的貫入抵抗を求めるために行う試験である。
- □ スウェーデン式サウンディング試験は，深さ10mを超える礫層の地盤調査に用いられない。
- □ 標準貫入試験によるN値から砂質土の内部摩擦角や粘性土の一軸圧縮強度が推定できる。

平板載荷試験

- □ 平板載荷試験は，地盤のN値を調べる試験でない。
- □ 試験地盤面は，載荷板の中心から載荷板直径の3倍以上の範囲を水平に整地する。
- □ 平板載荷試験の載荷板には，直径300mm以上の円形の鋼板で，厚さ25mm以上のものを用いる。
- □ 平板載荷試験で求めることのできる地盤の支持力特性は，載荷盤直径の1.5～2倍程度の深さまでである。
- □ 平板載荷試験の載荷板の沈下量を測定するために設置する変位計は，4個以上を載荷板端部に等間隔に配置する。
- □ 平板載荷試験の実荷重による反力装置の能力は，計画最大荷重の1.2倍以上とする。

試験によく出る問題

問題4

地盤調査に関する記述として，最も不適当なものはどれか。

1．ボーリングには，一般にロータリー式コアボーリングが用いられる。
2．サウンディングとは，土質の色調により地層の性状を探査することをいう。
3．一軸圧縮試験により，非排水せん断強さを推定することができる。
4．サンプリングとは，地盤の土質試料を採取することをいう。

解説

1．**ボーリング**とは，地盤構成の確認や土質試験用試料の採取などのために**削孔すること**をいい，一般に**ロータリー式コアボーリング**が用いられます。

主なボーリングの方法

種類	概要
オーガーボーリング	・最も簡単な方法で，オーガーを人力または動力によって地中にもみ込み試料を採取する。 ・比較的軟らかい土の浅い掘削（10m 程度まで）に適しており，硬い地盤や砂質地盤には使用できない。
ロータリー式ボーリング	・ボーリングロッドの先端にコアチューブビットを取り付け，高速回転させて掘進し，試料を採取する。 ・掘進は地下水位を確認するまでは無水掘りを原則とする。 ・掘削可能進度は100m 程度で孔底の土層を乱すことが少ない。

2．**サウンディング**とは，ロッドに付けた**抵抗体**を地盤中に貫入，回転，引抜きを行い，その抵抗から**地盤の強度**や**変形性状**を調べる原位置試験です。

サウンディングの種類

標準貫入試験	スウェーデン式サウンディング試験

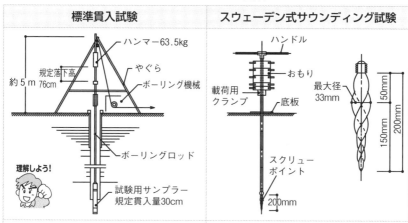

・ボーリング孔を利用して，重さ63.5kg のおもりを76cm の高さから自由落下させ，サンプラーを30cm貫入させるのに必要な打撃回数（Ｎ値）から，原位置における土の硬軟，締り具合の相対値を定量的に知るためのＮ値を求める試験。 ・砂質土のせん断強さの調査に採用。	・ロッドの先端にスクリューポイントを取り付け，所定のおもりの載荷による貫入量を測定。 ・小規模な建物に適用され，深さ10m以内の調査が可能。 ・硬くない粘性土に適し，砂質土に対しても緩いものや薄層のものであれば試験が可能。
オランダ式二重管コーン貫入試験 （ダッチコーン）	ベーン試験

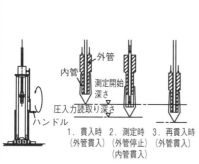

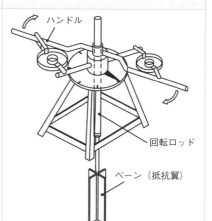

・原位置においてコーンを静的に地面に押し込むときの貫入抵抗から土層の硬軟，締り具合，構成を判定するための試験。 ・軟弱な粘性土に適しているが，砂礫層や玉石層などの測定は不可能。	・原位置でロッドの先端に取り付けた十字形のベーン（抵抗翼）を地中に押し込み，これを回転させるときの抵抗値から粘性土のせん断強さを求める試験。 ・軟弱な粘性土に対して，特に適用性が高い。

3．**一軸圧縮試験**は，側圧を受けない状態で自立する供試体の最大圧縮応力度を求める試験で，**粘性土のせん断強さ（非排水せん断強さ）**を推定することができます。

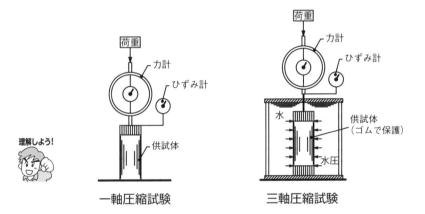

一軸圧縮試験   三軸圧縮試験

理解しよう！

土質試験の方法

	支持力の算定（せん断強さ）	沈下量の推定（圧縮性）	試験場所
粘性土	・一軸圧縮試験 ・三軸圧縮試験	・圧密試験	室内試験
	・オランダ式二重管コーン貫入試験 ・平板載荷試験 ・ベーン試験		原位置試験
砂質土	・三軸圧縮試験		室内試験
	・オランダ式二重管コーン貫入試験 ・平板載荷試験 ・標準貫入試験		原位置試験

一軸圧縮試験，圧密試験は，粘性土のみの試験です。

4．**サンプリング**とは，地盤の土質試料を採取することをいいます。乱さない試料の採取として，固定ピストン式シンウォールサンプラーやデニソン形サンプラーなどが使用されます。

○N値が4以下の軟弱粘性土　→固定ピストン式シンウォールサンプラー
○N値が4を超える硬質粘性土→デニソン形サンプラー
　　　　　　　　　　　（ロータリー式二重管サンプラー）

問題5

地盤調査に関する記述として，最も不適当なものはどれか。

1. オーガーボーリングは，ロット先端のオーガーを回転させて地中に押し込み，試料を採取する。
2. シンウォールサンプラーは，軟弱な粘性土の土質サンプリングに用いる。
3. 土の粒度は，ふるい分析や沈降分析によって求める。
4. 土の粒径は，粘土，シルト，細砂の順に小さくなる。

解 説

1. 問題4 の 解 説 の1を参照してください。
2. 問題4 の 解 説 の4を参照してください。
3. 粗い粒子に対しては**ふるい分析**で，細かい粒子に対しては**沈降分析**によって**土の粒度**を求めます。
4. **土の粒径の大小関係は，レキ＞砂＞シルト＞粘土**です。

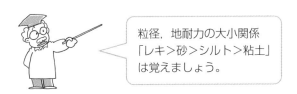

粒径，地耐力の大小関係
「レキ＞砂＞シルト＞粘土」
は覚えましょう。

解答　**4**

問題6

標準貫入試験に関する記述として，最も不適当なものはどれか。

1. 標準貫入試験は，土の静的貫入抵抗を求めるために行う試験である。

2. 所定の打撃回数で，貫入量が300mmに達しない場合，打撃回数に対する貫入量を記録する。

3. 標準貫入試験によるN値から砂質土の内部摩擦角や粘性土の一軸圧縮強度が推定できる。

4. N値やボーリングの採取試料の観察記録は，一般に，土質柱状図としてまとめる。

解　説

1. **問題4**の **解　説** の2の図を参照してください。

　標準貫入試験は，打撃によって**土の動的貫入抵抗（打撃回数N値）を求めるために行う試験**です。なお，**土の静的貫入抵抗**を求めるために行う試験として，**オランダ式二重管コーン貫入試験**があります。

2. 本打ちの打撃回数は，一般に**50回を限度**とし，その時の累計貫入量を測定します。

3. 標準貫入試験による N 値から，**砂質土の内部摩擦角**や**粘性土の一軸圧縮強度**が推定できます。

理解しよう！

N値から推定できる主な項目

土の種類	土の性質	設計への利用
砂質土	相対密度	地耐力（支持力，沈下量），液状化の判定
	内部摩擦角	支持力の算定
	変形係数	杭の支持力（先端支持力，周面摩擦力）
	動的性質	S 波速度，剛性率など
粘性土	硬軟の程度	各層の分析
	一軸圧縮強さ	地耐力，支持力

第3章

施工共通（躯体）

4．採取試料の観察記録は**深さ1m
ごとに行い**，結果は**土質柱状図**に
記載します。

解答　1

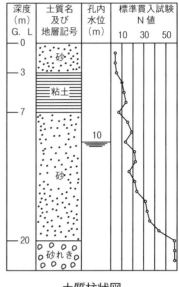

土質柱状図

問題7

平板載荷試験に関する記述として，最も不適当なものはどれか。

1．平板載荷試験は，地盤の変形や強さなどの特性を調べるために行う。
2．載荷パターンには，段階式載荷と段階式繰返し載荷がある。
3．試験結果は，時間－載荷圧力曲線，時間－沈下量曲線などで整理する。
4．試験孔の大きさは，載荷板の大きさと等しくする。

解　説

1．平板載荷試験は，基礎底盤の予定位置に載荷板を置き，その上に油圧
ジャッキにより荷重をかけ，沈下量と荷重によって**地盤の耐力（変形や
強さなど）の特性を判定**する試験です。

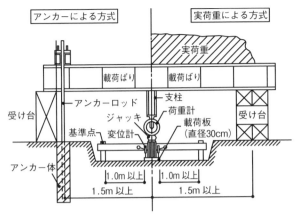

図中のラベル：

アンカーによる方式 ／ 実荷重による方式

実荷重

載荷ばり ／ 載荷ばり

アンカーロッド ／ 支柱

受け台 ／ 荷重計

ジャッキ

基準点 ／ 変位計 ／ 載荷板（直径30cm）

アンカー体

受け台

1.0m 以上 ／ 1.0m 以上

1.5m 以上 ／ 1.5m 以上

平板載荷試験

2．地盤の支持特性を求める場合は，**段階式載荷又は段階式繰返し載荷**を用います。

3．測定結果にもとづいて**「時間－載荷圧力曲線」**，**「時間－沈下量曲線」**及び「載荷圧力－沈下量曲線」を作成します。

4．試験地盤面は，載荷板の中心から**載荷板直径の３倍（直径30cm の場合90cm）以上の範囲**を**水平に整地**できる大きさとします。

解答　4

（右側縦書き）第3章　施工共通（躯体）

3 - 2 土工事・地業工事

25 土工事

根切り

- ☐ 粘性土の床付け地盤が凍結したので，良質土と置換して締め固めた。
- ☐ ディープウェル工法は，深い井戸を設置し，揚程のある排水ポンプを直接入れて排水する工法である。
- ☐ 連続基礎の場合に，帯状に掘ることを布掘りという。

埋戻し

- ☐ 均等係数は土の粒度分布状態を表すものであり，埋戻し土は均等係数が大きいものを選ぶ。
- ☐ 山留め壁と地下躯体との間の埋戻しは，砂質土と粘性土を交互に組み合わせて締め固めない。
- ☐ 静的な締固めには，重量のあるロードローラーが適している。
- ☐ 埋戻しに砂を用いる場合は，粒子の径が均一なものは適していない。
- ☐ 埋戻しに砂質土を用いる場合は，水締めにより締め固める。

山留め工事

- ☐ アイランド工法は，水平切梁工法に比べ，切梁の長さが短くなる。
- ☐ トレンチカット工法は，根切り部分が広い場合に有効である。
- ☐ アイランド工法は，掘削平面の規模が大きくて浅い根切りに適している。
- ☐ 水平切梁工法において，切梁の継手は，できる限り切梁の交差部近くに設ける。
- ☐ 親杭横矢板工法は，地下水位が高く，透水性の高い地盤に適していない。
- ☐ 親杭横矢板工法は，著しく軟弱な粘土又はシルトなどの地盤に適していない。
- ☐ 切梁の火打の有無は，山留め壁の根入れ長さの算定に必要な要因ではない。

試験によく出る問題 📋

問題 8

根切り底の施工に関する記述として，最も不適当なものはどれか。

1．機械式掘削では，床付け面に達する手前でショベルの刃を平状のものに替えて，床付け面までの掘削を行った。
2．杭間ざらいでは，杭体に損傷を与えないように小型の掘削機械を用いて行った。
3．粘性土の床付け地盤が凍結したので，転圧により締め固めた。
4．基礎スラブ下の床付け地盤が地下水で乱されないよう，暗渠排水工法とした。

解 説

1．機械式掘削では，一般的に**30〜50cm**を残して，最終仕上げを**手掘り**とするか，ショベルの刃を**平状のもの**に替えて，床付け面を乱さないようにします。

根切り：地盤を掘削すること。
床付け：地盤を水平に掘り揃えること。

2．**杭間ざらい**とは，掘削の際に杭と杭の間の土やその周りの土を取り除く作業をいいます。小型の掘削機械などを用いて，**杭体に損傷を与えないようにします。**

3．床付け地盤が凍結した場合は**乱された土**と同様に扱い，**粘性土の場合は礫や砂質土などと置き換えて**締固めます。

　なお，**砂質土**の場合は，ローラーなどによる**転圧や締固め**によって自然地盤と同程度の強度にします。

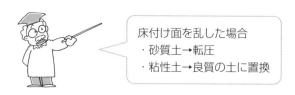

床付け面を乱した場合
・砂質土→転圧
・粘性土→良質の土に置換

4．**暗渠排水工法**は，地中に砂利を充填した排水路を設けることにより，地下水を集めて排水する工法です。**基礎スラブ下の床付け面の地下水処理**に効果的な方法です。

解答　**3**

根切り工事における排水工法に関する記述として，最も不適当なものはどれか。

1．暗渠^{あんきょ}工法は，地中に砂利を充填した排水路を設けることにより，地下水を集めて排水する工法である。
2．釜場工法は，根切り部へ入ってきた水を，根切り底面より低い集水場所からポンプで排水する工法である。
3．ウェルポイント工法は，ろ過網を持ったパイプを地中に打ち込んで地下水を強制的に吸い上げる工法である。
4．ディープウェル工法は，地盤調査で掘ったボーリング孔をそのまま利用し，地下水をポンプにより排水する工法である。

| 解　説 |

1．**問題8** の│ 解　説 │ の4を参照してください。
4．**ディープウェル工法**は，深い井戸（径25～40cm のストレーナーを有する管）を設置し，揚程のある排水ポンプを直接入れて排水する工法です。地盤調査で掘ったボーリング孔をそのまま利用しません。

解答　**4**

排水工法の種類

種　類	特　徴
釜場排水工法	根切り底に浸透・流入してきた水を，根切り底より深い集水場所（釜場）に集め，ポンプで排水する工法。
ディープウェル工法 （深井戸排水工法）	深い井戸（径25〜40cmのストレーナーを有する管）を設置し，揚程のある排水ポンプを直接入れて排水する工法。
ウェルポイント工法	ライザーパイプの先端にウェルポイントと称する集水管を取り付けた揚水管を，地下水面下に多数打込み，真空ポンプを用いて地下水を強制的に吸い上げて排水する工法。

埋戻しに関する記述として，最も不適当なものはどれか。

1．地下躯体コンクリートの強度発現状況を考慮して埋戻しを行った。
2．埋戻し土に砂質土を用いるため，粒度試験を行い均等係数が小さいものを使用した。
3．埋戻し土に粘性土を用いるため，余盛りは，砂質土を用いる場合より大きくした。
4．建設発生土に水を加えて泥状化したものに，固化材を加えた流動化処理土を埋戻しに使用した。

解　説

1．埋戻しを行う場合は，土圧や水圧などによって地下躯体コンクリートにひび割れ等の破壊が生じないように**強度発現状況を考慮**します。
2．埋戻し土としては，**均等係数の大きい（大小さまざまな粒径砂が混ざっている）**山砂が適しています。
3．埋戻しでは，土質に応じた沈みしろを見込んで**余盛り**を行います。**砂質土**を用いて水締めを行う場合は50〜100mm程度，**粘性土**を用いて十分な締固めを行う場合は100〜150mm程度の余盛りが目安です。

4. **流動化処理土**は，建設発生土に水とセメントなどの固化材を混ぜて
作った土です。コンクリートほどの強度はありませんが，流動性に富み
適度な硬度をもつため，特に狭い空間の埋め戻しや充填に用いられてい
ます。

解答 2

問題11

山留め工事に関する記述として，最も不適当なものはどれか。

1. 法付けオープンカット工法は，周辺に安全な勾配の法面を形成しなが
ら根切りする方法である。
2. アイランド工法は，水平切梁工法に比べ，切梁の長さが長くなる。
3. タイロッドアンカー工法は，山留め壁頭部の変形を抑制したい場合に
有効である。
4. 地盤アンカー工法は，偏土圧となる傾斜地の山留め工事に有効である。

解 説

1. **法付けオープンカット工法**は，敷地面積に余裕があり，湧水等が予想
されない場合，根切り周辺部に法勾配をつけて掘削する方法です。
2. **アイランド工法**は，掘削の中央部において切梁が不要で作業性がよく，
水平切梁工法に比べて**切梁の長さが短く**なります。
3. **タイロッドアンカー工法**は，土留め壁の背面に控え杭を打設後，所定レ
ベルまで掘削し，タイロッドによって山留壁と控え杭を連結する工法で
す。山留め壁頭部の変形を抑制したい場合に効果的です。
4. **地盤アンカー工法**は，地盤中に埋め込んだアンカー体の抵抗力によっ
て，山留め壁を引張って固定する工法で，偏土圧がかかる場合(傾斜地)
に有効です。

解答 2

理解しよう!

主な山留め支保工の種類

種　類	概　要	
水平切梁工法	側圧を水平に配置した圧縮材（切梁）で受ける最も一般的な工法。	
アイランド工法	山留め壁に接して法面を残し，これによって土圧を支え，中央部をまず掘削して構造物を築造する。この構造物から斜め切梁で山留め壁を支えながら周辺部を掘削し，その部分の構造物を築造するので工法が2重になる。	構造物
逆打ち工法	山留め壁を設けた後，地下躯体を上から下に順次打設し，これを支保工として利用しながら地下構造部を構築し，同時に地上部の主体工事も進める工法。	
仮設地盤アンカー工法	切梁の代わりに，背面の安定した地盤にアンカー体を造成しPC鋼線で緊張し，背面地盤を安定させる工法。	
タイロッドアンカー工法	アンカー工法の一種で，山留壁の背面に控え杭（控え壁）を打設後，所定レベルまで掘削し，タイロッド（つなぎ材）によって山留壁と控え杭を連結する工法。	タイロッド 控え杭

親杭横矢板水平切梁工法に関する記述として,最も不適当なものはどれか。

1. 腹起し材にH形鋼を用いるため,フランジ面を山留め壁面に向けて設置した。
2. プレボーリングで親杭を設置するため,杭の根入れ部分に根固め液を注入した。
3. 横矢板のはずれ防止として,桟木を矢板両側に釘止めした。
4. 腹起しの継手は,切梁や火打と腹起しの交点から可能な限り離して設けた。

解　説

1. **腹起し材に**H形鋼を用いる場合,山留め壁面に加わる側圧を十分に切梁に伝達されるように,**フランジ面を山留め壁面に向けて設置**します。

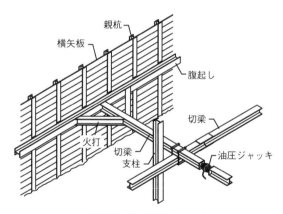

親杭横矢板水平切梁工法

2. **プレボーリングで親杭を設置する場合**には,受働抵抗を十分に発揮させるために,杭の根入れ部分に**根固め液(セメントベントナイト液)を注入**するか,打込みや圧入により設置します。

3．横矢板の設置後，矢板の裏側に**裏込め材を十分に充填**し，親杭と矢板との間に**くさびを打ち込んで**裏込め材を締め付けるとともに，横矢板のはずれ防止として**桟木を矢板両側に釘止め**します。

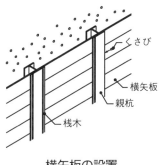

横矢板の設置

4．**腹起しの継手位置**は，火打と切梁の間や，切梁や火打と腹起しの**交点の近く**で，曲げ応力が小さい位置に設けます。

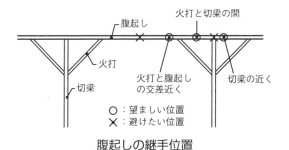

腹起しの継手位置

解答 **4**

26 地業工事

地業工事

- ☐ 再生砕石は，コンクリート塊を破砕したものであり，品質のばらつきが多い。
- ☐ 土間コンクリートに設ける防湿層のポリエチレンフィルムは，土間コンクリートの直下に敷き込む。
- ☐ 砂利地業に使用する砂利は，粒径のそろったものを用いない。

場所打ちコンクリート杭のアースドリル工法

- ☐ 鉄筋かごへのスペーサーの取付けは，表層ケーシングの範囲のみとしない。
- ☐ 鉄筋かごへのスペーサーに鉄筋を使用しない。
- ☐ コンクリートの打設中，トレミー管の先端は打込み中のコンクリートに常に2m以上挿入する。
- ☐ 杭頭の余盛りのはつりは，コンクリート打設後14日程度経過してから行う。

既製コンクリート杭の施工

- ☐ プレボーリング根固め工法は，あらかじめ掘削した孔に根固め液を注入後，杭を挿入する工法である。
- ☐ セメントミルク工法において，アースオーガーヘッドは，杭径よりやや大きいものを使用する。
- ☐ 既製コンクリート杭のセメントミルク工法では，先端閉塞杭を用いる。
- ☐ 1群の杭の打込みは，群の中心から外側に向かって打ち進める。
- ☐ プレボーリング併用打撃工法におけるオーガーの掘削径は，杭径より小さくする。

問題13

地業工事に関する記述として，最も不適当なものはどれか。

1．砂地業に用いる砂は，締固めが困難にならないように，シルトなどの泥分が多量に混入したものを避ける。
2．砂利地業に用いる再生クラッシャランは，コンクリート塊を破砕したものであり，品質のばらつきが少ない。
3．砂利地業において層厚が厚い場合の締固めは，2層以上に分けて行う。
4．捨てコンクリート地業は，掘削底面の安定化や，基礎スラブ及び基礎梁のコンクリートの流出等を防ぐために行う。

解 説

1．砂地業に使用する砂は，**シルト，有機物等の混入しない**締固めに適した山砂，川砂又は砕砂とします。
2．**再生砕石（再生クラシャラン）**は，コンクリート塊を破砕した建設副産物です。<u>品質にばらつきがあり</u>，使用する箇所によっては，強度，吸水率等を確認して使用する必要があります。
3．砂利地業の締固めにあたっては，床付け地盤を乱さないように行い，砂利等の厚さが**300mm を超えるとき**は，**300mm ごとに締固め**ます。
4．捨てコンクリート地業は，**掘削底面の安定化**や，基礎スラブ及び基礎梁の**コンクリートの流出等を防ぐ**ことが目的で，粗雑にならないように施工します。

捨てコンクリート地業は，地盤を強化するための地業ではない。

解答 2

地業の種類

種 類	概 要
地肌地業	・支持力のある床付け地盤まで削りとり平らにする地業で，不陸，割れ目には，砂や目つぶし砂利を積める。 ・床付け地盤が堅固で良質な場合には，地盤上に捨てコンクリートを直接打設することができる。
砂利地業	・比較的良質な地盤で根切りを正確に行い，再生砕石，切込砂利，切込砕石などを，特記がない場合は厚さ60mm敷き込む。 ・粒径のそろった砂利よりも砂混じりの切込み砂利などを用いる。 ・砂利等の厚さが300mmを超える場合は，300mmごとに締固めを行う。
砂地業	・軟弱な地盤に砂を敷き入れて地盤を改良する地業。 ・使用する砂は，締固めが困難にならないように，シルトなどの泥分が多量に混入したものを避ける。
捨てコンクリート地業	・地肌地業，砂利地業の表面を固め，基礎，柱，基礎等の墨出しや鉄筋，型枠の組立てのために施すコンクリートの打込み地業。 ・捨てコンクリートの水分が著しく脱水するおそれがある場合は，ビニールシート等を敷いてコンクリートを打ち込む。

問題14

地業工事に関する記述として，最も不適当なものはどれか。

1．土間コンクリートに設ける防湿層のポリエチレンフィルムは，砂利地業の直下に敷き込んだ。

2．砂利地業に，砕砂と砕石の混合した切込砕石を使用した。

3．床付け地盤が堅固で良質だったため，地盤上に捨てコンクリートを直接打設した。

4．締固めによるくぼみが生じたため，砂・砂利などを補充して再度転圧した。

解　説

1. 土間コンクリートに設ける**防湿層**は，地盤の湿気が，地業，断熱材，土間コンクリートを通して土間上に上昇するのを防ぐために設けます。厚さ0.15mm以上のポリエチレンフィルムを**土間コンクリートの直下**に敷き込みます。なお，断熱材がある場合は，**断熱材の直下**とします。

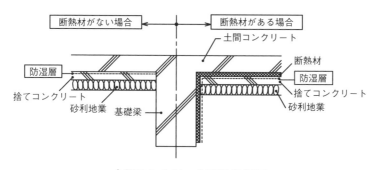

土間コンクリート下の防湿層

2. 砂利地業に使用する砂利は，**再生砕石（再生クラッシャラン）**，**切込砂利**，**切込砕石**などを使用し，一般的に厚さ60mmで敷き込みます。

3. 床付け地盤が堅固で良質な場合は，地盤上に捨てコンクリートを直接打設する**地肌地業**とします。

4. 締固めによるくぼみが生じた場合は，砂や砂利などを補充して再度転圧し，自然地盤と同程度の強度にします。

解答　1

 問題15

　場所打ちコンクリート杭のアースドリル工法に関する記述として，最も不適当なものはどれか。

1. 掘削深さの確認は，検測器具を用いて孔底の2箇所以上で検測した。

2. 掘削完了後に行うスライムの一次処理は，底ざらいバケットで行った。

3. 鉄筋かごへのスペーサーの取付けは，表層ケーシングの範囲のみとした。

4．トレミー管の先端は，打込み中のコンクリートに常に2m以上入っ
　ているように保持した。

1．杭の先端は支持地盤に1m以上根入れする計画とし，掘削深さの確
　認は，**検測器具（重錘と検尺テープ）**を用いて**孔底の2箇所以上**で行い
　ます。
2．掘削完了後に行う**スライムの1次処理**は，**底ざらいバケット**で行い，
　2次処理は**エアーリフト方式**などで行います。

工法による孔底処理（スライム処理）

	1次孔底処理	2次孔底処理
	・掘削直後に行う。	・鉄筋かご挿入後，コンク リート打設直前に行う。
オールケーシング 工法	・孔内水位が低い場合 　ハンマーグラブで孔底処 理する。 ・孔内水位が高い場合 　ハンマーグラブで孔底処 理後，スライムバケットで 処理する。	・水中ポンプ方式など。
アースドリル工法	・底ざらいバケットで孔底処 理する。	・エアーリフト方式など。
リバース工法	・回転ビットを孔底より若干 引き上げて，空回しして吸 い上げる。	・サンクションポンプ方式 など。

3．鉄筋かごへのスペーサーは，かぶり厚さを確保するため表層ケーシン
　グの範囲だけでなく，**深さ3,000mm〜5,000mm間隔程度**に取り付け
　ます。

場所打ちコンクリート杭の鉄筋かごへのスペーサー

	工　法	スペーサー
ケーシングチューブを用いる場合	オールケーシング工法	D13以上の鉄筋
ケーシングチューブを用いない場合	アースドリル工法 リバース工法	杭径1.2m 以下： 鋼板4.5×38程度 杭径1.2m 超： 鋼板4.5×50程度

4．コンクリートの打設が進むにつれてトレミー管を引き上げていくが，**トレミー管の先端は，常にコンクリートの中に2m以上埋まっているように保持**します。

解答　3

理解しよう！

アースドリル工法

①表層ケーシング建込み	②掘削開始	③掘削完了
・表層ケーシングを建込む。	・回転バケットで掘削する。	・所定の支持地盤を確認後，孔底部のスライムを除去する。

表層ケーシング

注水
安定液
ケリーバー
回転バケット

第3章 施工共通（躯体）

④鉄筋かごの挿入 トレミー管建込み	⑤コンクリートの打込み	⑥コンクリートの打込み 完了
・鉄筋かごを挿入後，トレミーを建込み，必要に応じてスライムの2次処理を行う。	・トレミー管の先端は，常にコンクリートの中に2m以上埋まっているように保持する。	・空掘り部分の埋戻し。
鉄筋かご トレミー管	2m 以上	

問題16

既製コンクリート杭の施工に関する記述として，最も不適当なものはどれか。

1．中掘り工法は，比較的大きな径の杭の施工に適している。

2．セメントミルク工法は，掘削中に孔壁の崩壊を防止するために安定液を用いる。

3．継手の方法は，溶接継手のほか，接続金具を用いた方式がある。

4．セメントミルク工法において，アースオーガーヘッドは，杭径よりやや小さいものを使用する。

解 説

1．**中掘り工法**は，比較的杭径の大きなもの（直径500mm 以上の杭）の杭の施工に適しています。

2．アースオーガーによる掘削は，杭芯に合わせて鉛直に行い，**安定液（ベントナイト溶液等）**を用いて孔壁の崩落を防止します。

3．杭の接合には溶接継手または無溶接継手があり，溶接継手は**アーク溶接**とし，無溶接継手は，継手部に**接続金具**を用いた方式とします。

4．**アースオーガーヘッド**は，杭径よりやや<u>大きいもの（杭径＋100mmが標準）</u>を使用します。

既製コンクリート杭の施工法

工 法	概 要
打撃工法	杭の頭部に荷重を落下させて杭を打ち込む工法。
プレボーリング工法（セメントミルク工法）	アースオーガーによってあらかじめ掘削された杭孔に，根固め液（セメントミルク）とともに既製杭を建て込む工法。
中堀り工法	杭の中空部をスパイラルオーガーなどで掘削して，土を上部へ排出しながら杭を圧入する工法。
回転圧入（根固め）工法	杭先端部の特殊金物により掘削を行い，抗体に回転力を与えながら圧入し，所定の位置で根固める工法。

問題17

既製コンクリート杭の施工法として，最も不適当なものはどれか。

1．プレボーリング工法
2．オールケーシング工法
3．中掘り工法
4．回転根固め工法

解　説

オールケーシング工法は，場所打ちコンクリート杭の施工法です。

解答　2

第3章

施工共通（躯体）

3 － 3　鉄筋コンクリート工事

27　鉄筋工事

試験によく出る選択肢 📝

鉄筋の加工及び組立て

- ☐ 鉄筋相互のあきの最小寸法は，鉄筋の強度によって決まらない。
- ☐ 鉄筋の折曲げ内法直径の最小値は，鉄筋の強度が大きいほど大きい。
- ☐ 最上階の柱頭の四隅にある主筋端部には，フックを必要とする。
- ☐ 鉄筋末端部のフックの余長の最小寸法は，折曲げ角度が大きいほど短くなる。
- ☐ 柱や梁の鉄筋の組立てに点付け溶接を行わない。

鉄筋の継手及び定着

- ☐ フック付き重ね継手の長さは，フックの折曲げ角度に関係しない。
- ☐ 重ね継手長さの算出に用いる鉄筋径は，異形鉄筋の場合，呼び名に用いた数値を用いる。
- ☐ 小梁の主筋の定着長さは，上端筋の方を下端筋より長くする。

鉄筋のかぶり厚さ

- ☐ 仕上げがある場合とない場合の非腐食環境の耐力壁の最小かぶり厚さの規定値は，同じである。
- ☐ 非腐食環境では耐力壁と非耐力壁のかぶり厚さは，異なる。
- ☐ 柱の鉄筋の最小かぶり厚さは，帯筋の表面からの距離とする。
- ☐ 土に接する部分では，柱と耐圧スラブの最小かぶり厚さの規定値は，異なる。

鉄筋のガス圧接

- ☐ 鉄筋に圧接器を取り付けて突き合わせたときの圧接端面間のすき間は，2 mm 以下とする。
- ☐ ふくらみの直径又は長さが規定値に満たないものは，再加熱により修正する。
- ☐ 圧接面のずれが規定値を超えたものは，切り取って再圧接する。

問題18

鉄筋の加工及び組立てに関する記述として，最も不適当なものはどれか。

1．鉄筋の種類と径が同じ帯筋とあばら筋は，折曲げ内法直径の最小値は同じである。
2．大梁の幅止め筋は，組立て用鉄筋であるが，かぶり厚さを確保できるよう加工する。
3．鉄筋の折曲げ加工は，常温で行う。
4．鉄筋相互のあきの最小寸法は，鉄筋の強度によって決まる。

解 説

1．鉄筋の**種類と径**が同じ場合，**折曲げ内法直径**の最小値は同じです。鉄筋の強度や鉄筋の径が大きいほど，鉄筋の折曲げ内法直径も大きくなります。

鉄筋の曲げ形状・寸法

図	折曲げ角度	鉄筋の種類	鉄筋の径による区分	鉄筋の折曲げ内法の直径（D）
d 余長4*d* 以上　*d* 余長6*d* 以上　*d* 余長8*d* 以上	180°135°90°	SD295ASD295BSD345	D16以下	3 d 以上
			D19〜D41	4 d 以上
		SD390	D41以下	5 d 以上
	90°	SD490	D25以下	
			D29〜D41	6 d 以上

※　dは異形鉄筋の呼び名に用いた数値とする。

2．**幅止め筋**は，あばら筋の幅等を一定に保つために，水平にかけ渡す補助鉄筋ですが，かぶり厚さを確保できるよう加工する必要があります。

第3章

施工共通（躯体）

3．鉄筋の切断，折曲げ加工は，**常温（冷間）**で行います。

4．鉄筋相互の**あき**の最小寸法は，次のうち**最も大きい数値**とし，鉄筋の強度に関係しません。

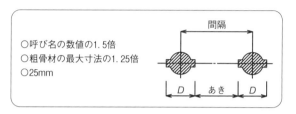

○呼び名の数値の1.5倍
○粗骨材の最大寸法の1.25倍
○25mm

間隔

D　あき　D

解答　**4**

問題19

鉄筋の加工及び組立てに関する記述として，不適当なものを2つ選べ。

1．鉄筋の折曲げ加工は，常温で行う。

2．壁筋は，鉄筋相互の半数以上を結束する。

3．鉄筋相互のあきの最小寸法は，鉄筋の強度によって決まる。

4．鉄筋末端部のフックの余長は，折曲げ角度が大きいほど長くなる。

解　説

1．問題18の 解 説 の3を参照してください。

2．**壁・スラブ**の鉄筋の交点は，**半数以上**を結束します。なお，**柱・梁主筋と帯筋・あばら筋との交点は，四隅の交点において全数**，その他の交点においては**半数以上**を結束します。

3．問題18の 解 説 の4を参照してください。
　鉄筋相互のあきの最小寸法は，鉄筋の強度に関係しません。

4．問題18の 解 説 の1の図を参照してください。
　　余長の最小寸法は，180°の場合が4d以上，135°の場合が6d以上，90°の場合が8d以上であり，**折曲げ角度が大きいほど短くなります**。

問題20

異形鉄筋の継手及び定着に関する記述として，最も不適当なものはどれか。

1．直線重ね継手の長さは，同じ径であっても，鉄筋の種類によって異なる場合がある。

2．フック付き重ね継手の長さは，フックの折曲げ角度によって異なる。

3．小梁の主筋の定着長さは，上端筋の方を下端筋より長くする。

4．帯筋に用いるD13の鉄筋を現場で溶接継手とする場合は，フレア溶接とする。

解　説

1．**直線重ね継手の長さ（L_1）及びフック付き重ね継手の長さ（L_{1h}）は，同じ径でも鉄筋の種類によって異なります。**

異形鉄筋の継手の長さ

コンクリートの設計基準強度（N/mm²）	L_1（L_{1h}）			
	SD295A SD295B	SD345	SD390	SD490
18	45d（35d）	50d（35d）	——	——
21	40d（30d）	45d（30d）	50d（35d）	——
24～27	35d（25d）	40d（30d）	45d（35d）	55d（40d）
30～36	35d（25d）	35d（25d）	40d（30d）	50d（35d）
39～45	30d（20d）	35d（25d）	40d（30d）	45d（35d）
48～60	30d（20d）	30d（20d）	35d（25d）	40d（30d）

注（1）dは，異形鉄筋の呼び名の数値を表す。
　　（2）直径の異なる鉄筋相互の重ね継手の長さは，細い方のdによる。
　　（3）フック付きの重ね継手の長さ L_{1h} は，鉄筋の折曲げ開始点間の距離とし，折曲げ開始点以降のフック部は継手長さに含まない。

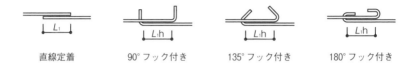

| 直線定着 | 90°フック付き | 135°フック付き | 180°フック付き |

2．上記1の図を参照してください。フック付きの重ね継手は，90°，135°，180°の3種類ありますが，その継手長さは，鉄筋の折曲げ起点間の距離とし，**末端のフックは重ね継手の長さに含みません**。

　　したがって，フックの折曲げ角度に応じて異なることはありません。

3．小梁の下端筋の定着長さ（L_3）は**20d**で，一般の梁（小梁の上端筋も同様）の定着長さ（L_2）より**短く**なります。

異形鉄筋の定着の長さ

コンクリートの設計基準強度（N/mm²）	L_2（L_{2h}）				L_3（L_{3h}）	
	SD295A SD295B	SD345	SD390	SD490	下端筋	
					小梁	スラブ
18	40d（30d）	40d（30d）	——	——	20d（10d）	10d かつ 150mm 以上
21	35d（25d）	35d（25d）	40d（30d）	——		
24〜27	30d（20d）	35d（25d）	40d（30d）	45d（35d）		
30〜36	30d（20d）	30d（20d）	35d（25d）	40d（30d）		
39〜45	25d（15d）	30d（20d）	35d（25d）	40d（30d）		
48〜60	25d（15d）	25d（15d）	30d（20d）	35d（25d）		

注（1）dは，異形鉄筋の呼び名の数値を表す。
　　（2）フック付き鉄筋の定着長さ L_{2h} は，定着起点から鉄筋の折曲げ開始点までの距離とし，折曲げ開始点以降のフック部は定着長さに含まない。

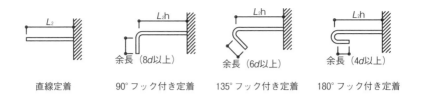

直線定着　　　90°フック付き定着　　135°フック付き定着　　180°フック付き定着

4．帯筋及びあばら筋の継手を溶接継手とする場合は**フレア溶接**とし，その溶接長さは，鉄筋径の10倍以上（両面フレア溶接の場合は，5倍以上）とします。

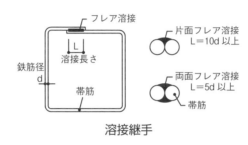

溶接継手

解答　2

鉄筋の継手に関する記述として，不適当なものを2つ選べ。

1．鉄筋の継手には，重ね継手，圧接継手，機械式継手，溶接継手等がある。

2．重ね継手の長さは，コンクリートの設計基準強度にかかわらず同じである。

3．フック付き重ね継手の長さには，フック部分の長さを含める。

4．鉄筋の継手の位置は，原則として，構造部材における引張力の小さいところに設ける。

解　説

1．鉄筋の継手の方法として，**重ね継手，ガス圧接継手，溶接継手，機械**

式継手などがあります。

2. 問題20 の 解　説 の1の表を参照してください。
重ね継手の長さは，**コンクリートの設計基準強度**に関係し，強度が**大き
くなる**ほど**短く**規定されています。

3. 問題20 の 解　説 の2を参照してください。フック付き重ね継
手の長さには，**フック部分の長さ**を含めません。

4. 鉄筋の継手の位置は，原則として**引張応力の小さい**ところで，**コンク
リート**に常時**圧縮応力**が生じている箇所とします。

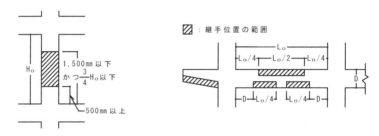

柱主筋の継手位置の範囲　　　　　梁主筋の継手位置の範囲

解答　2，3

208

問題22

鉄筋のかぶり厚さに関する記述として，最も不適当なものはどれか。

1．設計かぶり厚さは，最小かぶり厚さに施工誤差等を見込んで割増しをしたものである。

2．非腐食環境の耐力壁の最小かぶり厚さは，仕上げがある場合とない場合とでは異なる。

3．直接土に接しない腐食環境の仕上げのある柱の最小かぶり厚さは，30mmとする。

4．D29以上の梁主筋のかぶり厚さは，主筋の呼び名に用いた数値の1.5倍以上とする。

解　説

1．**設計かぶり厚さ**は，**最小かぶり厚さに10mm**を加えた数値とします。

2．**非腐食環境の耐力壁**の最小かぶり厚さは，仕上げの有無に関係なく，30mmで同じです。

最小かぶり厚さの規定（mm）

部材の種類		一般劣化環境（非腐食環境）	一般劣化環境（腐食環境）計画供用期間の級		
			短期	標準・長期注2	超長期注2
構造部材	柱・はり・耐力壁	30	30	40	40
	床スラブ・屋根スラブ	20	20	30	40
非構造部材	構造部材と同等の耐久性を要求する部材	20	20	30	40
	計画供用期間中に維持保全をおこなう部材注1	20	20	30	30
直接土に接する柱・はり・壁・床および布基礎の立上り部分		40			
基礎		60			

※　設計かぶり厚さは，最小かぶり厚さ＋10mmとする。

注1. 計画供用期間の級が超長期で，計画供用期間中に保全を行う部材では，保全の周期に応じて定める。

注2. 計画供用期間の級が標準，長期および超長期で，<u>耐久性上有効な仕上げが施されている場合は，一般劣化環境（腐食環境）では，最小かぶり厚さを10mm減じることができる。</u>

3. 上記2を参照してください。直接土に接しない腐食環境の仕上げのある**柱の最小かぶり厚さは，30mm** とします。

最小かぶり厚さは，「2cm，3cm，4cm，6cm」を基準に覚えると良いです。

4. 付着割裂破壊を考慮して，主筋に **D29以上**を使用する場合，主筋のかぶり厚さは**鉄筋径（呼び名の数値）**の1.5倍以上とします。

［付着割裂破壊］
鉄筋径が大きい場合やかぶり厚さが小さい場合，かぶりコンクリートの薄い面で鉄筋に沿って縦ひび割れが生じる。

解答　2

  問題23

鉄筋のガス圧接に関する記述として，最も不適当なものはどれか。

1. 日本産業規格（JIS）に基づく手動ガス圧接技量資格種別の1種を有していれば，2種の圧接作業可能範囲のすべてについて圧接作業を行うことができる。

2. 圧接を行う鉄筋は，圧接部1箇所あたり，鉄筋径程度の縮みしろを見込んで切断・加工する。

3．鉄筋の圧接端面は，軸線に対して直角になるように切断・加工する。

4．圧接終了後の圧接器の取外しは，鉄筋加熱部分の火色消失後に行う。

解　説

1．技量資格種別の**1種**の場合の作業可能な鉄筋径は**D25以下**で，**2種**の場合は**D32以下**です。**2種を有している場合**は，1種の圧接作業可能範囲のすべてについて圧接作業を行うことができます。

圧接技量資格と作業可能範囲

技量資格種別	作業可能な鉄筋径
1種	径　25以下 呼び名　D25以下
2種	径　32以下 呼び名　D32以下
3種	径　38以下 呼び名　D38以下
4種	径　50以下 呼び名　D51以下

2．圧接部1箇所あたり**1〜1.5d のアプセット（縮み量）**が伴うので，あらかじめ縮み代を見込んで加工を行います。（d：鉄筋径）

3．鉄筋の圧接端面は，**軸線に対して直角**になるように切断します。なお，鉄筋冷間直角切断器を用いた場合は，グラインダー研削を必要としません。

4．圧接終了直後に圧接器を取り外した場合，鉄筋の重みよって折れ曲がりが生じやすいため，鉄筋加熱部分の**火色消失後**に圧接器を取り外します。

解答　**1**

28　型枠工事

試験によく出る選択肢

型枠の加工及び組立て

- [ ] 外壁の型枠は，外部足場から控えを設けて補強しない。
- [ ] 柱の型枠に用いるコラムクランプは，セパレーターと組み合わせて使用しない。
- [ ] 柱型枠の建入れ調整は，梁，壁及び床の型枠を組み立てる前に行う。
- [ ] 打放し仕上げとなる外壁コンクリートの型枠に使用するセパレーターは，コーン付きセパレーターとする。

支柱にパイプサポートを使用した型枠支保工

- [ ] 軽量型支保梁を受ける梁型枠の支柱は，梁型枠下の両端に2列で設置する。
- [ ] 高さが3.5mを超える支柱に設ける水平つなぎは，高さ2m以内ごとに2方向に設ける。

型枠工事・型枠の存置期間

- [ ] 合板せき板のたわみ量は，単純梁として算定する。
- [ ] 梁の側型枠の寸法を梁下端までとしたので，底型枠を梁幅の寸法より大きくした。
- [ ] 木製のせき板に使用する剥離剤にワックス系のものを用いない。
- [ ] 床型枠用鋼製デッキプレート（フラットデッキプレート）の使用は，スラブ型枠材の転用率の向上とならない。
- [ ] スラブ型枠に用いる軽量支保梁は，支保梁下面の中央部をパイプサポートで支持しない。
- [ ] コンクリートの材齢により定める場合の壁のせき板の最小存置期間は，普通ポルトランドセメントを用いる場合，平均気温20℃以上のとき，4日である。
- [ ] 高炉セメントB種を用いる場合の材齢によるせき板の最小存置期間は，普通ポルトランドセメントを用いる場合より長くなる。

試験によく出る問題

問題24 出る 出る

型枠の加工及び組立てに関する記述として，最も不適当なものはどれか。

1. 柱型枠の足元は，型枠の垂直精度の保持などのため，桟木で根巻きした。
2. 外壁の型枠は，外部足場から控えを設けて補強した。
3. 配管やボックス類などは，コンクリートの打込み時に移動しないように堅固に取り付けた。
4. 上下階の支柱は，原則として，平面上の同一位置に立てた。

解説

1. 型枠の移動防止や精度の確保，セメントペーストの漏れ防止などのために，型枠の建込みに先立って下部に**根巻き**を設けます。一般的に，木桟，金物，モルタルなどで根巻きします。

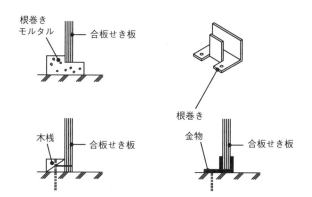

型枠の根巻き

2. 型枠は，足場，遣方などの**仮設物と連結させない**ようにします。
3. ボックス，スリーブ，埋込み金物などを躯体に埋め込む場合は，コンクリート打込み時に位置がずれないよう，**型枠に堅固に取り付けます。**

4．支柱は垂直に立て，上下階の支柱は**同一平面上に配置**します。

解答　2

問題25

　支柱にパイプサポートを使用した型枠支保工に関する記述として，最も不適当なものはどれか。
　1．支柱を継ぐときの本数は，2本までとした。
　2．支柱の継手は，差込み継手とした。
　3．上下階の支柱は，できるだけ平面上の同一位置になるように設置した。
　4．軽量型支保梁を受ける梁型枠の支柱は，梁型枠下の中央に1列で設置した。

解　説

　1．パイプサポートは，**3本以上継いではならない**です。
　2．支柱の継手は，突合せ継手又は**差込み継手**とします。
　3．問題24 の　解　説　の4を参照してください。
　4．軽量型支保梁を受ける梁型枠の支柱は，梁型枠下の両端に2列で設置します。

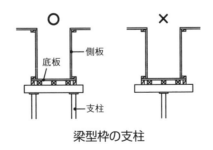

梁型枠の支柱

解答　4

問題26

型枠の締付け金物等に関する記述として，**不適当なもの**を **2つ選べ**。

1．セパレーターは，せき板に対して垂直となるように配置した。
2．打放し仕上げとなる外壁コンクリートの型枠に使用するセパレーターは，コーンを取り付けないものを用いた。
3．塗り仕上げとなる壁コンクリートの型枠に使用するフォームタイと座金は，くさび式を用いた。
4．柱の型枠に用いるコラムクランプは，セパレーターと組み合わせて使用した。

解　説

1．セパレーターは，せき板の間隔を一定に保つために用いられ，**せき板に対して垂直**となるように配置します。
2．コンクリート面に直接塗装仕上げを行うなど，後工程に塗仕上げ等を伴わない場合は**コーン付きのB型セパレーター**を使用します。

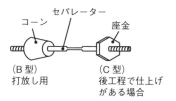

セパレーターの種類

3．フォームタイは型枠を両側から締め付ける金具で，座金をナットで締める「**ねじ式**」と，くさびで締める「**くさび式**」があります。
4．コラムクランプは，柱型枠の四方から水平に締め付ける金具です。主に独立柱の型枠を組み立てる際に使用され，セパレーターと組み合わせて使用しません。

解答　**2，4**

問題27

型枠の存置期間に関する記述として，最も不適当なものはどれか。

1．せき板の最小存置期間は，一般に存置期間中の平均気温が高い方が短い。

2．柱，梁側及び壁のせき板の最小存置期間は，同じである。

3．柱のせき板は，コンクリートの圧縮強度が5 N/mm²以上になれば取り外すことができる。

4．高炉セメントB種を用いる場合の材齢によるせき板の最小存置期間は，普通ポルトランドセメントを用いる場合より短くてよい。

解　説

1．せき板の最小存置期間は，一般に存置期間中の**平均気温が高い方が短くなり**，早く解体できます。

垂直のせき板の存置期間を定めるためのコンクリートの材齢（短期・標準）

セメントの種類 平均気温	コンクリートの材齢（日）			
	早強ポルトランドセメント	普通ポルトランドセメント 高炉セメントA種 フライアッシュセメントA種	高炉セメントB種 フライアッシュセメントB種	中庸熱ポルトランドセメント 低熱ポルトランドセメント 高炉セメントC種 フライアッシュセメントC種
20℃以上	2	4	5	7
20℃未満 10℃以上	3	6	8	9

2．柱，梁側及び壁のせき板は**垂直のせき板**で，最小存置期間は同じです。

3．柱のせき板は，**短期・標準：5 N/mm²以上**，長期・超長期及び高強度コンクリート：10N/mm²以上で取り外すことができます。

4．**高炉セメントB種**を用いる場合の材齢によるせき板の最小存置期間は，**普通ポルトランドセメント**を用いる場合より**長い**です。

存置期間の大小関係は，「早強＜普通＜混合B」と覚えましょう。

29 コンクリート工事

試験によく出る選択肢 📝

コンクリートの調合
- [ ] 普通ポルトランドセメントと高炉セメントB種の水粉体比の最大値は同じである。
- [ ] 細骨材率が大きすぎると、所定のスランプを得るための単位水量を多く必要とする。
- [ ] 細骨材の粗粒率が大きい場合には、細骨材率を大きくする。
- [ ] 溶融スラグ骨材は、レディーミクストコンクリート用骨材として規定されていない。
- [ ] 乾燥収縮によるひび割れを少なくするためには、細骨材率は小さくするのがよい。

コンクリートの打込み及び締固め
- [ ] スラブの付いたせいの高い梁の打込みは、梁とスラブを連続して行わない。
- [ ] 床スラブに打ち込んだコンクリートは、凝結が終了する前にダンピングを行う。
- [ ] 外気温か25℃以上の場合、コンクリートの練混ぜ開始から打込み終了までの時間の限度は90分以内とする。
- [ ] コンクリートの圧送に先立って用いる先送りモルタルは、冨調合のものとする。

コンクリートの養生
- [ ] コンクリート打込み後の養生温度が高いほど、長期材齢における強度増進が小さくなる。
- [ ] 寒中コンクリートの工事において、加熱養生を行う場合は、コンクリートに散水する。
- [ ] マスコンクリートの場合、部材内部の温度が最高温度に達した後、直ちにコンクリートの表面を冷水で冷やさない。

試験によく出る問題

問題28

コンクリートの調合に関する記述として，最も不適当なものはどれか。

1．普通ポルトランドセメントと高炉セメントB種の水粉体比の最大値は異なる。
2．細骨材率が大きすぎると，流動性の悪いコンクリートとなる。
3．スランプは，荷卸し地点における値を指定する。
4．空気量が多くなると，圧縮強度の低下や乾燥収縮率の増加をもたらす。

解　説

1．**普通ポルトランドセメント**と**高炉セメントB種**の水粉体比の最大値は65%で同じです。
2．**細骨材率が大きすぎる**場合は，単位セメント量および単位水量を多く必要とし，**流動性の悪いコンクリート**となります。その結果，乾燥収縮によるひび割れが多くなります。

細骨材率が大きい（粒が細かい）
↓
水，セメントを多く必要
↓
ひび割れしやすい

3．コンクリートを発注する際のスランプは，**荷卸し地点**における値を指定します。
4．**空気量が大きくなる**と，圧縮強度の低下や乾燥収縮率の増加をもたらします。

空気量の標準値と許容差

コンクリートの種類	空気量	許容差
普通コンクリート	4.5%	
軽量コンクリート	5.0%	±1.5%
高強度コンクリート	4.5%	

解答　1

問題29

コンクリートの調合に関する記述として，最も不適当なものはどれか。

1．調合管理強度は，品質基準強度に構造体強度補正値を加えた値とする。
2．単位セメント量は，水和熱及び乾燥収縮によるひび割れを防止する観点からは，できるだけ少なくするのがよい。
3．細骨材率が小さすぎると，所定のスランプを得るための単位水量を多く必要とする。
4．川砂利と砕石は，それぞれが所定の品質を満足していれば，混合して使用してもよい。

解　説

1．コンクリートの**調合管理強度**は，**品質基準強度**に**構造体強度補正値**を加えたものです。

コンクリートの各種強度

設計基準強度（*F*c）
耐久設計基準強度（*F*d） ├ 大きい方の値
　　　　　　　　　　　　　↓
　　　　　　　　品質基準強度（*F*q）
　　　　　　　　　↓ +mSn（構造体強度補正値）
　　　　　　　　調合管理強度（*F*m）
　　　　　　　　　↓ +（バラツキを考慮）
　　　　　　　　調合強度（*F*）

2．**単位セメント量**は，水和熱及び乾燥収縮によるひび割れを防止する観点からは，**できるだけ少なくする**ことが望ましいです。ただし，単位セメント量が過小であるとコンクリートのワーカビリティーが悪くなり，型枠内へのコンサートの充填性が低下します。

[普通コンクリートの調合に関する数値]
・水粉体比（水セメント比）：65％以下
・単位水量：185kg/m³以下
・単位粉体量(単位セメント量)：270kg/m³以上
・塩化物イオン量：0.3kg/m³以下
・空気量：4.5％

3．問題28 の 解 説 の2を参照してください。**細骨材率が小さすぎる場合**は，**単位水量の少ないがさがさのコンクリート**になります。また，スランプの大きいコンクリートでは，粗骨材とモルタル分が分離しやすくなります。

4．**川砂利と砕石を混合して使用する場合**は，混合する前の品質がそれぞれ所定の品質を満足していなければならないです。

解答　**3**

理解しよう!

┌─── **単位水量を小さくするには？** ───┐

○実積率（容器に満たした骨材の容積/容器の容積）の高い骨材を使用する。
○表面活性剤を使用する。
○砂・砂利は，可能な限り大きめのものを使用する。
○細骨材率（全骨材に対する細骨材の容積比）を小さくする。
○粗骨材として川砂利を使用した場合は，砕石を使用した場合に比べて単位水量を約8％減ずることができる。

問題30

コンクリートの打込み等に関する記述として，最も不適当なものはどれか。

1．スラブの付いたせいの高い梁の打込みは，梁とスラブを連続して行った。

2．柱へのコンクリートの打込みは，縦形シュートを挿入して行った。

3．コンクリートの鉛直打継ぎ部は，梁やスラブの場合，スパンの中央付近に設けた。

4．棒形振動機の先端を，先に打ち込んだコンクリートの層に届くように挿入した。

解 説

1．スラブの付いた**せいの高い梁への打込み**は，**スラブ下で一度打ち止め**，コンクリートの沈降を見計らってから，残りの部分をスラブと同時に打ち込みます。

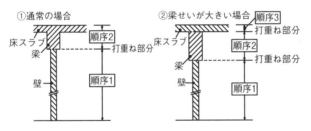

コンクリートの打込み順序

2．シュートやホース等からコンクリートを落し込む高さは，コンクリートが分離しない範囲とし，階高の高い柱（4.5〜5m以上）等の打込みは，**縦形シュート**を用います。

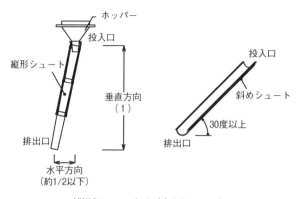

縦形シュートと斜めシュート

3．梁，床スラブの**鉛直打継ぎ部は，スパンの中央**または**端から1／4付近**に設けます。また，柱，壁の水平打継ぎ部は，床スラブ・梁の下端，または床スラブ・梁・基礎梁の上端に設けます。

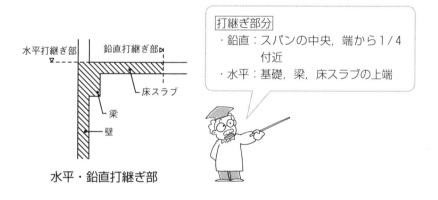

水平・鉛直打継ぎ部

4．**コンクリート棒形振動機**は打込み各層ごとに用い，**その下層に先端が10cm程度入る**ようにほぼ鉛直に挿入します。挿入間隔は60cm以下とします。

コンクリート棒形振動機の留意事項	
①振動機の先端	・打込み各層ごとに用い，その下層に振動機の先端が入るようにほぼ鉛直に挿入する。 ・鉄骨，鉄筋，型枠等になるべく接触させない。
②挿入間隔	・60cm以下とする。
③加振時間	・加振は，コンクリートの上面にセメントペーストが浮くまでとする。 ・1箇所5〜15秒の範囲とする。
④引抜き	・コンクリートに穴を残さないように加振しながら徐々に引き抜く。

解答　1

問題31

コンクリート工事に関する記述として，最も不適当なものはどれか。

1．外気温が25℃を超えるので，コンクリートの練混ぜ開始から打込み終了までの時間の限度は，120分とした。

2．流動化コンクリートの流動化剤の添加及び撹拌は，工事現場にて行った。

3．スランプ18cmのコンクリートをポンプ工法で打ち込むので，打込み速度を25m³/hとした。

4．コンクリート内部振動機（棒形振動機）は，打込み各層ごとに用い，挿入間隔を60cm以下とした。

解　説

1．コンクリートの**練混ぜ開始から打込み終了までの時間**は，外気温が**25℃未満のときは120分以内**とし，**25℃以上のときは90分以内**とします。

コンクリートの時間管理

	外気温	
	25℃未満	25℃以上
打込み継続中における打重ね時間間隔 （コールドジョイントの対策）	150分以内	120分以内
練混ぜから打込み終了までの時間 （品質管理上の必要な時間）	120分以内	90分以内

・高強度コンクリート，高流動コンクリートの練混ぜから打込み終了までの時間については，外気温にかかわらず120分以内とする。

2．流動化コンクリートは，レディーミクストコンクリートの**普通コンクリート（ベースコンクリート）に流動化剤を工事現場で添加**し，これを撹拌して流動性を増大させたコンクリートです。

3．コンクリートの打込み速度は，良好な締固めができる範囲（20～30m³/h）とします。

4．の の4を参照してください。

解答　1

コンクリートの養生に関する記述として，最も不適当なものはどれか。

1．初期の湿潤養生の期間が短いほど，中性化が早く進行する。

2．コンクリートの打込み後，少なくとも1日間はその上で歩行又は作業をしないようにする。

3．高炉セメントB種を用いたコンクリートの材齢による湿潤養生期間は，普通ポルトランドセメントの場合より長くする。

4．コンクリート打込み後の養生温度が高いほど，長期材齢における強度増進が大きくなる。

1．初期の**湿潤養生**の期間が**短い**ほど，**中性化**の進行が**早く**なります。

2．コンクリート打込み後，少なくとも**1日間（24時間）**はその上を歩行してはいけません。

3．**高炉セメントB種**を用いたコンクリートの材齢による湿潤養生期間は，**普通ポルトランドセメント**の場合より**長い**です。

湿潤養生の期間

	短期・標準	長期・超長期
早強ポルトランドセメント	3日以上	5日以上
普通ポルトランドセメント 高炉セメントA種 フライアッシュセメントA種 エコセメント	5日以上	7日以上
中庸熱ポルトランドセメント 低熱ポルトランドセメント 高炉セメントB種 フライアッシュセメントB種	7日以上	10日以上
高炉セメントC種 フライアッシュセメントC種	9日以上	14日以上

第3章　施工共通（躯体）

4．コンクリート打込み後の**養生期間中の温度が高い**場合，長期材齢における**強度発現が停滞**したり，**低下**したりする場合があります。

解答　4

問題33

コンクリートの養生に関する記述として，最も不適当なものはどれか。

1．湿潤養生期間の終了前であっても，コンクリートの圧縮強度が所定の値を満足すればせき板を取り外すことができる。

2．コンクリートの硬化初期に振動が加わると，強度の発現が損なわれる

ことがある。

3．コンクリート打込み後は，直射日光などによる乾燥を防ぐための養生
を行う。

4．寒中コンクリート工事において，加熱養生を行う場合は，コンクリー
トに散水してはならない。

解　説

1．湿潤養生期間の終了前であっても，**コンクリートの圧縮強度が所定の値を満足**すれば，以降の湿潤養生を打ち切ることができます。

湿潤養生を打ち切ることができるコンクリートの圧縮強度

	短期・標準	長期・超長期
早強ポルトランドセメント 普通ポルトランドセメント 中庸熱ポルトランドセメント	10N/mm²以上	15N/mm²以上

2．コンクリートの硬化初期に振動が加わると，コンクリートに**ひび割れが発生して強度の発現**が損なわれます。

3．コンクリート打込み後は，十分な水分を与えるとともに，直射日光などによる**乾燥を防ぐための養生**を行います。

4．**寒中コンクリート**で加熱養生を行う場合は，コンクリートが乾燥しないように**散水などによって保温**に努めます。

解答　**4**

3 − 4 鉄骨工事・木工事・施工機械・その他の工事

30 鉄骨工事

試験によく出る選択肢 📝

鉄骨の工作・組立て
- □ 曲げ加工を加熱加工とする場合は，赤熱状態で行う。
- □ 溶融亜鉛めっき高力ボルトの孔径は，同じ呼び径の高力ボルトの孔径と同じ大きさとする。
- □ 高力ボルトの孔径は，高力ボルトの公称軸径に2.0mm又は3.0mmを加えた値とする。
- □ 高力ボルト用の孔あけ加工は，板厚が13mm以下の場合，せん断孔あけとすることができない。

鉄骨製作工場における錆止め塗装
- □ 柱ベースプレート下面のコンクリートに接する部分は，塗装を行わない。
- □ 工事現場溶接を行う部分（開先面）の両端それぞれ100mm程度の範囲は塗装を行わない。

高力ボルト摩擦接合・溶接接合
- □ 鋼材の摩擦面をブラスト処理とする場合はサンドブラストとしない。
- □ ボルト孔にボルトを挿入後，1次締めの後に，ボルト軸，ナット，座金及び鋼材面にマーキングを行う。
- □ 隅肉溶接部の検査は，一般に目視検査により行われる。
- □ ボルトの締付けは，ボルト群ごとに継手の中央より周辺に向かう順序で行う。

鉄骨の建方
- □ 溶接継手におけるエレクションピースに使用する仮ボルトには，高力ボルトを使用して全数締め付ける。
- □ 外周に養生シートを張った鉄骨骨組の倒壊防止の検討に用いる風荷重は，風上と風下の2面分の値とする。
- □ 玉掛け用ワイヤロープでキンクしたものは使用してはならない。
- □ 構造用アンカーボルトの位置ずれは，台直しによって修正しない。

 問題34

鉄骨の加工に関する記述として,不適当なものを2つ選べ。

1. 鋼材の加熱曲げ加工は,青熱脆性域で行った。
2. 鋼材のガス切断は,自動ガス切断機を用いた。
3. 板厚が13mm以下の鋼材のアンカーボルト孔は,せん断孔あけで加工した。
4. 高力ボルトの孔径は,高力ボルトの公称軸径に5mmを加えた値とした。

解 説

---

1. 曲げ加工は,常温加工又は加熱加工とします。加熱加工の場合は**赤熱状態(850〜900℃)**で行い,**青熱脆性域(200〜400℃)**で行ってはならないです。

鋼材の切断・加工

切断	・せん断切断する場合の鋼材の板厚は,原則として13mm以下とする。 ・主要部材の自由端および溶接接合部には,せん断縁(せん断切断)を用いない。
孔あけ加工	・高力ボルト用孔の孔あけ加工はドリルあけとする。なお,接合面をブラスト処理する場合は,ブラスト前に孔あけ加工する。 ・その他の孔あけ(ボルト,アンカーボルト,鉄筋貫通孔等)はドリルあけを原則とするが,板厚が13mm以下のときは,せん断孔あけとすることができる。
曲げ加工	・常温加工又は加熱加工で行う。 ・加熱加工の場合は赤熱状態(850〜900℃)で行い,青熱ぜい性域(200〜400℃)で行わない。

なお,部材を加工等する際には,精度の確保や作業能率のために部材を固定して位置設定を行う機材として**治具**が用いられます。

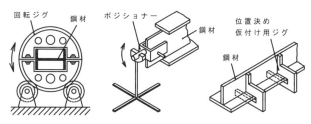

溶接加工の治具（ジグ）の例

2. 鋼材の切断には，機械切断法・ガス切断法・プラズマ切断法・レーザー切断法などの方法があり，**ガス切断**とする場合は，原則として**自動ガス切断機**を用います。

3. 鋼材のアンカーボルト孔は，**ドリルあけ**を原則としますが，**板厚が13 mm 以下**のときは**せん断孔あけ**とすることができます。

　　ただし，高力ボルト用の孔あけ加工は，**板厚に関係なく原則，ドリルあけ**です。

4. 問題35 の　解　説　の1を参照してください。

　　高力ボルトの孔径（D）は，高力ボルトの公称軸径（d）に**2 mm 又は3 mm を加えた値**とします。

解答　1，4

問題35

鉄骨の工作及び組立てに関する記述として，最も不適当なものはどれか。

1. 溶融亜鉛めっき高力ボルトの孔径は，同じ呼び径の高力ボルトの孔径よりも大きくした。

2. 柱梁接合部のエンドタブの取付けは，裏当て金に組立溶接とした。

3. 柱の十字形鉄骨に設ける梁主筋の貫通孔は，耐力低下の大きいフランジを避けて，ウェブに設けた。

4. 鋼板の切断は，NC ガス切断機で行った。

1. **溶融亜鉛めっき高力ボルト**の孔径は，同じ呼び径の**高力ボルトの孔径**と同じ大きさとします。

ボルトの孔径（単位：mm）

種　類	孔径 D	公称軸径 d
高力ボルト	d+2.0	d<27
溶融亜鉛めっき高力ボルト	d+3.0	d≧27
ボルト（普通ボルト）	d+0.5	――
アンカーボルト	d+5.0	――

2. 柱梁接合部に取り付ける**エンドタブ**は，**裏あて金に取付け，直接，母材に組立て溶接してはなりません**。ただし，本溶接によって再溶融される場合は，開先内の母材に組立て溶接してもよいです。

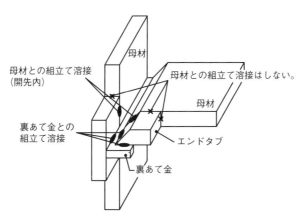

柱梁接合部に取付けるエンドタブ

3. **鉄骨フランジ**には，鉄筋用をはじめとする各種の貫通孔を設けてはならないです。

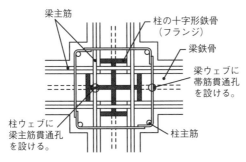

梁主筋
柱の十字形鉄骨
（フランジ）
梁鉄骨
梁ウェブに
帯筋貫通孔
を設ける。
柱ウェブに
梁主筋貫通孔
を設ける。
柱主筋

柱梁接合部の鉄筋の納まり

4．**NC（数値制御）切断機**は，切断機と切断する母材との相対運動を，速度や位置の数値情報で制御することによって，一連の切断加工をプログラム指令によって実行し熱切断を行います。

解答　1

鉄骨製作工場における錆止め塗装に関する記述として，最も不適当なものはどれか。

1．角形鋼管柱の密閉される閉鎖形断面の内面は，塗装を行わなかった。
2．柱ベースプレート下面のコンクリートに接する部分は，塗装を行った。
3．ローラー支承の摺動面で削り仕上げした部分は，塗装を行わなかった。
4．コンクリートに埋め込まれる，鉄骨梁に溶接された鋼製の貫通スリーブの内面は，塗装を行った。

解　説

1．角形鋼管柱の**密閉される鉄骨内部**は，塗装を行いません。
2．**コンクリートに埋め込まれる部分や接触する部分**は，塗装を行いません。

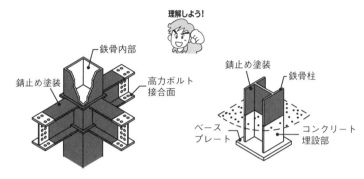

理解しよう!

鉄骨内部

錆止め塗装

高力ボルト
接合面

錆止め塗装

鉄骨柱

ベース
プレート

コンクリート
埋設部

鉄骨の錆止め塗装

3．ピン・ローラー等密着する部分や**回転，摺動面**で削り仕上げした部分は，塗装を行いません。

4．コンクリートに埋め込まれる，鉄骨梁に溶接された鋼製の**貫通スリーブの内面**は，コンクリートに埋め込まれないため，錆止め塗装を行います。

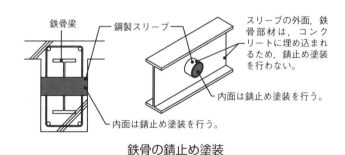

鉄骨梁

鋼製スリーブ

スリーブの外面，鉄骨部材は，コンクリートに埋め込まれるため，錆止め塗装を行わない。

内面は錆止め塗装を行う。

内面は錆止め塗装を行う。

鉄骨の錆止め塗装

<u>解答　2</u>

```
┌───────────── 錆止め塗装をしない部分 ─────────────┐
│                                                          │
│  ①  工事現場溶接を行う部分の両側それぞれ100mm 程度の範囲及び超音波  │
│      探傷試験に支障を及ぼす範囲                                   │
│  ②  高力ボルト摩擦接合部の摩擦面                     │
│  ③  コンクリートに埋め込まれる部分及び接触する部分                  │
│  ④  耐火被覆材の接着する面                                       │
│  ⑤  密閉となる内面（鋼製スリーブの内面は塗装を行う。）               │
│  ⑥  ピン・ローラー等密着する部分や回転，滑動面で削り仕上げした部分     │
│  ⑦  組立てによって肌合わせとなる部分                              │
│                                                          │
└──────────────────────────────────────────────────────────┘
```

高力ボルト摩擦接合に関する記述として，最も不適当なものはどれか。

1．摩擦面をブラスト処理とする場合は，サンドブラストとする。
2．自然発錆による場合，摩擦面の錆の発生状態は，鋼材の表面が一様に赤く見える程度とする。
3．ナット回転法による本締めにおいて，回転量が不足しているボルトは，所定のナット回転量まで追締めする。
4．ナットと座金に共回りが生じた場合は，新しいボルトセットに取り替える。

┌─ 解　説 ─────────────────────────────────

1．鋼材の摩擦面をブラスト処理とする場合は，**ショットブラスト又はグリットブラスト**により処理し，この表面の粗さは**50μmRz 以上**確保します。なお，溶融亜鉛メッキ鋼など軽いブラスト処理でよい場合は，上記の処理の他に，サンドブラストによる処理も可能です。

表面の粗さ（粒）の大小関係は，
「グリット＞ショット＞サンド」です。

2．問題34 の 解 説 の3を参照してください。

3．高力ボルトの締付け手順は，1次締め → マーキング → 本締め の
　順序で行います。ナット回転法による本締めの場合，回転量が不足して
　いるボルトについては，所定のナット回転量まで追締めします。

高力ボルトの締付け作業

締付け手順		概　要
マーキング		ボルトとナットの共回りや軸回りの有無を確認するため，すべてのボルトに対して，ボルト・ナット・座金・母材にかけてマークを施す。
本締め	トルシア形高力ボルト	専用のレンチを用いてピンテールが破断するまで締め付ける。
	高力六角ボルト	トルクコントロール法による本締めは，標準ボルト張力が得られるように調整された締付け機器を用いて行う。
		ナット回転法による本締めは，1次締め完了後を起点としてナットを120°回転させて行う。

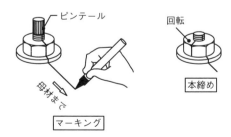

トルシア形高力ボルトの締付け作業

4．ナットとボルト・座金などに**共回り・軸回りが生じた場合**や，ナット回転量に異常が認められた場合，又はナット面から突き出た余長が過大，過小の場合には，**新しいボルトセットに取り替えます。**

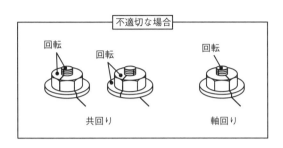

鉄骨の建方に関する記述として，最も不適当なものはどれか。

1．接合部のボルト孔が合わない場合，ドリフトピン等を用いてボルト孔を一致させる。
2．溶接継手におけるエレクションピースに使用する仮ボルトには，普通ボルトを使用して全数締め付ける。
3．建入れ直しを行ったものは，高力ボルト接合の場合，速やかに本締めを行う。
4．鉄骨建方が長期間にわたる場合，気候が変わるため，建入れ直しに用いる測定器の温度補正を行う。

解　説

1．**ドリフトピン**は，接合部のボルト孔が合わない場合，2部材を引寄せて一致させるために叩き込むテーパーの付いた鋼製ピンです。
2．柱の溶接継手の**エレクションピース**に使用する仮ボルトは，**高力ボルト**を使用して**全数**締め付けます。

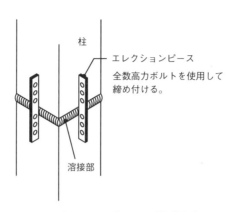

エレクションピースの仮ボルト

仮ボルトの本数

継　手	仮ボルトの本数
高力ボルト継手	中ボルトなどを用いて，1／3程度かつ2本以上
混用接合・併用継手	中ボルトなどを用いて，1／2程度かつ2本以上
エレクションピース	高力ボルトを用いて，全数

3．建方の進行とともに，小区画に区切って**建入れ直し**と**建入れ検査**を行い，速やかに**本締め**を行います。

4．鉄骨建方が長期間にわたり気候が変わる場合，建入れ直しに用いる**測定器の温度補正**を行います。

解答　2

鉄骨のアンカーボルトに関する記述として，最も不適当なものはどれか。

1．構造用アンカーボルトの位置ずれを，加熱による台直しで修正した。

2．柱脚のアンカーボルトのナットは，コンクリートに埋め込まれる場合を除き2重ナットとした。

3．アンカーボルト頭部の出の高さは，ナットの外にねじ山が3山以上出るようにした。

4．ナットは，手動レンチを用いてナット回転法により，アンカーボルトの張力が均等になるように締め付けた。

1．**構造耐力を負担**するアンカーボルト（構造用アンカーボルト）の位置ずれは，<u>台直しで**修正してはならない**です。</u>
2．アンカーボルトのナットは，コンクリートに埋め込まれる場合を除き，**2重ナット**を用いて戻り止めを行います。
3．アンカーボルト頭部の出の高さは，先端のねじが2重ナットの外に**3山以上出る**ように施工します。
4．ナットは，**手動レンチ**を用いてアンカーボルトの張力が均等になるように締め付け，アンカーボルトのねじ部は，柱の建方までビニールテープを巻いて養生します。

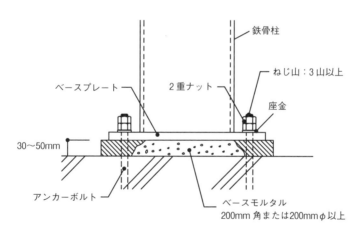

後詰め中心塗り工法

解答　1

31 木工事

試験によく出る選択肢 📝

在来軸組構法における木工事

- ☐ 洋式小屋組における真束と棟木の取合いは，棟木が真束より小さかった
  ので，輪なぎほぞ差し割くさび締めとした。
- ☐ 方づえは，柱と梁との鉛直構面の入隅部に斜めに入れる。
- ☐ 束立て床組の大引の継手は，床束心から150mm程度持ち出し，腰掛け
  あり継ぎ，釘打ちとする。。
- ☐ 内装下地や造作部材の取付けは，屋根葺き工事が終わってから行う。
- ☐ 建入れ直しは，方づえや筋かいなどを取り付けて，全体を固めてから行
  わない。
- ☐ 隣り合う根太は，その継手位置をずらして割り付ける。

試験によく出る問題 📋

問題40

在来軸組構法における木工事に関する記述として，最も不適当なものはど
れか。

1. 筋かいにより引張力が生じる柱の脚部近くの土台には，柱心より150
   mmの位置にアンカーボルトを設置した。
2. 柱に使用する心持ち材には，干割れ防止のため，見え隠れ部分へ背割
   りを入れた。
3. 根太の継手は，大引の心で突付け継ぎとし，釘打ちとした。
4. 洋式小屋組における真束と棟木の取合いは，棟木が真束より小さかっ
   たので，長ほぞ差し割くさび締めとした。

1．1階の柱に筋かいが取り付く場合は，**柱心より200mm 程度の位置に**アンカーボルトを設置します。

2．心持ち材は，心去り材より干割れしやすいので，**心持ち材**には表面のひび割れを防止するため，見え隠れ面に**背割り**を設けます。

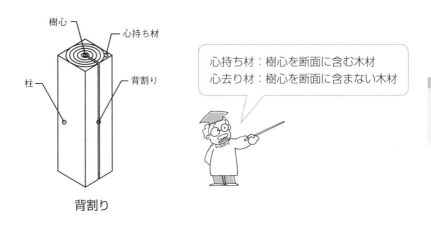

> 心持ち材：樹心を断面に含む木材
> 心去り材：樹心を断面に含まない木材

背割り

3．根太の継手は，**大引**などの受材心で突き付けて釘を平打ちし，乱に継ぎます。

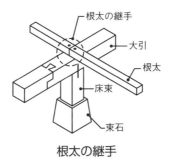

根太の継手

4．洋式小屋組における真束と棟木の取合いにおいて，棟木が真束より小さい場合，**輪なぎほぞ差し割くさび締め**とします。

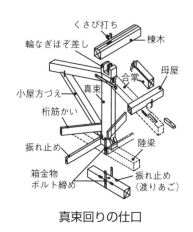

くさび打ち

輪なぎほぞ差し

棟木

合掌

母屋

小屋方づか

真束

桁筋かい

振れ止め

陸梁

箱金物
ボルト締め

振れ止め
（渡りあご）

真束回りの仕口

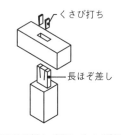

くさび打ち

長ほぞ差し

長ほぞ差し割りくさび締め

解答　**4**

問題41 出る 出る 出る

在来軸組構法の木工事に関する記述として，最も不適当なものはどれか。

1．せいが異なる胴差どうしの継手は，柱心上で腰掛けあり継ぎとし，短
　ざく金物当てボルト締めとした。

2．隅通し柱の土台への仕口は，土台へ扇ほぞ差しとし，ホールダウン金
　物当てボルト締めとした。

3．建入れ直し完了後，接合金物を締め付けるとともに，本筋かい，火打
　材を固定した。

4．内装下地や造作部材の取付けは，屋根葺き工事が終わってから行った。

解　説

1．せいが異なる胴差どうしの継手は，<u>柱心より**150mm**程度持ち出して
　腰掛け鎌継ぎ</u>とし，<u>短ざく金物</u>当てボルト締めとします。

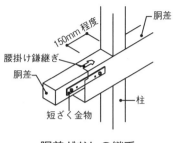

胴差どおしの継手

2．隅通し柱の土台への仕口は，土台へ**扇ほぞ差し**とし，**ホールダウン金物**当てボルト締めとします。

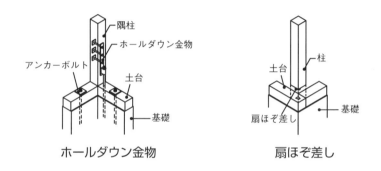

ホールダウン金物   扇ほぞ差し

3．**建入れ直し完了後**は，接合金物を締め付けるとともに，**本筋かいや火打材**などを取り付けて全体を固めます。

4．**屋根葺き工事の完了後**，内装下地や造作部材の取付け作業にかかります。

解答　1

木工事の主な現場施工

施工部分	概　要
土台	・土台の据付けは，遣方から移した基礎の天端の墨を基準にする。 ・土台の継手は，腰掛けあり継ぎ又は腰掛け鎌継ぎとし，上木となる方をアンカーボルトで締め付ける。
大引	・束立て床組の大引の継手は，床束心から150mm程度持ち出し，腰掛けあり継ぎ，釘2本打ちとする。
根太	・根太の継手は，大引の心で突付け継ぎとし，釘打ちとする。 ・隣り合う根太は，その継手位置をずらして割り付ける。 ・根太の継手は，畳下床板の場合は450mm程度，その他の場合は300mm程度とする。
筋かい	・筋かいと間柱が交差する部分では，間柱を筋かいの厚さだけ欠き取って，筋かいを通す。
その他	・構造耐力上主要な部分である柱，筋かい及び土台のうち，地面から1m以内の部分には，有効な防腐措置を行う。 ・建入れ直し完了後，接合金物を締め付けるとともに，本筋かい，火打梁を固定する。 ・内装下地や造作部材の取付けは，屋根葺き工事の後に行う。

問題42

在来軸組構法の木工事に関する記述として，**不適当なものを2つ選べ**。

1．土台を固定するアンカーボルトは，土台の両端部や継手の位置，耐力壁の両端の柱に近接した位置に配置した。

2．根太の継手は，大引の心を避けて突付け継ぎとし，釘打ちした。

3．火打梁は，柱と梁との鉛直構面の隅角部に斜めに入れた。

4．内装下地や造作部材の取付けは，屋根葺き工事が終わった後に行った。

1．土台を固定するアンカーボルトは，土台の両端部や継手の位置，耐力壁の両端の**柱心より200mm 程度**の近接した位置に配置します。

　　なお，コンクリートへの埋込長さは，250mm 以上とします。

2．[問題40] の　解　説　の 3 を参照してください。

　　根太の継手は，**大引などの受材心で突き付けて**釘を平打ちし，乱に継ぎます。

3．**火打梁**は，梁と梁の**水平構面の入隅部に斜めに入れる部材**です。柱と梁との**鉛直構面**の入隅部に斜めに入れる部材は，**方づえ**です。

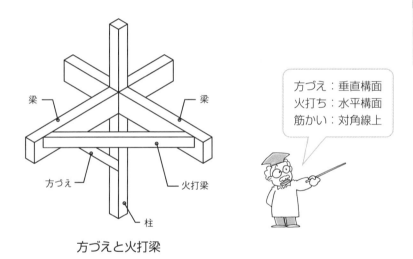

方づえ：垂直構面
火打ち：水平構面
筋かい：対角線上

方づえと火打梁

4．[問題41] の　解　説　の 4 を参照してください。

解答　2, 3

32 施工機械

試験によく出る選択肢 📝

建設工事に用いられる機械器具・建設機械

- □ タイヤローラーは，含水比の高い土や砕石の締固めに適していない。
- □ ラックピニオン式の建設用リフトは，荷のみの揚重に用いられる。
- □ パワーショベルは，機体位置より上方の掘削に用いる。
- □ バーベンダーは，鉄筋の曲げ作業に用いられる。
- □ ランマーは，比較的狭い場所での土などの締固めに用いられる。
- □ ドレンチャーは，敷き均し作業に用いる建設機械ではない。

試験によく出る問題

問題43

建設機械と作業の組合せとして，最も不適当なものはどれか。

1. クラムシェル ――――――― 機体より下方の比較的深い位置の掘削
2. フォークリフト ――――――― 重量物の積卸し及び運搬
3. トラックアジテータ ――――― レディーミクストコンクリートの運搬
4. タイヤローラー ――――――― 含水比の高い粘性土の締固め

解 説

1. **クラムシェル**は，クレーンで吊ったバケットを口の開いた状態で落下させ，それを閉じて土砂をつかみ取る掘削機です。垂直掘削深さが40m程度までの軟弱地盤の掘削に用いられます。

主な土工事用機械

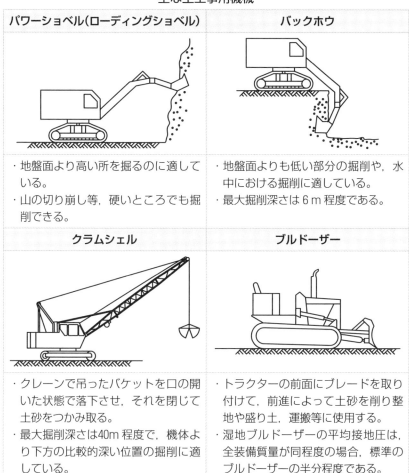

パワーショベル(ローディングショベル)	バックホウ
・地盤面より高い所を掘るのに適している。 ・山の切り崩し等，硬いところでも掘削できる。	・地盤面よりも低い部分の掘削や，水中における掘削に適している。 ・最大掘削深さは6m程度である。
クラムシェル	**ブルドーザー**
・クレーンで吊ったバケットを口の開いた状態で落下させ，それを閉じて土砂をつかみ取る。 ・最大掘削深さは40m程度で，機体より下方の比較的深い位置の掘削に適している。	・トラクターの前面にブレードを取り付けて，前進によって土砂を削り整地や盛り土，運搬等に使用する。 ・湿地ブルドーザーの平均接地圧は，全装備質量が同程度の場合，標準のブルドーザーの半分程度である。

2．**フォークリフト**には荷受け用の2本の爪（フォーク）が取り付けてあり，その爪を荷物の下部やパレットに差し込み，**爪をマストに沿って上下させる**ことで重量物の**運搬や荷卸し**を行います。

第3章

施工共通（躯体）

マスト

上下する。

フォーク
（爪）

フォークリフト

3. **トラックアジテータ**は，工場でつくられたレディーミクストコンクリート（生コン）を工事現場へ運搬するために用いられる車両です。

トラックアジテータ

4. **タイヤローラー**は，3〜4個の空気入りタイヤを左右一列に配置した車軸を前後に置き，機械の重量を利用して締固めを効果的に行う締固め機械です。**アスファルト舗装の表層仕上げやシルト質土の転圧**に適していますが，含水比の高い土や砕石の締固めには適しません。

タイヤローラー

解答　4

問題44

揚重運搬機械に関する記述として，最も不適当なものはどれか。

1．ラックピニオン式の建設用リフトは，荷及び人の揚重に用いられる。

2．ラフテレーンクレーンは，同じ運転席でクレーン及び走行の操作ができる。

3．クローラークレーンは，狭い場所での車体の方向転換が容易である。

4．クライミング式タワークレーンは，高層建築物の鉄骨建方などに用いられる。

解　説

1．**建設用リフトは，荷のみを揚重**することを目的とするエレベーターで，搬器に**人を乗せてはなりません。** ラックピニオン式とは，ピニオンとよばれる小口径の**円形歯車**と，棒に歯切りをした（歯がつけられた）ラックを組み合わせた形式です。

2．**ラフテレーンクレーン（ホイールクレーン）** は，1つの運転席で走行とクレーンの操作が行える自走式クレーンです。不整地や比較的軟弱な地盤でも走行でき，狭所進入，狭隘（きょうあい）地での作業性にも優れているので主に市街地などの狭い現場で活躍しています。

3．走行部がキャタピラである**クローラークレーン**は，不整地や軟弱地盤に対する走行性に優れており，狭い場所での車体の方向転換も容易です。

4．**タワークレーン**は，自立するマストと起伏回転するジブからなるクレーンで高層建築物の鉄骨建方などに用いられます。クライミング式は，工事の進捗に伴ってクレーン部分を上昇されることが可能です。

ラフテレーンクレーン

解答　1

33 耐震改修工事・解体工事

耐震壁を増設する耐震改修工事

☐ 増設壁のコンクリートの打込みを圧入工法とする場合，オーバーフロー管の流出先の高さは，既存梁の下端より高くする。

☐ 接着系アンカーのカプセル型に用いるアンカー筋は，異形棒鋼を使用する。

☐ 既存コンクリート梁と増設壁との隙間へのグラウト材の注入は，１回で行う。

☐ 耐力壁増設におけるあと施工アンカーの躯体端面からのへりあき寸法は，アンカー径の2.5倍以上とする。

問題45

現場打ち鉄筋コンクリート耐震壁を増設する耐震改修工事に関する記述として，最も不適当なものはどれか。

1．増設壁との打継ぎ面となる既存コンクリートの表面が平滑であったため，表面に目荒し処理を行った。

2．増設壁のコンクリートの打込みを流込み工法としたので，増設壁コンクリート上端と既存梁下とのすき間は200mm とし，グラウト材を注入した。

3．注入するグラウト材は，練上り時の温度が10〜35℃での範囲となるようにした。

4．増設壁のコンクリートの打込みを圧入工法としたので，オーバーフロー管の流出先の高さは，既存梁の下端より低くした。

解 説

1. **打継ぎ面となる範囲**の既存構造体コンクリート面は，付着を良くするため，すべて**目荒し処理**を行います。

2. 増設壁の**既存梁下面より200mm程度**までコンクリートを打設する場合，梁下面200mm程度のすき間に**グラウト材を注入（圧入）**します。

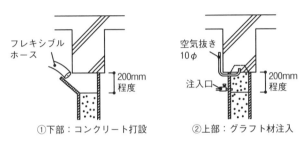

流込み工法（グラフト材注入）

3. **グラフト材**の練上り時の温度は，練り混ぜる水の温度を10℃以上に保ち，**10〜35℃の範囲**になるように管理します。

4. **圧入工法**とは，コンクリートポンプなどの圧送力を利用して，高流動コンクリートを直接圧入する工法です。型枠上部には，**オーバーフロー管**を設け，その流出先の高さは，**既存梁の下端より5〜10cm程度高く**します。

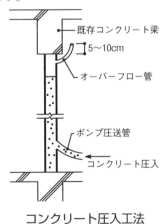

コンクリート圧入工法

解答　4

第3章 施工共通（躯体）

鉄筋コンクリート造の耐震改修工事に関する記述として，最も不適当なものはどれか。

1. 角形鋼板を用いる柱の鋼板巻き工法において，鋼板を縦に2分割して製作し，現場において溶接により接合した。

2. 壁の増設では，増設壁と既存梁との接合をより確実に行うことができるコンクリート圧入工法を採用した。

3. 柱の鋼板巻き工法では，鋼板と既存柱のすき間に硬練りモルタルを手作業で充填した。

4. 既存壁に新たに増打ち壁を設ける工事において，シヤーコネクターを型枠固定用のセパレーターとして兼用した。

解　説

1. 柱の鋼板巻き工法は，既存の鉄筋コンクリート造の柱に**厚さ4.5～9.0 mm の薄鋼板**を角形や丸形に巻いて**溶接により一体化**します。

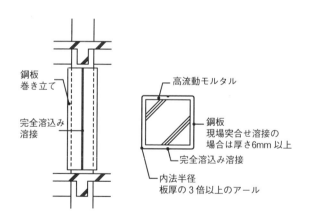

鋼板巻き立て補強

2. **問題45** の　解　説　の4を参照してください。

3. 柱の鋼板巻き工法において，鋼板と既存柱のすき間は，**高流動モルタルをモルタルポンプで充填**します。

4．既存コンクリート壁と増
　打ち壁との一体性を増し，
　剥離による体力低下を防ぐ
　ために**シヤーコネクターを
　設置**します。シヤーコネク
　ターの設置位置は，縦横30
　〜50cm 程度の間隔で，径
　10〜13mm 程度の**あと施工
　アンカー**を用い，型枠固定
　用のセパレーターとして兼
　用します。

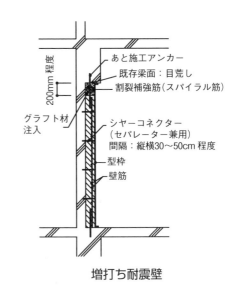

増打ち耐震壁

解答　3

問題47

　**鉄筋コンクリート造建築物の解体工事に関する記述として，不適当なもの
を2つ選べ。**

1．解体作業に先立ち，各種設備機器の停止並びに給水，ガス，電力及び
　通信の供給が停止していることを確認した。

2．壁及び天井のクロスは，せっこうボードと一緒に撤去した。

3．騒音防止やコンクリート片の飛散防止のため，全面をメッシュシート
　で養生した。

4．各階の解体は，中央部分を先行して解体し，外周部を最後に解体した。

解　説

1．建築物等の解体に先立ち，事前措置として，**各種設備機器の停止**並び
　に給水，ガス，電力及び通信の**供給が停止**していることを確認します。
　　また，給水管，ガス管，ケーブル等の供給管等の切断は，解体に支障
　がない位置で適切に行い，給水管，ガス管等は**一次側をプラグ止め**とし
　ます。

2．内装材は，次の①から⑥までの種類ごとに分別解体します。

①木材　②鋼製建具，アルミニウム製建具，ステンレス製建具等　③**せっこうボード**　④ALCパネル　⑤壁，天井材等の軽量鉄骨下地等　⑥**その他の内装材等**

したがって，壁及び天井のクロスなどの内装材は，せっこうボードと一緒に撤去しません。

3．**騒音・粉じん等の対策**としては，**防音パネル**によって，隙間なく取り付けるのが適切です。

4．各階の解体は，**中央部分を先行**して解体し，**外周部**を最後に解体します。なお，建築物の解体は，建築設備及び内装材→屋根葺材等→外装材→躯体→基礎及び杭の順序で行います。

解答　**2，3**

第 4 章
施工共通（仕上）

（選択問題）

　令和3年度より施工管理法の応用能力問題として，四肢二択形式の出題問題（必須問題）があります。

　難易度に変わりはありませんが，解答する際，他の問題と違って4つの選択肢の中から2つ解答を選ぶことに注意してください。

4−1 防水・シーリング工事

34 防水工事

試験によく出る選択肢 📝

アスファルト防水工事
- [ ] 平場のストレッチルーフィングの流し張りは，アスファルトがはみ出すように押しつけながら張り付けた。
- [ ] 保護コンクリートの伸縮調整目地の深さは，保護コンクリート表面から防水層上部の絶縁シートに達するものとする。
- [ ] ルーフィング類は，継目の位置が上下層で同一箇所にならないようにして，水下部分から張り付ける。
- [ ] 平場のルーフィングと立上りのルーフィングの重ね幅は，150mm 程度とする。

加硫ゴム系シート防水接着工法
- [ ] 下地とシートの接着には，エポキシ樹脂系接着剤を用いない。
- [ ] シートは，接着剤の塗布後オープンタイムを置いて張り付ける。
- [ ] 防水層下地のコンクリート面は，金ごて仕上げとする。
- [ ] 下地への接着剤の塗布は，プライマーの乾燥後に行う。

ウレタンゴム系塗膜防水
- [ ] 防水材の塗継ぎの重ね幅は100mm 以上とする。
- [ ] 補強布の重ね幅は50mm 以上とし，突付け張りとしない。

試験によく出る問題

 問題1

屋上アスファルト防水工事に関する記述として，不適当なものを2つ選べ。

1．ルーフィング類は，水上部分から張り付け，継目の位置が上下層で同一箇所にならないようにした。

2．ルーフドレン回りの増張りに用いるストレッチルーフィングは，ドレンのつばに100mm程度張り掛けた。

3．保護コンクリートの動きによる立上り防水層の損傷を防止するため，成形緩衝材を立上がり入隅部に取り付けた。

4．保護コンクリートの伸縮調整目地の深さは，保護コンクリートの厚さの$\frac{1}{2}$とした。

解 説

1．ルーフィング類は，継目の位置が上下層で同一箇所にならないようにして，水下部分から張り付けます。

　なお，入隅部の下地形状は，アスファルト防水の場合は，通りよく三角形の面取りとし，それ以外の防水では直角とします。

アスファルト防水 | 改質アスファルトシート防水 合成高分子系シート防水 塗膜防水

入隅部の下地形状

2．ルーフドレン回りは，最下層に**300mm以上のストレッチルーフィング**を用いて，**ドレンのつばに100mm程度**，残りをスラブ面に張り掛けて**増張り**します。

3．保護コンクリートの動きによる立上り防水層の損傷を防止するため，パラペット立上りと保護コンクリートの間に**成形緩衝材**を取り付けます。

第4章

施工共通（仕上）

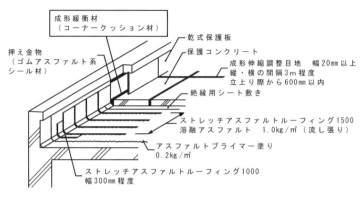

成形緩衝材
（コーナークッション材）
乾式保護板
押え金物
（ゴムアスファルト系
シール材）
保護コンクリート
成形伸縮調整目地　幅20mm以上
縦・横の間隔3m程度
立上り際から600mm以内
絶縁用シート敷き
ストレッチアスファルトルーフィング1500
溶融アスファルト　1.0kg/㎡（流し張り）
アスファルトプライマー塗り
0.2kg/㎡
ストレッチアスファルトルーフィング1000
幅300mm程度

アスファルト防水（密着工法）

4． の | 解　説 | の2を参照してください。

　　保護コンクリートの伸縮調整目地の深さは，**保護コンクリート表面か**
ら防水層上部の絶縁シートに達するものとします。

解答　1，4

問題2

　屋上アスファルト防水の保護層に関する記述として，最も不適当なものは
どれか。

1．保護コンクリートの伸縮調整目地の縦横間隔は，3m程度とした。
2．保護コンクリートの伸縮調整目地の深さは，保護コンクリートの厚さ
　の半分程度とした。
3．保護コンクリート仕上げの場合に用いる絶縁用シートは，伸縮目地材
　を設置する前に立上り面に30mm程度張り上げるようにして，平場のア
　スファルト防水層の全面に敷き込んだ。
4．保護コンクリートに入れる溶接金網は，保護コンクリートの厚さの中
　間部に設置した。

1．伸縮調整目地は，**縦横方向とも３ｍ程度**ごとに設けます。
2．伸縮調整目地の深さは，保護コンクリート表面から防水層上部の絶縁シートに達するものとします。

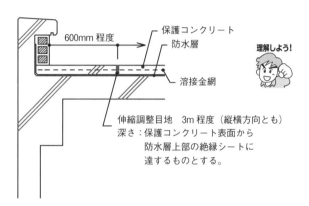

伸縮調整目地

3．**絶縁用シート**は，**防水層と保護コンクリート又は断熱材と保護コンク**リートの間に設ける絶縁・養生のためのシートで。防水層の完成後に重ね幅100mm程度をとって平場に敷き込みます。また，伸縮目地材を設置する前に，立上り面に**30mm程度**張り上げます。

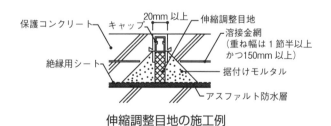

伸縮調整目地の施工例

4．保護コンクリートに入れる**溶接金網**は，保護コンクリートの厚さの中間部に設置し，重ね幅は１節半以上かつ150mm以上とします。

問題3 出る 出る

加硫ゴム系シート防水接着工法に関する記述として，最も不適当なものはどれか。

1．下地への接着剤の塗布は，プライマーの乾燥後に行った。
2．美観と保護を目的に仕上塗料塗りを行った。
3．下地とシートの接着には，エポキシ樹脂系接着剤を用いた。
4．平場でのシート相互の接合幅は，幅方向，長手方向とも100mm以上とした。

解　説

1．下地への**接着剤**は，プライマーの**乾燥を確認した後**，むらなく塗布します。

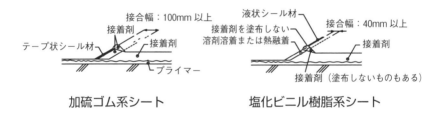

加硫ゴム系シート　　　　　　　塩化ビニル樹脂系シート

2．一般に加硫ゴム系シートは黒色ですので，太陽光の熱線吸収による屋根面の温度上昇を防止するとともに，美観や保護を目的として**塗装仕上げ**を行います。
3．下地とシートの接着に用いる接着剤は，**合成ゴム系，合成樹脂系の接着剤を使用**します。
4．シートの接合幅は，**加硫ゴム系シート防水では100mm以上**，**塩化ビニル樹脂系シート防水では40mm以上**とします。

解答　3

問題4

ウレタンゴム系塗膜防水に関する記述として，<u>不適当なものを2つ選べ。</u>

1．下地コンクリートの入隅を丸面，出隅を直角に仕上げた。
2．防水層の施工は，立上り部，平場部の順に施工した。
3．補強布の張付けは，突付け張りとした。
4．仕上塗料は，刷毛とローラー刷毛を用いてむらなく塗布した。

解 説

1．**問題1** の **解 説** の1の図を参照してください。
　　下地コンクリートの**入隅**の形状は，**塗膜防水**では**直角**とします。
　また，**出隅**においては，すべての防水において**通りよく45°の面取り**とします。
2．ウレタンゴム系塗膜防水は，通常，**立上り部，平場部**の順に，ゴムべら，金ごて，吹付け機械などを用いて施工します。
3．補強布の重ね幅は**50mm以上**とし，**突付け張りとしません**。
4．仕上塗料は，**刷毛**と**ローラー刷毛**を用いて，均一にむらなく塗り付けます。

解答　1，3

35 シーリング工事

試験によく出る選択肢 📝

シーリング工事

- ☐ 裏面に接着剤が付いているバックアップ材は，目地幅より小さい幅のものとする。
- ☐ シーリング材の充填深さは，バックアップ材を用いて調整する。
- ☐ 外壁石張りの目地には，ポリサルファイド系シーリング材を用いる。
- ☐ 充填箇所以外の部分に付着したシリコーン系シーリング材は，硬化してから取り除く。
- ☐ プライマーの塗布後，主材製造所の指定する時間内にシーリング材を充填する。

試験によく出る問題 📋

問題5

シーリング工事に関する記述として，最も不適当なものはどれか。

1．裏面に接着剤が付いているバックアップ材は，目地幅より大きい幅のものとした。
2．目地への打始めは，目地の交差部あるいはコーナー部より開始した。
3．ノンワーキングジョイントでは，3面接着で施工した。
4．目地底にシーリング材を接着させないため，ボンドブレーカーを用いた。

解説

1．**裏面に接着剤のついている**バックアップ材は，目地幅より 1 mm 程度**小さいもの**とし，接着剤のついていないものは目地幅より 2 mm 程度大きいものとします。

2．シーリング材の充填は，**交差部や角部を先行**し，一般部はその後に施工します。また，**打継ぎ箇所**は，**目地交差部及びコーナー部を避けて**そ**ぎ継ぎ**とします。

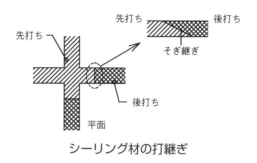

シーリング材の打継ぎ

3．ノンワーキングジョイントは**3面接着**で施工します。

接着の種類と主な目地

2面接着	3面接着
ワーキングジョイント （被着体の動きが予想されるジョイント）	ノンワーキングジョイント （被着体の動きが予想されないジョイント）
←── 伸び ──→ シーリング材 接着　　　バックアップ材	←── 伸び ──→ 破断　　　シーリング材 接着
［主な目地］ ・ガラス回りの目地 ・外装パネル（PC板など）の目地 ・鉄骨造の建具回りの目地	［主な目地］ ・鉄筋コンクリート造の打継ぎ目地 ・鉄筋コンクリート造のひび割れ誘発目地 ・鉄筋コンクリート造の建具回りの目地

第4章

施工共通（仕上）

4．目地底にシーリング材を接着させないために，**バックアップ材**や**ボンドブレーカー**を用います。

解答　1

問題6

シーリング工事に関する記述として，最も不適当なものはどれか。

1．シーリング材の充填深さは，ボンドブレーカーを用いて調整した。
2．シーリング材と被着面の接着性を良好にするため，プライマーを塗布した。
3．2成分形シーリング材の練混ぜは，機械練りとした。
4．シーリング材の硬化状態は指触で，接着状態はへらで押えて確認した。

解　説

1．目地底が所定の目地深さより**深い場合**は**バックアップ材**で調整し，目地底が目地深さと**同程度の場合**は**ボンドブレーカー**を使用します。

バックアップ材：成型材料
ボンドブレーカー：テープ状材料

2．被着面とシーリング材との接着性を良好にするために，あらかじめ被着面に**プライマー**を塗布します。

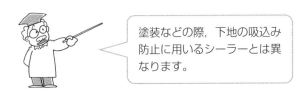

塗装などの際，下地の吸込み防止に用いるシーラーとは異なります。

3．2成分形シーリング材は，施工直前に**基剤**と**硬化剤**を調合し，**機械で練混ぜて使用**するシーリング材です。

4．シーリング材の**硬化状態**は**指触**により確認し，**接着状態**は**へら**で押えて確認します。

解答　1

問題7

シーリング材と使用部位に関する記述として，最も不適当なものはどれか。

1．PCaパネル方式によるカーテンウォールのパネル間目地には，変成シリコーン系シーリング材を用いた。

2．ALCパネル表面と同材の仕上げを行うパネル間の目地には，ポリウレタン系シーリング材を用いた。

3．乾式工法による外壁石張りの目地には，シリコーン系シーリング材を用いた。

4．外壁タイル張り面の伸縮調整目地には，ポリサルファイド系シーリング材を用いた。

解　説

1．**PCaカーテンウォール**の目地には，**変成シリコーン系**，ポリサルファイド系シーリング材を用います。

2．**ALCパネル**の目地には，変成シリコーン系，**ポリウレタン系**，アクリルウレタン系，アクリル系シーリング材を用います。

3．石張りの**石目地**には，**ポリサルファイド系**シーリング材を使用します。**シリコーン系**シーリング材は，はっ水汚染を生じるので使用しません。

4．タイル張りの**タイル目地**には，**ポリサルファイド系**シーリング材を用います。

石目地，タイル目地に使用する
ポリサルファイド系を，まず覚
えましょう。

解答　3

シーリング材の種類と主な用途

用途 ＼ 種類		シリコーン系	変性シリコーン系	ポリサルファイド系	ポリウレタン系	アクリルウレタン系	アクリル系
金属カーテンウォール		○	○				
コンクリートカーテンウォール			○	○			
ALCパネル			○		○	○	○
ガラス回り		○					
建具回り，金属製笠木		○	○				
コンクリートの打継ぎ目地，収縮目地，窓外枠回り	塗装あり				○	○	
	塗装なし		○	○			
石目地				○			
タイル張り	タイル目地			○			
	タイル下地目地				○		

4－2　石・タイル工事

36　石工事

試験によく出る問題 📋

問題8

外壁の張り石工事において，湿式工法と比較した乾式工法の特徴として，最も不適当なものはどれか。
1．凍結による被害を受けにくい。
2．白華現象が起こりにくい。
3．地震時の躯体の挙動に追従しにくい。
4．石材の熱変形による影響を受けにくい。

解　説

　乾式工法は，湿式工法の欠点である**エフロレッセンス(白華現象)の発生が少ない**ことや，降雨後の長い期間，石の表面の濡れ色の発生を防げます。また，**躯体の変位が張り石に直接影響されず**，**地震時の対応**に適します。

張り石工事の主な工法

外壁湿式工法

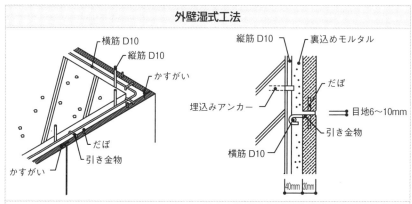

コンクリート躯体に固定した鉄筋に，石材を引き金物で緊結し，その後，裏込めモルタルを全面に充填する工法。

外壁乾式工法

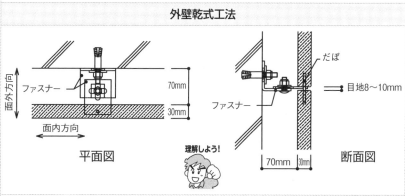

裏込めモルタルを使用せず，特殊金物（ファスナー）を用いて石材を直接下地のコンクリート躯体に取り付ける工法。

内壁空積工法

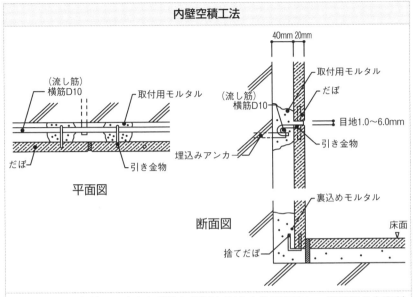

平面図

断面図

40mm 20mm

（流し筋）
横筋D10

取付用モルタル

だぼ

引き金物

埋込みアンカ

取付用モルタル

だぼ

目地1.0～6.0mm

引き金物

裏込めモルタル

床面

捨てだぼ

コンクリート躯体に固定した鉄筋に石材を引き金物で緊結し，緊結部分を取付け用モルタルで充填することにより被覆する工法。高さ4m以下の内壁に用いられる。

問題9

　鉄筋コンクリート造の場合の乾式工法による外壁の張り石工事に関する記述として，最も不適当なものはどれか。

1．だぼ穴は，石の上下の小口にそれぞれ2箇所設けた。

2．1次ファスナーと2次ファスナーをつなぐボルト穴は，ルーズホールとした。

3．ファスナー部分は，石裏から躯体までモルタルを充填して固定した。

4．石張りに先立ち，躯体コンクリートの打継ぎ部等の防水上の弱点部を防水処理した。

解　説

1．石材のだぼ穴は，石材の厚みの**3倍以上**の端あき寸法を確保し，石の上下の小口にそれぞれ**2箇所**設けます。

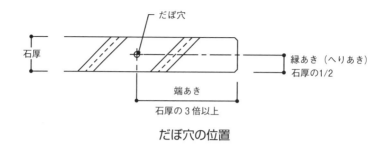

だぼ穴の位置

2．ファスナーのボルト穴を**ルーズホール**とすることで，石材の加工誤差
や躯体精度の誤差，変位などを吸収します。

3．**乾式工法**の石材は，地震時の構造体の変形を，だぼピンとファスナー
のルーズホールで吸収するため，<u>石裏から躯体まで**モルタルを充填して**
固定しません</u>。

4．乾式工法は，湿式工法に比べ**コンクリート表面の水密性の対策**が必要
です。外壁表面を 1 次止水面に考え，躯体表面を 2 次止水面として防水
性を高めます。

解答　3

工法による石材の寸法等

工 法	厚 さ	大きさ	躯体との間隔
外壁湿式工法	30mm 以上 70mm 以下	・面積：0.8m²以下	40mm 標準
外壁乾式工法	30mm 以上	・面積：0.8m²以下 ・幅及び高さ：1,200mm 以下 ・重量：70kg 以下	70mm 標準
内壁空積工法	20mm 以上	・面積：0.8m²以下	40mm 標準
石先付け PC 工法	25mm 以上	・面積：0.8m²以下	0

37 タイル工事

壁のタイル張り工事
- [ ] 小口タイルの役物をまぐさ部分に張り付ける場合，なましステンレス鋼線の引金物を使用する。
- [ ] 壁タイル面の伸縮調整目地の位置は，下地コンクリートのひび割れ誘発目地と一致させる。
- [ ] 改良積上げ張りでは，タイルは下部より上部に張り進める。
- [ ] 改良圧着張りにおいて，張付けモルタルの1回に塗り付ける面積は，60分以内にタイルを張り終える面積とする。

床のタイル張り工事
- [ ] タイルの張付けモルタルは，塗り付ける厚さを5〜7mmとし，2層に分けて塗り付ける。
- [ ] 床タイル張りに使用する敷きモルタルは，貧調合とする。

試験によく出る問題 📋

問題10

セメントモルタルによるタイル後張り工法に関する記述として，**不適当な**ものを2つ選べ。

1. 密着張りにおいて，タイルの張付けは，下部から上部にタイルを張った。

2. 改良積上げ張りにおいて，小口タイルの張付けは，1日の張付け高さを1.5mとした。

3. モザイクタイル張りのたたき押えは，紙張りの目地部分がモルタルの水分で濡れてくるまで行った。

4. 改良圧着張りにおいて，張付けモルタルの1回に塗り付ける面積は，タイル工1人当たり3m²とした。

1．密着張りのタイルの張付けは，<u>上部より下部へ進め，1段おきに数段</u>
　張付けた後に，その間のタイルを張ります。

2．改良積上げ張りの1日の張付け高さの限度は1.5m以下とします。な
　お，三丁掛以上のタイルの場合は，1.0m以下です。

3．モザイクタイル張りのたたき押えは，目地部分の紙の一部がはみ出し
　たモルタルにより湿るまでユニットタイルのたたき押えを十分に行いま
　す。

4．改良圧着張りの下地面への張付けモルタルは，2層に分けて塗り付け
　るものとし，<u>1回の塗付け面積は2m²／人以内とし</u>，かつ，60分以内に
　張り終える面積とします。

解答　1，4

理解しよう!

壁のタイル張りの工法

改良積上げ張り	改良圧着張り
躯体／タイル下地（硬化したモルタル下地）／タイル裏面：張付けモルタル（7〜10mm）／タイル／床面　　張付けモルタル：タイル裏面	躯体／タイル下地（硬化したモルタル下地）／タイル裏面：張付けモルタル（1〜3mm）／タイル／下地面：張付けモルタル（4〜6mm　二度塗り）　　張付けモルタル：下地面，タイル裏面
・張付けモルタルをタイル裏面のみに塗り付け，タイルを下部から上部へ張り上げる。 ・1日の張付け高さの限度は，1.5m程度とする。	・張付けモルタルを下地面とタイル裏面の両方に塗り付け，タイルを上部から下部へ張り付ける。 ・下地面への張付けモルタルは2回に分けて塗り付けるものとし，1回の塗付け面積は2m²以下とし，かつ，60分以内に張り終える面積とする。

密着張り（ヴィブラート工法）	モザイクタイル張り
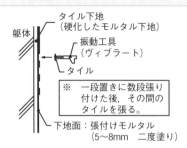	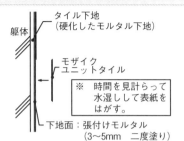
張付けモルタル：下地面	張付けモルタル：下地面
・張付けモルタルを下地のみに塗り付け，振動工具（ヴィブラート）を用いてモルタルが軟らかいうちにタイルに振動を与え，埋め込むように張り付ける。 ・張付けモルタルは，2層に分けて塗り付けるものとし，1回の塗付け面積を2㎡以下とし，かつ，20分以内に張り終える面積とする。	・約30cm角の表て紙，または裏打材料でユニット化されたモザイクタイルを，張付け用モルタルが軟らかいうちに，たたき板でたたき押えて張り付ける。 ・張付けモルタルは，2層に分けて塗り付けるものとし，1回の塗付け面積は3㎡以下とし，かつ，20分以内に張り終える面積とする。

マスク張り

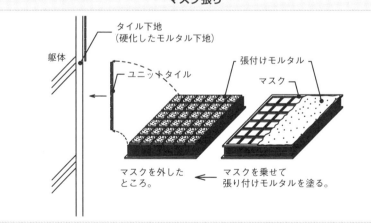

・専用のマスク板をタイル裏面にかぶせ，この上から張付けモルタルを塗り付ける。マスクを外した後，直ちにユニットタイルを壁面に張付ける。
・マスクの厚みは4mm程度とする。

第4章

施工共通（仕上）

タイル工事に関する記述として，最も不適当なものはどれか。

1．改良積上げ張りでは，タイルは下部より上部に張り進めた。

2．改良圧着張りのタイル目地詰めは，タイル張付け後24時間以上経過したのちに行った。

3．小口タイルの役物をまぐさ部分に張り付けるので，銅線の引金物を使用した。

4．密着張りのタイルの張付けは，上部から1段置きに水糸に合わせて張ったのち，その間を埋めるように張った。

解　説

1．改良**積上げ張り**は，タイルを**下部から上部へ**張り上げます。

2．**タイルの目地詰め**は，タイル張付け後**24時間以上を経過**し，張付けモルタルの硬化を見計らってから行います。

3．小口タイルの役物をまぐさ部分に張り付ける場合，剥離防止用金物として<u>径0.6mm 以上の</u>**なましステンレス鋼線**を用います。

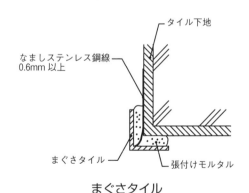

まぐさタイル

4．**密着張り**のタイルの張付けは，上部から下部へ進め，**1段おきに数段**張付けた後，その間のタイルを張ります。

壁のタイル張り3工法の主な比較

工 法	改良積上げ張り	改良圧着張り	密着張り
張付けモルタル	タイル裏面のみ	下地面（2層）・タイル裏面	下地面（2層）のみ
張付け順序	下部→上部	上部→下部	上部→下部（1段おき）
1回の塗付け面積	——	2㎡以下，かつ，60分以内に張り終える面積	2㎡以下，かつ，20分以内に張り終える面積

問題12

　セメントモルタルによる床タイル圧着張りに関する記述として，最も不適当なものはどれか。

1．タイルの張付けモルタルは，塗り付ける厚さを5〜7mmとし，一度に塗り付けた。

2．タイルの張付けモルタルを1回に塗り付ける面積は，タイル工1人当たり2㎡以下とした。

3．タイルの張付けは，目地部分に張付けモルタルが盛り上がるまで，木づちでたたき押さえた。

4．化粧目地詰めは，タイル上を歩行可能となった時点で行った。

解　説

1．床タイル張りの張付けモルタルは**2層に分けて塗り付ける**ものとし，1層目はこて圧をかけて塗り付けます。

2．合計の塗厚は**5〜7mm**とし，1回の塗付け面積は**2㎡以下**とします。

3．床タイルの張付けは，木づちやゴムハンマーなどで目地部分に**張付けモルタルが盛り上がるまで**たたき押さえます。

4．化粧目地詰めは，張付け後モルタルの硬化を見計らって，**タイル上を歩行可能となった時点**でなるべく早い時期に行います。

解答　1

4 − 3　屋根・金属工事

38　屋根工事

金属製折板葺
- [ ] タイトフレームと下地材との接合は，隅肉溶接とする。
- [ ] 重ね形折板は，各山ごとにタイトフレームに固定する。
- [ ] 水上部分の壁との取合い部に取り付ける雨押えの立上げは，150mm程度とする。

屋根工事
- [ ] 銅板平葺（一文字葺）において，葺板の留付けには吊子を用いる。
- [ ] 金属製重ね形折板葺において，折板の鉄骨母屋への留付けにはチャンネルボルトを用いない。
- [ ] 住宅屋根用化粧スレート葺き（平形屋根用スレート）の軒板は，本体の屋根スレート施工前に，専用釘で留め付ける。

硬質塩化ビニル雨どいを用いた，とい工事
- [ ] 軒どいは，両端を集水器に接着剤で固定しない。
- [ ] たてどいの受け金物は，1,200mm以下の間隔で通りよく取り付ける。

試験によく出る問題

問題13

金属製折板葺屋根工事に関する記述として，最も不適当なものはどれか。

1．けらば包みの継手位置は，端部用タイトフレームの近くに設ける。
2．雨押さえは，壁部との取合い部分の浸水を防ぐために設ける。
3．タイトフレームと下地材との接合は，スポット溶接とする。
4．変形防止材は，けらば部分の折板の変形を防ぐために設ける。

1．折板のけらば納めは，**けらば包み**による方法を原則とし，けらば包みは1.2m 以下の間隔で**端部用タイトフレーム**などの下地に取り付けます。また，けらば包みの継手の重ねは60mm 以上とし，重ね内部にシーリング材を挟み込みます。

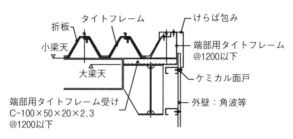

けらば包みによる方法

2．水上部分の折板と壁部との取合い部分には，浸水を防ぐために**雨押さえ**を設けます。

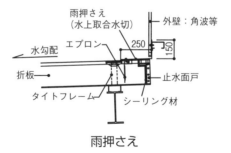

雨押さえ

3．タイトフレームと下地材との接合は**隅肉溶接**とし，溶接後はスラグを除去して**錆止め塗料**を塗り付けます。

4．けらば部分の折板の変形を防ぐために設ける**変形防止材**は，折板の山間隔の**3倍以上の長さ**のものを用いて，1.2m 以下の間隔で取り付けます。

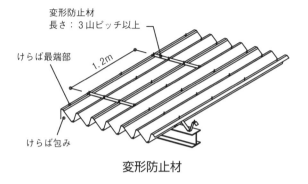

変形防止材
長さ：3山ピッチ以上

けらば最端部

1.2m

けらば包み

変形防止材

金属製屋根葺き工事の種類

折板葺き

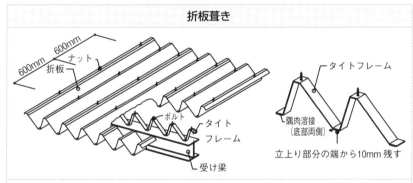

600mm　600mm
600mm
ナット
折板
ボルト
タイト
フレーム
受け梁

タイトフレーム
隅肉溶接
（底部両側）
立上り部分の端から10mm残す

・W型に成形加工した金属板（折板）を，あらかじめ割付けにより母屋上に取り付けられたタイトフレームにボルトなどを用いて固定する。
・タイトフレームと受梁との接合は，風による繰り返し荷重により，ゆるまないように隅肉溶接とする。

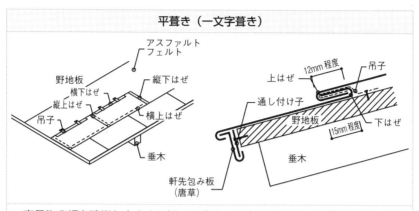

平葺き（一文字葺き）

アスファルト
フェルト

野地板
横下はぜ
縦上はぜ
縦下はぜ
吊子
横上はぜ
垂木
軒先包み板
（唐草）

12mm 程度
吊子
上はぜ
通し付け子
野地板
15mm 程度
下はぜ
垂木

・定尺物の板を適当な大きさに切って葺き，四方の継手は，はぜ掛けとします。
　平葺部分は，２箇所以上，吊子で留め，棟には，棟覆い板を付ける。

瓦棒葺き

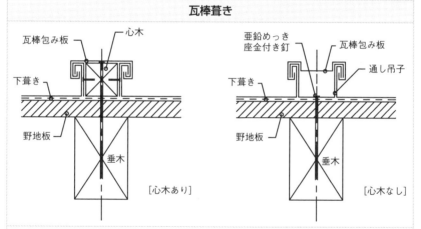

瓦棒包み板
心木
下葺き
野地板
垂木
［心木あり］

亜鉛めっき
座金付き釘
瓦棒包み板
通し吊子
下葺き
野地板
垂木
［心木なし］

・瓦棒葺きには，「心木あり」と「心木なし」の種類がある。
・心木のある場合は，所定の間隔に心木，吊子を釘打ちし，溝板を高さ３cm 以
　上立ち上げる。継手は，平板葺と同様，はぜ掛けとし，１枚ごとに３ヵ所以
　上吊子で留める。包み板（キャップ）と溝板の立上りの継手は，はぜ掛けと
　する。
・心木なしの場合は，野地板下の垂木に沿った位置に通し吊子を配し，野地板
　を通して釘留め固定する。長尺鉄板（薄板）の耳と，包み板（キャップ）・通
　し吊子とをはぜ掛けとして葺く。

 **問題14**

屋根工事に関する記述として，最も不適当なものはどれか。

1．銅板平葺（一文字葺）において，葺板の留付けにジョイナーを用いた。

2．繊維強化セメント板（スレート大波板）葺において，スレート大波板の鉄骨母屋への留付けにフックボルトを用いた。

3．粘土瓦葺において，のし瓦や冠瓦の緊結に樹脂被覆された銅線を用いた。

4．金属製重ね形折板葺において，折板のタイトフレームへの取付けに固定ボルトを用いた。

解 説

1．葺板の留付けには**吊子**を用います。吊子は，葺板1枚につき2枚以上とし，横下はぜに掛けて釘留めします。

2．スレート大波板の鉄骨母屋への留付けには，**フックボルト**又は**チャンネルボルト**を使用します。

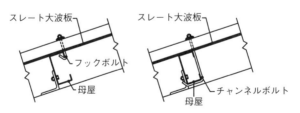

スレート大波板葺き

3．のし瓦や冠瓦の緊結には，ステンレス製又は**合成樹脂等で被覆**された**径0.9mm以上の銅線**を使用します。

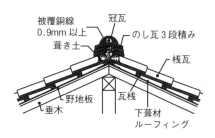

被覆銅線
0.9mm 以上
冠瓦
のし瓦 3 段積み
葺き土
桟瓦
野地板
瓦桟
垂木
下葺材
ルーフィング

粘土瓦葺き

粘土瓦葺きの瓦の留付け材

留付け材	材　質	寸法・径
瓦桟	杉またはヒノキ	幅21mm 以上，高さ15mm 以上とし，防錆処理を施したもの
釘（尻釘）	ステンレス製	長さ50mm 程度
緊結線	ステンレス製又は合成樹脂等で被覆された銅線	径0.9mm 以上

4．折板とタイトフレームの取付けには，**固定ボルト**等を使用します。

解答　1

  問題15

日本産業規格（JIS）に規定する硬質塩化ビニル雨どいを用いたとい工事に関する記述として，最も不適当なものはどれか。

1．軒どいの受け金物は，600mm 間隔で通りよく取り付けた。

2．軒どいは，1 本の長さを10m 以内とし，両端を集水器に接着剤で固定した。

3．たてどいの受け金物は，900mm 間隔で通りよく取り付けた。

4．たてどいは，継いだ長さが10m を超えるので，エキスパンション継手を設けた。

1．**軒どい**の受け金物は，**1 m 以下**の間隔で取り付けます。

2．硬質塩化ビニル雨どいの成型品は，膨張・収縮が大きいので，**集水器の箇所で伸縮が自由になりよう**にしておく必要があります。

3．**たてどい**の受け金物は，**1.2m 以下**の間隔で通りよく取り付けます。

[受け金物の間隔]
・軒とい：1 m 以下
・たてどい：1.2m 以下

4．硬質塩化ビニル管は10m につき20mm の膨張・収縮があるので，継いだ**長さが10m を超える場合**は，**エキスパンション継手**を設けることで伸縮を吸収します。

解答　2

39 金属工事

試験によく出る選択肢 📝

軽量鉄骨壁下地
- [ ] ボード1枚張りであったので，スタッドの間隔を300mmとした。
- [ ] スペーサーは，スタッドの建込みの前に取り付ける。
- [ ] 床ランナーの継手は，突付け継ぎとし，打込みピンでコンクリートスラブに固定する。
- [ ] 出入口枠のアンカーは，開口部補強材に溶接して取り付ける。
- [ ] 出入口開口部の垂直方向の補強材は，上下のコンクリートスラブなどに固定する。

軽量鉄骨天井下地
- [ ] 野縁受からの野縁のはね出し長さは，150mm以内とする。
- [ ] ボード1枚張りの場合の野縁の間隔は，300mm程度又は455/2mm程度以下とする。
- [ ] 下地張りがなく野縁が壁に平行する場合，壁ぎわの野縁にはダブル野縁を使用する。

金属の表面仕上げ
- [ ] 硫化いぶし仕上げは，銅合金の表面仕上げに用いられる。
- [ ] 陽極酸化皮膜は，アルミニウム合金の表面仕上げに用いられる。

試験によく出る問題 📋

問題16

軽量鉄骨壁下地に関する記述として，最も不適当なものはどれか。

1. 床ランナーは，端部を押さえ，900mm間隔に打込みピンでコンクリート床に固定した。
2. スタッドは，上部ランナーの上端とスタッド天端のすき間が10mm以下となるように取り付けた。
3. ボード1枚張りであったので，スタッドの間隔を450mmとした。
4. 出入口開口部の垂直方向の補強材の上部は，梁下，床スラブ下に固定した。

1．ランナーの取付けは，端部から50mm内側を押さえ**間隔900mm程度**に打込みピンなどで，床・梁下・スラブ下に固定します。なお，継手は**突付け継ぎ**とします。

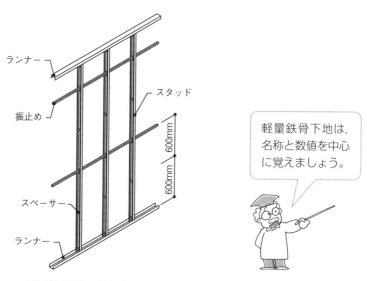

軽量鉄骨壁下地の部材名称

軽量鉄骨下地は，名称と数値を中心に覚えましょう。

2．スタッドの建込みにおいて，上部ランナーの上端とスタッド天端のすき間は**10mm程度**とします。

3．スタッドの間隔は，ボード**1枚張りの場合300mm程度**，ボード2枚張りの場合**450mm程度**とします。

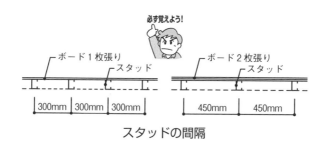

スタッドの間隔

4．出入口開口部の**垂直方向の補強材**は，床から上階のスラブ下または梁
　下まで伸ばして固定します。

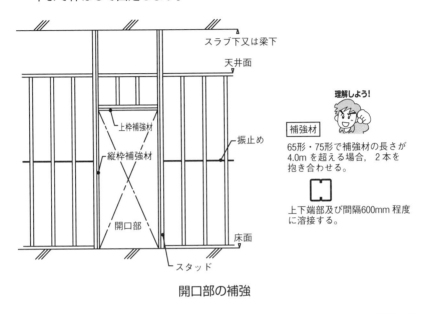

開口部の補強

解答　3

問題17

軽量鉄骨壁下地に関する記述として，最も不適当なものはどれか。

1．スタッドを建て込む高さが4.0mのため，65形のスタッドを用いた。
2．コンクリート壁に添え付くスタッドは，打込みピンでコンクリート壁
　に固定した。
3．スペーサーは，スタッドの建込みの後に取り付けた。
4．そで壁端部は，開口部の垂直方向の補強材と同じ材料をスタッドに添
　えて補強した。

1．スタッドの高さが2.7mを超え**4.0m以下**の場合は，**65形**又は75形の
　スタッドを用います。

スタッド，ランナー等の種類

部材等 種類	50形	65形	75形	90形	100形
スタッド	50×45×0.8	65×45×0.8	75×45×0.8	90×45×0.8	100×45×0.8
ランナー	52×40×0.8	67×40×0.8	77×40×0.8	92×40×0.8	102×40×0.8
振止め	19×10×1.2	25×10×1.2			
出入口及びこれに準ずる開口部の補強材	——	□−60×30×10×2.3		□−75×45×15×2.3	2□−75×45×15×2.3
補強材取付用金物	——	L−30×30×3.0		L−50×50×4.0	
スタッドの高さによる区分	高さ2.7m以下	高さ4.0m以下		高さ4.0m超，4.5m以下	高さ4.5m超，5.0m以下

2．スタッドが**コンクリート壁などに添え付く場合**は，振止め上部の位置（間隔約1.2m程度）に**打込みピン**などで固定します。

3．**スペーサー**の取付けは，**スタッドの建込みの前**に取り付けます。

軽量鉄骨壁下地の施工手順

4．そで壁端部は，出入口開口部の垂直方向の補強材と同材を，スタッドに溶接等で固定して補強します。

解答　3

問題18

屋内の軽量鉄骨天井下地に関する記述として，最も不適当なものはどれか。

284

1．野縁受からの野縁のはね出し長さは，200mm とした。

2．吊りボルトの取付け用インサートは，鋼製のものを使用した。

3．野縁受のジョイントは，吊りボルトの近くに設け，隣り合うジョイント位置は， 1 m ずらした。

4．天井下地は，部屋の中央部が高くなるよう，むくりをつけて組み立てた。

解　説

1．野縁のはね出し長さは，<u>野縁受から**150mm 以内**</u>とします。

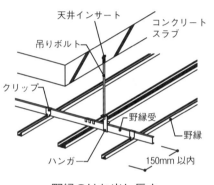

野縁のはね出し長さ

150の倍数の数値を中心に覚えるとよいです。

2．吊りボルト取付け用の天井インサートは，**鋼製のものを使用**します。なお，**天井インサート**とは，天井下地（吊ボルト等）を吊るために，コンクリート打設前に，あらかじめ型枠内に留め付けておく**袋ネジ形の金物**です。

3．**野縁受の継手位置**は，吊りボルトの近くとします。また，隣り合う継手位置は，互いに**1 m 以上ずらして千鳥に配置**します。

4．視覚的に天井が水平に見えるように，天井下地は，部屋の**中央部にむくりをつけて組み立てます**。

「むくり」とは，直線で構成するものを上方に向かってゆるく湾曲している曲線をいいます。

解答　1

　天井ボード張り用の軽量鉄骨天井下地に関する記述として，最も不適当なものはどれか。

1．野縁受けの吊りボルトの間隔は900mm とした。

2．ボード1枚張りなので，野縁の間隔は450mm とした。

3．天井ふところが1,200mm だったので，吊りボルトの振れ止め補強は行わなかった。

4．下り壁を境として，天井に500mm の段違いがあったので，斜め補強を行った。

解　説

1．**吊りボルト**は，周囲は壁際から150mm 以内に配置し，**間隔は900mm程度**とします。

2．**ボード1枚張り**の場合の**野縁の間隔**は，**300mm 程度又は455/2 mm 程度以下**とします。

野縁の間隔

種　類		野縁の間隔
ボード類2枚張り又は金属成形板張りの場合		360mm 程度
ボード類1枚張りの場合	ボード類の1辺の長さが600mm 程度以下の場合	300mm 程度
	ボード類の1辺の長さが455mm 程度以下の場合	455/2 mm 程度以下

3．天井のふところが1,200mm の場合，吊りボルトの振れ止め補強は必要ありません。なお，天井のふところが**1,500mm 以上ある**場合は，吊りボルトの**水平補強**，及び**斜め補強**を行います。

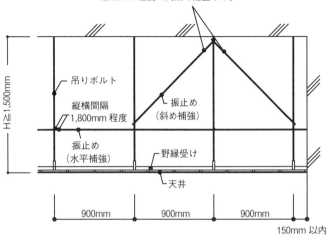

相対する斜め材を1組とし，縦横方向に
3,600mm 程度の間隔で配置する。

H≦1,500mm

吊りボルト

縦横間隔
1,800mm 程度

振止め
（斜め補強）

振止め
（水平補強）

野縁受け

天井

900mm　900mm　900mm

150mm 以内

天井の振れ止め補強

4．下り壁による**天井の段違い部分の斜め補強**は，2,700mm 程度の間隔
　　で補強します。

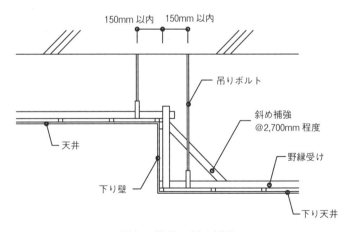

150mm 以内　　150mm 以内

吊りボルト

斜め補強
@2,700mm 程度

天井

野縁受け

下り壁

下り天井

段違い部分の斜め補強

解答　2

4－4 建具・ガラス工事

40 建具工事

アルミニウム製建具
- ☐ アルミニウム製建具の酸化皮膜を厚くすればするほど，耐食性が向上するとは限らない。
- ☐ 建具枠周囲に充填するモルタルの調合は，容積比でセメント１：砂３とする。
- ☐ 外部建具枠の周囲に充填するモルタルに用いる防水剤は，塩化物系のものを使用しない。
- ☐ 建具取付け用のアンカーは，枠の隅より150mm を端とし，中間は500mm 内外の間隔とする。
- ☐ 引違い建具のすれ合う部分，振れ止め，戸当りは，ポリアミド製とする。
- ☐ モルタルに接する箇所には，耐アルカリ性の塗料を塗布したものを使用する。

建具工事
- ☐ 鋼製建具枠の枠の取付け精度を対角寸法差３mm 以内とする。
- ☐ 鋼製ドア枠の倒れの取付け精度を面外，面内とも±２mm 以内とする。
- ☐ 建築基準法の特定防火設備の片面フラッシュの防火戸は，厚さ1.5mm 以上の鋼板張りとする。

建具金物
- ☐ 各々の錠をそれに対応する個別の鍵のみで施解錠できるシステムを，単独キーシステムという。
- ☐ フロアヒンジは，床に埋め込まれる扉の自閉金物で，自閉速度を調整できる。
- ☐ クレセントは，引き違い戸の閉鎖を保持する締り金物である。
- ☐ かま錠は，引き戸を施錠する金物である。

 問題20

アルミニウム製建具に関する記述として，最も不適当なものはどれか。

1．アルミニウム製建具の酸化皮膜を厚くすればするほど，耐食性が向上する。

2．加工，組立てにおいて，隅部の突付け小ねじ締め部分にはシーリング材を充填する。

3．防虫網を合成樹脂製とする場合，網目は16～18メッシュのものとする。

4．取付けの際，建具の養生材は，除去を最小限にとどめ，取付けが終わった後に復旧する。

解 説

1．**酸化皮膜（陽極酸化皮膜）の厚さが $5\,\mu\mathrm{m}$ 以下では耐食性が低下しますが，$9\sim20\,\mu\mathrm{m}$ では腐食は軽微であり，これ以上皮膜を厚くしても耐食性はほとんど向上しない**です。

2．加工，組立てにおいて，雨水浸入のおそれのある接合部には，その箇所に相応した**シーリング材**又はシート状の**止水材**を用いて漏水を防ぎます。

3．**防虫網**は，一般的に合成樹脂製とし，合成樹脂の線径は**0.25mm以上**，網目は**16～18メッシュ**とします。

4．取付けの場合に**養生材の除去は最小限に留め**，取付けが終わった後に復旧します。また，作業の状況に応じて適切な保護材を用いて，汚損や損傷が生じないようにします。

解答　1

第4章 施工共通（仕上）

アルミニウム製建具に関する記述として，最も不適当なものはどれか。

1. 建具枠に用いる補強材には，亜鉛めっき処理した鋼材を使用した。
2. 水切り，ぜん板は，アルミニウム板を折曲げ加工するため，厚さを1.5 mm とした。
3. 建具取付け用のアンカーは，両端から逃げた位置から，間隔500mm となるように取り付けた。
4. 建具枠周囲に充填するモルタルの調合は，容積比でセメント 1：砂 4 とした。

解　説

1. 補強材，力骨，アンカー等は，**鋼製又はアルミニウム合金製とし，鋼製のものを使用する場合**は，亜鉛めっき等の**接触腐食の防止処置**を行います。
2. 折曲げ加工して用いる水切り，ぜん板，枠，かまち等のアルミニウム板の厚さは**1.5mm 以上**とします。
3. 建具取付け用のアンカーの位置は，枠の隅より**150mm 内外**を端とし，中間部は**500mm 内外**の間隔とします。
4. 建具枠周囲の**充填用モルタル**は，**容積比でセメント 1：砂 3 とし**，雨がかり部分に使用するものは，防水剤入り，必要に応じて凍結防止剤入りとします。

解答　**4**

鋼製建具に関する記述として，最も不適当なものはどれか。

1. 防錆塗装を 2 回塗りとするので，1 回目を工場で行い，2 回目を工事現場で行った。
2. フラッシュ戸の表面板と中骨の固定は，構造用接合テープを用いて接合した。

3．建具枠の取付けにおいて，枠の取付け精度を対角寸法差 5 mm とした。

4．溶融亜鉛めっき鋼板の溶接痕は，表面を平滑に研磨し，一液形変性エポキシ樹脂さび止めペイントで補修した。

解　説

1．**防錆塗装**を 2 回塗りとする場合，1 回目を製作工場において組立後に行います。2 回目は工事現場で建具の汚れ及び付着物を除去して補修した後に行います。

2．フラッシュ戸の**表面板**は，力骨及び中骨にかぶせ，溶接若しくは小ねじ留め，又は中骨には溶接に代えて**構造用接合テープ**を用います。

3．ドア枠の**対角寸法差**は，工事現場での取付け施工の検査項目で，その精度は **3 mm 以内**とします。また，**倒れの取付け精度の許容差**は，面内，面外とも **± 2 mm 以内**とします。

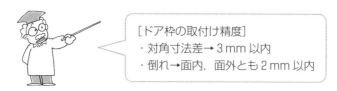

［ドア枠の取付け精度］
・対角寸法差 → 3 mm 以内
・倒れ → 面内，面外とも 2 mm 以内

4．鋼製ドアの組立てによる溶融亜鉛めっき鋼面の傷は，**一液形変性エポキシ樹脂さび止めペイント**又は**変性エポキシ樹脂プライマー**で補修します。

解答　**3**

問題23

建具工事における**キーシステム**に関する記述として，最も不適当なものはどれか。

1．複数個の異なった錠のいずれの錠でも，特定の鍵で施解錠できるシステムを，マスターキーシステムという。

2．複数個の異なった鍵のいずれの鍵でも，特定の錠だけを施解錠できるシステムを，逆マスターキーシステムという。

3．施工後にシリンダーを変更することなく，工事中に使用した鍵では施解錠できなくするシステムを，コンストラクションキーシステムという。

4．各々の錠をそれに対応する個別の鍵のみで施解錠できるシステムを，同一キーシステムという。

解　説

1．**マスターキーシステム**は，**錠が複数ある場合**に，1本の鍵（マスターキー）で施解錠できるシステムです。

2．**逆マスターキーシステム**は，複数個の異なった鍵（逆マスターキー）のいずれの鍵でも**特定の錠**だけは施解錠できるシステムです。

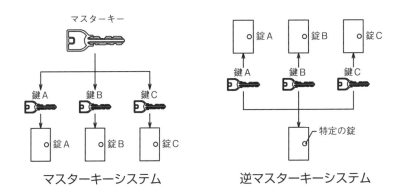

マスターキーシステム　　　　逆マスターキーシステム

3．**コンストラクションキーシステム**は，建物の**施工中のみマスターキーシステム**となり，**施工後**はシリンダーを変更することなく，簡単な操作で**一般の状態にする**キーシステムです。

4．**同一キーシステム**は，限られた数の錠に同一の鍵を使うことで施解錠できるシステムです。記述内容は，**単独（個別）キーシステム**の内容です。

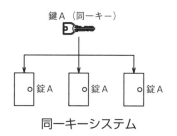

同一キーシステム

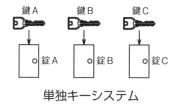

単独キーシステム

解答 4

建具金物に関する記述として，最も不適当なものはどれか。

1．本締り錠は，鍵又はサムターンでデッドボルトを操作する。
2．空錠は，鍵を用いないで，ハンドルでラッチボルトを操作する。
3．ピボットヒンジは，床に埋め込まれる扉の自閉金物で，自閉速度を調整できる。
4．モノロックは，外側の握り玉の中心にシリンダー，内側の握り玉の中心に押しボタンやシリンダーが設けられている。

解 説

1．**本締り錠**は，本締り機構のみの錠前で，鍵又はサムターンで**デッドボルト**を操作します。
2．鍵の構造は，**デッドボルト**による**本締り**部分と，**ラッチボルト**による**空締り**部分とに分かれています。**空錠**は，施錠の必要のない戸に適用され，鍵を用いないでハンドルでラッチボルトを操作します。

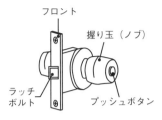

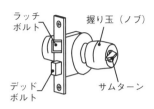

モノロック

本締り付きモノロック

3. **ピボットヒンジ**とは，ドアを上下から**軸で支える機構**です。記述内容は，**フロアヒンジ**の内容です。

フロアヒンジ（上部：ピボットヒンジ）

ピボットヒンジは，重い扉を縦軸中心に容易に回転させる金物です。

4. **モノロック**は，単独の本締り機構がなく，空締りが本締りを兼ねます。握り玉（ノブ）の中心にシリンダーが組み込まれており，**ラッチボルトが固定**されることで施錠されます。

解答　3

41 ガラス工事

試験によく出る問題 📋

問題25

ガラス工事に関する記述として, 最も不適当なものはどれか。

1. 外部に面するサッシの網入板ガラスは, ガラスのエッジ部分に防錆処理をした。

2. 外部に面するサッシに複層ガラスを用いるため, 建具の下枠に水抜き孔を設けた。

3. 外部に面するガラスに用いるグレイジングチャンネルの継目の位置は, ガラスの上辺中央部とした。

4. ガラスの固定にシーリング材を使用するため, セッティングブロックは, ガラス下辺の両角の下に設置した。

第4章

施工共通（仕上）

1．外部に面する**網入り板ガラス**等の**下辺小口及び縦小口下端から1／4の高さ**には，ガラス用防錆塗料又は防錆テープを用いて**防錆処置**を行います。

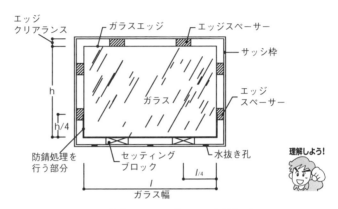

セッティングブロックの位置と防錆処理

2．外部に面する**複層ガラス，合わせガラス，網入り板ガラス**及び線入り板ガラスを受ける下端ガラス溝には，径6mm以上の**水抜き孔を2箇所以上**設けます。また，セッティングブロックによるせき止めがある場合には，セッティングブロックの中間に1箇所追加します。

3．グレイジングチャンネルの**継ぎ合わせ位置**は，ガラスの**上辺中央部**とします。

4．**セッティングブロック**とは，サッシ下辺のガラスはめ込み溝内に置き，ガラスの自重を支持するものです。設置位置は，ガラスの両端よりガラス幅の1／4の位置に2箇所設置します。

解答　**4**

ガラスのはめ込み構法と用途

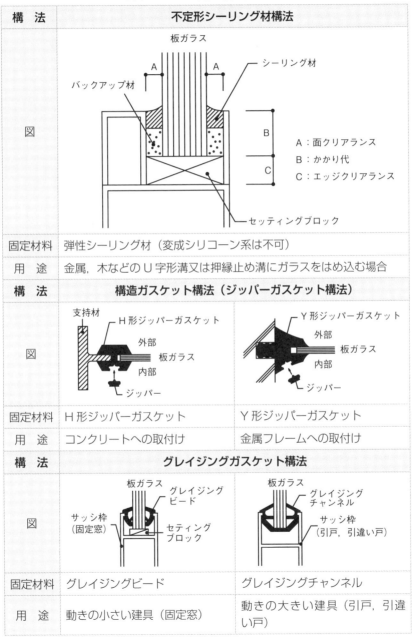

構　法	不定形シーリング材構法	
図	（図）	
固定材料	弾性シーリング材（変成シリコーン系は不可）	
用　途	金属，木などのＵ字形溝又は押縁止め溝にガラスをはめ込む場合	
構　法	構造ガスケット構法（ジッパーガスケット構法）	
図	（図）	（図）
固定材料	Ｈ形ジッパーガスケット	Ｙ形ジッパーガスケット
用　途	コンクリートへの取付け	金属フレームへの取付け
構　法	グレイジングガスケット構法	
図	（図）	（図）
固定材料	グレイジングビード	グレイジングチャンネル
用　途	動きの小さい建具（固定窓）	動きの大きい建具（引戸，引違い戸）

A：面クリアランス
B：かかり代
C：エッジクリアランス

4−5 左官・塗装・内装・ALCパネル工事

42 左官工事

試験によく出る選択肢 📝

仕上塗材仕上げ

- □ 仕上塗材は，現場で顔料及び添加剤を加えて色つやを調整しない。
- □ シーリング面への仕上塗材仕上げの吹付けは，シーリング材の硬化後に行う。
- □ 下地のコンクリートの不陸が3mmを超える場合，合成樹脂エマルション系下地調整塗材を使用しない。
- □ 屋外や室内の湿潤になる場所の下地調整に用いるパテに，合成樹脂エマルションパテを使用しない。
- □ 外装厚塗材C（セメントスタッコ）仕上げの場合，セメント系下地調整塗材を使用する。

壁のセメントモルタル塗り

- □ 吸水調整材は，下地とモルタルの接着力を増強するため，厚膜とならないように塗布する。
- □ 改良圧着張りとする外壁タイル下地は，木ごてを用いて仕上げる。
- □ モルタルの1回の練混ぜ量は，60分以内に使い切れる量とする。

石膏プラスター塗り

- □ 強度を高めるため，石膏プラスターにセメントを混入しない。
- □ 石膏ラスボード下地に，アルカリ性の既調合プラスターを使用しない。
- □ 調合で砂を多く入れ過ぎて，強度を不足させない。
- □ 塗り作業中はできるだけ通風をなくす。

セルフレベリング材塗り

- □ セルフレベリング材の流し込みは，吸水調整材塗布後，直ちに行わない。
- □ セルフレベリング材塗りの表面の仕上げに金ごてを用いない。

試験によく出る問題

問題26

仕上塗材仕上げに関する記述として，最も不適当なものはどれか。

1. 仕上塗材は，現場で顔料及び添加剤を加えて色つやを調整した。
2. コンクリート下地面の厚付け仕上塗材の下地調整は，目違いをサンダー掛けで取り除くことができたので，下地調整塗材塗りを省いた。
3. 合成樹脂エマルション系複層仕上塗材（複層塗材 E）仕上げなので，合成樹脂エマルション系下地調整塗材を使用した。
4. けい酸質系複層仕上塗材（複層塗材 Si）の上塗りは，2回塗りとし，均一に塗り付けた。

解　説

1. 仕上塗材は，**製造所において**指定された色，つや等に**調合**し，現場で顔料や添加剤を加えて**調整してはならない**です。
2. 下地調整塗材を 1 ～ 2 mm 程度全面に塗り付けて平滑にしますが，スラブ下等の見上げ面及び**厚付け仕上塗材仕上げ等**の場合は省略することができます。
3. 合成樹脂エマルション系複層仕上塗材（複層塗材 E）仕上げの場合，**合成樹脂エマルション系下地調整塗材**を使用します。

仕上げ塗材用下地調整塗材

種　類		呼び名	参　考			
			塗厚 (mm)	主な適用 下地	主な適用 仕上塗材	施工 方法
セメント系下地調整塗材	1種	下地調整塗材 C-1	0.5～1 程度	ALC パネル コンクリート	内装薄塗材 E 外装薄塗材 E 複層塗材 E	吹付 こて塗 はけ塗
	2種	下地調整塗材 C-2	1～3 程度	コンクリート	すべての仕上塗材	こて塗

第4章

施工共通（仕上）

合成樹脂エマルション系下地調整塗材		下地調整塗材 E	0.5～1 程度	ALC パネル コンクリート	内装薄塗材 E 外装薄塗材 E 複層塗材 E	吹付
セメント 系下地調 整厚塗材	1種	下地調整塗材 CM－1	3～10 程度	ALC パネル コンクリート	内装薄塗材 E 外装薄塗材 E 複層塗材 E	こて塗
	2種	下地調整塗材 CM－2	3～10 程度	コンクリート	すべての仕上塗材	こて塗

※強度：1種＜2種，C－1：しごき，C－2：薄塗り，E：シーラー，CM：厚塗り

4．複層仕上塗材の**上塗り**は，**所要量0.25 [kg/m²] 以上の2回塗り**とし，均一に塗り付けます。

解答　1

問題27

仕上塗材仕上げに関する記述として，最も不適当なものはどれか。

1．見本塗板は，所要量又は塗厚が工程ごとに確認できるように作成した。

2．シーリング面への仕上塗材仕上げの吹付けは，シーリング材の硬化前に行った。

3．仕上塗材の付着性の確保や目違いの調整のため，下地コンクリート面にセメント系下地調整塗材を使用した。

4．スプレーガンによる吹付けは，スプレーガンのノズルを下地面に対してやや上向きにし，一定距離を保ちながら縦横2方向に吹き付けた。

解　説

1．**見本塗板**は，所要量又は塗厚が**工程ごとに確認**できるものとします。

2．シーリング面に仕上塗材仕上げを行う場合は，**シーリング材が硬化した後に行う**ものとし，塗重ね適合性を確認し，必要な処理を行います。

3．下地調整塗材は，仕上塗材の付着性の確保や目違いの調整などを主な目的として使用される材料です。下地コンクリート面の下地調整には**セ**

メント系下地調整塗材を使用します。

4．スプレーガンによる吹付けは，スプレーガンのノズルを下地面に対してやや上向きにし，**塗り面から30cm程度離した位置**で平行に動かします。

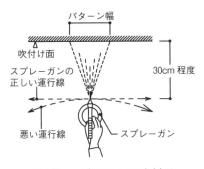

スプレーガンによる吹付け

問題28

コンクリート下地の壁のセメントモルタル塗りに関する記述として，最も不適当なものはどれか。

1．総塗厚が30mmとなる部分は，下地にステンレス製アンカーピンを打ち，ステンレス製ラスを張った。

2．モルタル塗りの作業性の向上，乾燥収縮によるひび割れの防止のため，保水剤を混和剤として用いた。

3．モルタルの1回の練混ぜ量は，60分以内に使い切れる量とした。

4．吸水調整材は，下地とモルタルの接着力を増強するため，厚膜となるように充分塗布した。

解　説

1．総塗厚が**25mm以上**となる場合は，**ステンレス製アンカーピンを打ち込み，ステンレス製ラスを張る**か，溶接金網，ネット等を取付けてモルタルを塗り付けます。

4−5　左官・塗装・内装・ALCパネル工事　301

第4章

施工共通（仕上）

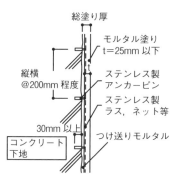

総塗り厚

モルタル塗り
t＝25mm 以下

ステンレス製
アンカーピン

縦横
@200mm 程度

ステンレス製
ラス，ネット等

30mm 以上

つけ送りモルタル

コンクリート
下地

モルタル塗りの剥離防止

2．**保水剤**の一種である**メチルセルロース**は，モルタル塗りの作業性の向
　上や乾燥収縮によるひび割れ防止のため，モルタルの混和剤として使用
　されます。

3．モルタルの練混ぜは，原則として，機械練りとし，1回の練混ぜ量
　は，**60分以内に使い切れる量**とします。

4．吸水調整材を塗りすぎることによって，下地とモルタルの界面の膜が
　厚くなり，塗り付けたモルタルがはがれやすく，モルタルの付着力の低
　下につながります。

解答　4

石膏プラスター塗りに関する記述として，最も不適当なものはどれか。

1．塗り作業中だけでなく作業後も石膏プラスターが硬化するまで通風を
　避けた。

2．強度を高めるため，石膏プラスターにセメントを混入した。

3．石膏プラスターは，適正な凝結時間と正常な硬化を得るため，製造後
　3か月以内のものを使用した。

4．下地が石膏ボードの場合，下塗りは下塗り用の既調合プラスターを使
　用し，塗厚を 6 〜 8 mm 程度とした。

1．**塗り作業中は，できる限り通風をなくし，**施工後もプラスターが硬化するまでは，甚だしい通風を避けます。その後は，適度の通風を与えて塗り面の乾燥を図ります。

石膏プラスターの工程

工程	作業の時期	プラスターの使用期間
下塗り	乾燥した下地に行う	加水後２時間（120分）以内に使用する。
中塗り	下塗りが硬化した後に行う	
上塗り	中塗りが半乾燥状態のうちに行う	加水後1.5時間（90分）以内に使用する。

2．石膏プラスターにセメントを混入すると，**接着力が低下**します。

石膏プラスターとドロマイトプラスターの特徴

	石膏プラスター	ドロマイトプラスター
硬化	水硬性（通風は避ける）	気硬性（換気が必要）
PH	中性・弱酸性	アルカリ性
練置き時間	下塗り・中塗り：２時間以内 上塗り：1.5時間以内	12時間程度（こて伸びがよい）
セメントなどの混入	強度・接着力が低下	強度・接着力が向上

3．石膏プラスターは，**製造後４箇月以上経過**したものは使用してはならないです。

4．下地が石膏ボードの場合，下塗り及び中塗りに用いる石膏プラスターは**既調合プラスター（下塗り用）**とします。なお，**下塗りの塗厚６～８mm程度，**中塗りの塗厚５～７mm程度，上塗りの塗厚３～５mm程度とします。

解答　2

セルフレベリング材塗りに関する記述として,最も不適当なものはどれか。

1. セルフレベリング材塗りは,下地となるコンクリートの打込み後,1箇月以上経過した後に行った。
2. セルフレベリング材の流し込みは,吸水調整材塗布後,直ちに行った。
3. 塗厚が10mmのセルフレベリング材の流し込みは,1回で行った。
4. セルフレベリング材の打継ぎ部の突起は,硬化後にサンダーで削り取った。

解 説

1. 下地となる**コンクリートの乾燥期間**は,コンクリートの打込み後**1箇月以上**とします。
2. **セルフレベリング材を流す前日**に,製造業者の指定する合成樹脂エマルションを用いて,1〜2回**吸水調整材**塗りを行って乾燥させます。
3. セルフレベリング材の**標準塗厚は10mm**とします。
4. セルフレベリング材の**打継ぎ部の突起**,気泡跡の周辺の突起等は,**硬化後にサンダー等で削り取ります**。

解答　2

セルフレベリング材塗りの要点

○塗り厚は,10mmを標準とする。

○セルフレベリング材を流す前日に,製造業者の指定する合成樹脂エマルションを用いて,1〜2回吸水調整剤塗りを行い,乾燥させる。

○流し込み作業中はできる限り通風をなくし,施工後も硬化するまでは,はなはだしい通風を避ける。

○硬化後,打継ぎ部の突起及び気泡跡の周辺の突起等はサンダー等で削り取る。

○養生期間は,一般に7日以上,冬期は14日以上とする。

43 塗装工事

試験によく出る選択肢 📝

塗装の素地ごしらえ

- ☐ 鉄鋼面に付着した機械油の除去は，石油系溶剤を用いる。
- ☐ 水がかり部の壁モルタル面のパテかいには，合成樹脂エマルションパテを用いない。
- ☐ 内部モルタル塗り壁面は，パテかいの前に，吸込止めを行う。
- ☐ 杉や松などの赤みのうち，やにが出ると思われる部分には，セラックニスや木部下塗り用調合ペイントを塗布する。

塗装工事

- ☐ 木部のクリヤラッカー塗りの下塗りには，ウッドシーラーを用いる。
- ☐ 強溶剤系の塗料をローラーブラシ塗りとする場合，モヘアのローラーブラシを用いない。
- ☐ エアスプレーのガンの空気圧が低過ぎると噴霧が粗く，塗り面がゆず肌状になる。
- ☐ エアレススプレーによる吹付け塗りは，高粘度，高濃度の塗料による厚膜塗装に適している。
- ☐ 亜鉛めっき鋼面の錆止めに，一液形変性エポキシ樹脂錆止めペイントを使用した。

試験によく出る問題 📋

問題31

塗装の素地ごしらえに関する記述として，最も不適当なものはどれか。

1. 透明塗料塗りの木部面で，仕上げに支障のおそれがある変色は，漂白剤を用いて修正した。
2. 不透明塗料塗りの木部面は，節止めの後に穴埋め・パテかいを行った。
3. 鉄鋼面に付着した機械油の除去は，アルカリ性溶液を用いて行った。
4. セメントモルタル塗り面の素地ごしらえは，セメントモルタル塗り施工後2〜3週間経過した後に行った。

1．透明塗料塗りの素地面に，**仕上げに支障のある変色**などがある場合は，**漂白剤を用いて修正**した後，水拭き等により漂白剤を除去し，十分乾燥させます。

木部の素地ごしらえ

工　程	種　別		面の処理	塗料・その他
	A 種	B 種		
1　汚れ・付着物除去	○	○	木部を傷つけないように除去し，油類は，溶剤等でふき取る。	――
2　やに処理	○	○	やには，削り取り又は電気ごて焼きのうえ，溶剤等でふき取る。	――
3　研磨紙ずり	○	○	かんな目，逆目，けば等を研磨する。	研磨紙 P120～220
4　節止め	○	―	節及びその周囲に，はけ塗りを行う。	・木部下塗り用調合ペイント ・セラックニス類
5　穴埋め・パテかい	○	―	割れ，穴，隙間，くぼみ等に充填する。	合成樹脂エマルションパテ
6　研磨紙ずり	○	―	穴埋め乾燥後，全面を平らに研磨する。	研磨紙 P120～220

(注)　1．ラワン，しおじ等導管の深いものの場合は，必要に応じて，工程 2 ののちに塗料製造所の指定する目止め処理を行う。

　　　2．合成樹脂エマルションパテは，外部に用いない。

　　　3．不透明塗料塗りの場合は A 種，透明塗料塗りの場合は B 種とする。

2．不透明塗料塗りの木部面の素地ごしらえは，汚れ・付着物除去 → やに処理 → 研磨紙ずり → 節止め → 穴埋め・パテかい → 研磨紙ずりの順に行います。

3．鉄鋼面に付着した**油類の除去**は，**防錆油**などの動植物油の場合は，80

〜100℃に加熱した**弱アルカリ性溶液**で分解，洗浄して除去します。また，**機械油**などの鉱物油は，**石油系溶剤**で洗浄します。

鉄鋼面の素地ごしらえ

工程	種別 A種(注)	種別 B種(注)	種別 C種	面の処理	備考
1 汚れ・付着物除去	○	―	○	スクレーパー，ワイヤブラシ等で除去。	――
2 油類除去	○	―	―	弱アルカリ性液で加熱処理後，湯又は水洗い。	――
	―	○	○	溶剤ぶき	
3 錆落し	○	―	―	酸漬け，中和，湯洗いにより除去。	放置せず次の工程に移る。
	―	○	―	ブラスト法により除去。	
	―	―	○	ディスクサンダー又はスクレーパー，ワイヤブラシ，研磨紙 P．120〜220で除去。	
4 化成皮膜処理	○	―	―	りん酸塩処理後，湯洗い乾燥。	

（注）A 種及び B 種は製作工場で行うものとする。

4．素地ごしらえが可能な状態になる材齢は，**セメントモルタル**の場合で**14〜21日以上**，コンクリートの場合で21日〜28日以上経過した後に行います。

解答　3

問題32

塗装工事の素地ごしらえに関する記述として，最も不適当なものはどれか。

1．木部面に付着したアスファルトや油類は，溶剤でふき取り，十分に乾燥させる。

2．水がかり部の壁モルタル面のパテかいには，合成樹脂エマルションパテを用いる。

3．けい酸カルシウム板面のパテかいは，反応形合成樹脂シーラーを塗り付けてから行う。

4．ALC パネル面の吸込止め処理には，一般に合成樹脂エマルションシーラーを用いる。

解　説

1．油類やアスファルトなどの付着物は，皮すきなどで取り除いた後，**溶剤で拭いて十分に乾燥**させます。

2．穴埋め，パテかいに用いられる**合成樹脂エマルションパテ**は，外部や水掛り部分には使用しません。**セメント系下地調整塗材**を用います。

3．けい酸カルシウム板などの軟弱なボードの素地ごしらえは，**穴埋め・パテかいの前に**，吸込止め処理として，**反応形合成樹脂シーラー**又は**弱溶剤系反応形合成樹脂シーラー**を全面に塗り付けます。

4．ALC パネル面の素地ごしらえは，**下地調整塗りの前に**，吸込止め処理として，**合成樹脂エマルションシーラー**を全面に塗り付けます。

解答　2

問題33

塗装工事に関する記述として，最も不適当なものはどれか。

1．壁面をローラーブラシ塗りとする際，隅やちり回りなどは，小ばけを用いて先に塗布した。

2．木部のクリヤラッカー塗りの下塗りは，ジンクリッチプライマーを用いた。

3．合成樹脂調合ペイントの上塗りは，はけ塗りとし，材料を希釈せずに使用した。

4．パテかいは，へらを用い，一度で埋まらないものは追いパテを繰り返し行った。

1．ローラーブラシ用いる**ローラーブラシ塗り**の際，隅，ちり回り等は，**小ばけ又は専用ローラー**を用いて，全面が均一になるように塗ります。

2．木部の**クリヤラッカー塗り**の**下塗り**には，**ウッドシーラー**を用います。なお，ジンクリッチプライマーは，構造物用錆止めペイントを塗布する際に用いられます。

3．はけ塗りの場合の希釈率は 0 ～ 5 ％で，材料を**希釈せずに使用**してもよいです。

4．**パテかい**は，面の状況に応じて，面のくぼみ，隙間，目違い等の部分に，パテを**へら又はこて**で薄く付け，一度で埋まらないものは追いパテを繰り返します。

解答　2

問題34

塗装工事に関する記述として，<u>不適当なもの</u>を 2 つ選べ。

1．強溶剤系塗料のローラーブラシ塗りに，モヘアのローラーブラシを用いた。

2．オイルステイン塗りの色濃度の調整は，シンナーによって行った。

3．モルタル面の塗装に，合成樹脂調合ペイントを用いた。

4．壁面をローラーブラシ塗りとする際，隅やちり回りなどは，小刷毛を用いて先に塗布した。

1．強溶剤系塗料とは，強い溶解力をもつ**シンナーで薄める塗料**です。**モヘア，合成繊維又は混毛**のローラーブラシは，あらゆる塗料で使用できますが，**強溶剤系塗料**には向きません。天然毛（毛皮をローラーにした高級品），純毛（動物性繊維）のローラーブラシが適しています。

2．**オイルステイン**は，木質系素地の透明仕上げに用いる油性着色剤で，色濃度の調整は，**シンナー**によって行います。

3．**合成樹脂調合ペイント**は，鉄鋼面や木部面には適していますが，耐アルカリ性がなく，**モルタルやコンクリート面には適しません**。

なお，主な塗料の種類と適応素地については，P137を参照してください。

4．問題33 の 解 説 の1を参照してください。

<hr />

解答　1，3

問題35

塗装における素地ごしらえに関する記述として，不適当なものを2つ選べ。

1．木部面に付着した油汚れは，溶剤で拭き取った。
2．木部の節止めに，ジンクリッチプライマーを用いた。
3．鉄鋼面の錆及び黒皮の除去は，ブラスト処理により行った。
4．鉄鋼面の油類の除去は，錆を除去した後に行った。

解 説

1．問題32 の 解 説 の1を参照してください。
2．問題31 の 解 説 の1の表を参照してください。
　　節部分や，杉や松などの赤みの部分でやにが出ると思われる部分は，**セラックニスや木部下塗り用調合ペイント**を塗ります。
3．鉄鋼面の錆及び黒皮の除去は，**ブラスト法**（サンドブラスト，ショットブラスト，グリッドブラスト）**で処理**します。
4．問題31 の 解 説 の3の表を参照してください。
　　鉄鋼面の**油類の除去は，錆を除去する前**に行います。

<hr />

解答　2，4

310

44 内装工事（床・木工事）

ビニル床シート張り

- [ ] シートは長めに切断して仮敷きし，24時間以上放置してから張り付ける。
- [ ] 熱溶接工法における溶接継目の余盛りは，溶接部が完全に冷却したのちに削り取る。
- [ ] 出隅部のビニル幅木の張付けは，突付けとしない。

フローリングボード張り

- [ ] 体育館における，フローリングボードと壁との取合いは，壁との間に隙間を設ける。
- [ ] フローリングボードに生じた目違いは，サンディングして削り取る。
- [ ] 釘打留め工法のボードの張込みは，根太当たりに雄ざね側より隠し釘打ちとする。

カーペット敷き

- [ ] ウィルトンカーペットの裁断部のほつれ止めは，手縫いでつづり縫いとする。
- [ ] ニードルパンチカーペットは，端部をグリッパーで固定しない。
- [ ] グリッパー工法における下敷き材のフェルトの端部は，グリッパーに重ねない。

合成樹脂塗り床

- [ ] 無溶剤形エポキシ樹脂塗り床の流しのべ工法において，主剤と硬化剤の1回の練混ぜ量は，30分以内に使い切れる量とした。
- [ ] 防滑のための骨材の散布は，前工程の塗膜が硬化する前に，むらのないように均一に散布する。

内装木工事

- [ ] 敷居，鴨居の溝じゃくりは，木表側に行う。
- [ ] 湿気のおそれのあるコンクリート壁面の場合，木れんがの取付けに用いる接着剤は，エポキシ樹脂系とする。

問題36

ビニル床シート張りに関する記述として，最も不適当なものはどれか。

1. 厚物のシートを壁面に張り上げるため，床と壁が取り合う入隅部に面木を取り付けた。
2. シートは割付け寸法に従って裁断し，直ちに張り付けた。
3. 張付け用の接着剤は，所定のくし目ごてを用いて均一に塗布した。
4. 柄模様のシートは，接合部の柄合せを行い，重ね切りした。

解説

1. 厚物のシートを**壁面に張り上げる**場合，床面と壁面の接着が一体となるように，**入隅部**には**面木**を取り付けます。なお，接着剤は，**ニトリルゴム系接着剤**を用います。
2. シートは長めに切断して**仮敷きし，24時間以上放置**して巻きぐせを取ってから張り付けます。
3. 張付けは，接着剤を所定の**くし目ごて**を用い，**下地面へ平均に塗布し**，また，必要に応じて裏面にも塗布し，空気だまり，不陸，目違い等のないように，**べた張り**とします。

理解しよう!

接着剤の注意点

○下地の乾燥期間：モルタルの場合は14日，コンクリートの場合は28日。
○接着剤は，所定のくし目ごてを用いて下地面に均一に塗布する。
○所定のオープンタイムをとり，溶剤の揮発を適切に行って張り付ける。
○湿気のおそれのある床には，エポキシ樹脂系またはウレタン樹脂系接着剤を用いる。
○室温5℃以下では接着剤が硬化せず，材料が割れやすくなるので，温度管理に配慮する。
○ビニル床シートの幅木部への巻き上げは，シートをニトリルゴム系接着剤により張り付ける。

４．柄模様のシートの場合は，接合部で柄合せを行って**重ね切り**とします。

解答 2

問題37

ビニル床シート張りの熱溶接工法に関する記述として，**不適当なものを2つ選べ**。
１．張付け用の接着剤は，所定のくし目ごてを用いて均一に塗布した。
２．シートの張付けは，空気を押し出すように行い，その後ローラーで圧着した。
３．継目の溝切りは，シート張付け後，接着剤が硬化する前に行った。
４．溶接継目の余盛りは，溶接直後に削り取った。

解説

１．**問題36**の **解説** の3を参照してください。
　　なお，湿気のおそれのある下地への張付けには，**ウレタン樹脂系**または**エポキシ樹脂系**の接着剤を使用します。

・湿気の影響がない→酢酸ビニル樹脂系
・湿気の影響がある→ウレタン樹脂系，
　　　　　　　　　　エポキシ樹脂系

２．シートの張付けは，空気を押し出すように行い，その後**45kg ローラー**で圧着します。
３．はぎ目及び継目の**溝切り**は，ビニル床シート張付け後，**接着剤が硬化した状態を見計らい**，溝切りカッター等を用いて行います。
４．熱溶接工法における溶接継目の余盛りは，**溶接部が完全に冷却したのち**に削り取ります。

解答 3，4

┌─────────────── **床シートの熱溶接工法** ───────────────┐

○床シート張付け後，接着剤が完全に硬化してから，はぎ目および継手を電
　動溝切り機，または　溝切りカッターで溝切りを行う。

○溝の深さを床シート厚の 2 / 3 程度とし，V 字形型または U 字形に均一な
　溝幅とする。

○床シートを張り付けた後，接着剤が硬化してから溶接作業を行う。

○溶接作業は熱溶接機を用いて，溶接部を180〜200℃の温度で床シートと溶
　接棒を同時に溶融し，余盛りが断面両端にできる程度に溶接棒を加圧しな
　がら溶接する。

○溶接完了後，溶接部が完全に冷却してから余盛りを削り取り平滑にする。

└──┘

　床のフローリングボード張りに関する記述として，最も不適当なものはど
れか。

　1．接着工法における,フローリングボードのモルタル下地への接着剤は,
　　　エポキシ樹脂系接着剤を使用した。

　2．体育館における，フローリングボードと壁との取合いは，すき間が生
　　　じないよう突き付けた。

　3．フローリングボードの下張り用合板は，長手方向が根太と直交するよ
　　　うに割り付けた。

　4．フローリングボード張込み後，床塗装仕上げを行うまで，ポリエチレ
　　　ンシートを用いて養生をした。

┌─ **解　説** ─────────────────────────────────

　1．接着工法で行う場合の**フローリングの接着剤**は，**エポキシ樹脂系，ウ
　　　レタン樹脂系**又は変成シリコーン樹脂系とします。

　2．フローリングボードと壁との取合い部分は,幅木の下にのみ込みとし,
　　　壁との間に隙間（エキスパンション）を設けます。

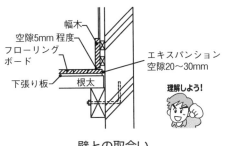

空隙5mm 程度
幅木
フローリング
ボード
エキスパンション
空隙20〜30mm
下張り板
根太

理解しよう！

壁との取合い

3．フローリングボードの下張り用の合板は，一般に，厚さ12mmの構造
用合板とし，**長手方向が根太と直交**するように割り付けます。

4．床塗装仕上げを行うまでの期間，汚れや傷がつかないように，**ポリエ
チレンシート**などを用いて適切に**養生**します。

解答　2

問題39

カーペット敷きに関する記述として，最も不適当なものはどれか。

1．ウィルトンカーペットの裁断は，はさみを用いて織目に沿って切りそ
ろえた。

2．ウィルトンカーペットの裁断部のほつれ止めは，ヒートボンド工法用
アイロンで加熱処理した。

3．タイルカーペットの平場の張付けは，パイル目の方向を変えた市松張
りとした。

4．タイルカーペットの目地は，フリーアクセスフロアの床パネルの目地
とずらして割り付けた。

解　説

1．ウィルトンカーペットの接合部は，**織目に沿ってハサミで切りそろえ
ます。**

2．ウィルトンカーペットの裁断部の**ほつれ止めは，手縫いでつづり縫い**
とします。

第4章

施工共通（仕上）

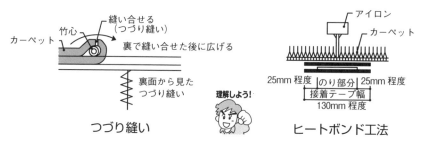

つづり縫い　　　　　　　　　　　　　　ヒートボンド工法

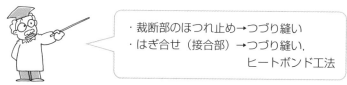

・裁断部のほつれ止め→つづり縫い
・はぎ合せ（接合部）→つづり縫い，
　　　　　　　　　　　ヒートボンド工法

3．タイルカーペットの敷き方は，一般的に，平場は**市松敷き**，階段部分は**模様流し**とします。

4．フリーアクセスフロア下地の場合，タイルカーペットの張付けに先立ち，下地面の**段違い**，床パネルの**隙間を1mm以下に調整**します。

　　また，タイルカーペットは，パネルの**目地にまたがるように**割り付けます。

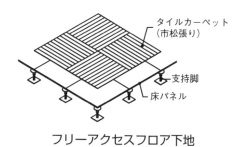

フリーアクセスフロア下地

解答　2

316

問題40

カーペット敷きに関する記述として，最も不適当なものはどれか。

1．タフテッドカーペットの敷込みに，全面接着工法を用いた。
2．ニードルパンチカーペットは，端部をグリッパーで固定した。
3．ウィルトンカーペットのはぎ合わせは，手縫いでつづり縫いとした。
4．カーペットの防炎ラベルは，各室ごとに張り付けた。

| 解　説 |

1．**タフテッドカーペット**の敷込みは，下敷き材を敷く場合は**グリッパー工法**を，下敷き材を敷かない場合は**全面接着工法**を用います。

カーペットの種類と工法

種　類	工　法		
	置敷き	グリッパー工法	接着工法
タフデットカーペット	○	○	○
ウィルトンカーペット	○	○	×
だんつう	○	×	×
織じゅうたん	×	○	×
ニードルパンチカーペット	×	×	○
タイルカーペット	×	×	○

2．**ニードルパンチカーペット**は**全面接着工法**を採用し，グリッパー工法は採用しません。

3．**問題39**の 解　説 の2を参照してください。

4．防炎防火対象建築物にカーペットを使用する場合は，防炎性能を有するものとし，**防炎ラベル**は，**各室ごと**に主要な出入口（1箇所以上）に張り付けます。

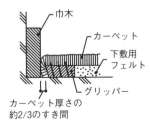

巾木
カーペット
下敷用フェルト
グリッパー
カーペット厚さの約2/3のすき間

グリッパー工法

解答　**2**

第4章

施工共通（仕上）

問題41

合成樹脂塗り床に関する記述として，最も不適当なものはどれか。

1．コンクリート下地に油分等が付着していたので，脱脂処理を行った。

2．塗継ぎ箇所には養生用テープで見切り線を付け，所定の時間内に塗り継いだ。

3．無溶剤形エポキシ樹脂塗り床の流しのべ工法において，主剤と硬化剤の1回の練混ぜ量は，2時間で使い切れる量とした。

4．エポキシ樹脂塗り床において，施工場所の気温が5℃以下となるおそれがあったので，施工を中止した。

解　説

1．**モルタル塗り下地は施工後14日以上，コンクリート下地は施工後28日以上放置**し，乾燥したものとします。なお，下地の突起及び脆弱層（レイタンス等）は除去するとともに，油分等が付着していた場合は，**脱脂処理**を行います。

2．塗継ぎ箇所には，既塗り面側に**養生用テープで見切り線を付けて**，所定の時間内に塗り継ぎます。

3．合成樹脂塗り床の樹脂における主剤と硬化剤等の**1回の練混ぜ量は，通常30分以内に使い切れる量**とします。

4．エポキシ樹脂系及びウレタン樹脂系塗り床において，施工場所の気温が5℃以下，湿度80％以上の場合は施工を中止します。

解答　**3**

問題42

内装木工事に関する記述として，最も不適当なものはどれか。

1．敷居，鴨居の溝じゃくりは，木裏側に行った。

2．造作材の釘打ちに用いる釘の長さは，打ち付ける板材の厚さの2.5倍とした。

3．柱などの角材で両面仕上げとする際の削りしろは，5mm とした。

4．特殊加工化粧合板を接着張りする際の仮留めに用いるとんぼ釘の間隔は，目地当たりに300mm 程度とした。

1．敷居，鴨居の**溝じゃくり**を行う場合は，**木表側**に溝を入れます。

敷居と鴨居の溝じゃくり

部位	反りぐせ	使い勝手
鴨居		木裏 木表
敷居		木表 木裏

2．一般に，釘径は板厚の $1/6$ 以下とし，**釘の長さは板厚の2.5倍以上**とします。

　　また，木製壁下地に石膏ボードを直接張り付ける場合は，ボード厚の3倍程度とします。

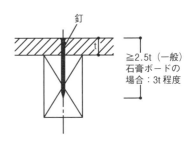

釘

$\geqq 2.5t$（一般）
石膏ボードの
場合：3t程度

釘の長さ

3．柱などの角材で**両面仕上げ**とする場合の削りしろは**5 mm程度**で，**片面仕上げ**とする場合の削りしろは**3 mm程度**を考慮します。

4．特殊加工化粧合板を接着張りする場合，釘の穴が目立たないように仮留めに**とんぼ釘**を用います。目地部分に**300mm程度**の間隔で留め，接着剤が硬化した後に取り外します。

解答　1

45 内装工事（壁・断熱・壁紙・カーテン）

試験によく出る選択肢 📝

壁の石膏ボード張り・断熱工事

- [ ] 乾燥している ALC パネル面に石膏ボードを石膏系接着材で直張りする場合，下地面のプライマー処理は省略できない。
- [ ] 石膏系接着材直張り工法における張付け用接着材の塗付け間隔は，ボードの中央部より周辺部を小さくする。
- [ ] 軽量鉄骨下地に石膏ボードを直接張る際には，ボード周辺部を固定するドリリングタッピンねじの位置は，ボードの端部から10mm 程度内側とする。
- [ ] 押出法ポリスチレンフォーム打込み工法では，断熱材と躯体が密着しやすいので，内部結露が生じにくい。

壁紙張り

- [ ] 張替えの際に，壁紙をはがしやすくするため，シーラーは全面に塗布する。
- [ ] 下地の石膏ボード面にシーラーを全面に塗布した場合でも，壁紙のジョイントは，下敷きを用いて重ね切りする。
- [ ] 壁紙の表面に付着した接着剤は，張り終わった箇所ごとに清浄な湿布で直ちに拭き取る。

カーテン工事

- [ ] レースカーテンの上端の縁加工は，カーテン心地を入れた袋縫いとする。
- [ ] ドレープカーテンは，厚地であり，遮光，遮へい，保温，吸音などの目的で用いられる。
- [ ] ケースメントカーテンは，透かし織りのカーテンで，レースよりも重厚感がある。

 問題43

壁の石膏ボード張りに関する記述として，最も不適当なものはどれか。

1. 石膏系接着材による直張り工法におけるボードの張付けは，定規で ボードの表面をたたきながら不陸がないように張り付ける。
2. 乾燥している ALC パネル面に石膏ボードを石膏系接着材で直張りす る場合，下地面のプライマー処理を省略できる。
3. 鋼製下地に張り付ける場合のドリリングタッピンねじの留付け間隔 は，ボードの中間部より周辺部を小さくする。
4. テーパーボードの継目処理で，グラスメッシュのジョイントテープを 用いる場合，ジョイントテープを張る前のジョイントコンパウンドの下 塗りを省略できる。

解 説

1. ボードの張付けは，石膏ボードの**表面を定規でたたきながら不陸がな** いように，上下左右の調整を行います。
2. ALC パネル面やコンクリートなどの下地は，吸水調整が必要なため， 下地面のプライマー処理は省略できません。指定する**プライマーで処理 して乾燥させた後**，接着に支障がないよう表面を清掃します。
3. ボード周辺部を固定するドリリングタッピンねじの位置は，ボードの **端部から10mm 程度内側の位置で留め付け，その間隔は，中間部300mm 程度，周辺部200mm 程度**とします。

ボード類の留付け間隔 ［単位：mm］

下 地	施工箇所	留付け間隔		備 考
		周辺部	中間部	
軽量鉄骨下地・ 木造下地共	天井	150程度	200程度	小ねじの場合
	壁	200程度	300程度	

第4章

施工共通（仕上）

4．継目処理の下塗りは，継目部分のテーパー部分にジョイントコンパウンドをむらなく塗り付けた上に，直ちにジョイントテープを張り，ジョイントテープの端や小穴からはみ出た余分のジョイントコンパウンドは，しごいて押さえます。なお，**グラスメッシュテープを使用**する場合は，**ジョイントコンパウンドによる下塗りを省略**することができます。

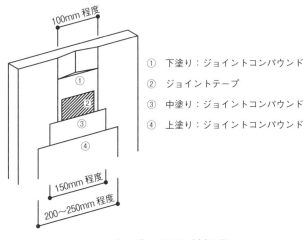

① 下塗り：ジョイントコンパウンド
② ジョイントテープ
③ 中塗り：ジョイントコンパウンド
④ 上塗り：ジョイントコンパウンド

100mm 程度
150mm 程度
200〜250mm 程度

テーパーボードの目地処理

解答　2

問題44

壁の石膏ボード張りに関する記述として，最も不適当なものはどれか。

1．石膏系接着材直張り工法における張付け用接着材の塗付け間隔は，ボードの中央部より周辺部を大きくした。
2．石膏系接着材直張り工法における張付けの際には，くさびをかってボードを床面から浮かし，床面からの水分の吸い上げを防いだ。
3．軽量鉄骨壁下地に張り付ける場合のドリリングタッピンねじは，鋼製下地の裏面に10mm 以上の余長が得られる長さのものを用いた。
4．ボードを突付けとせずすき間を開けて底目地を取る目透し工法で仕上げる壁は，スクエアエッジのボードを使用した。

解　説

1. 接着材の塗付け間隔は，**ボード周辺部で150～200mm，床上1.2m以下の部分で200～250mm，床上1.2mを超える部分で250～300mm** とします。したがって，ボードの中央部より周辺部を小さくします。

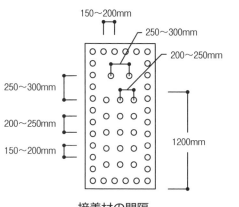

150～200mm
250～300mm
200～250mm
250～300mm
200～250mm
150～200mm
1200mm

接着材の間隔

[接着材の間隔]
・周辺→150～200
・1.2m以下→200～250
・1.2m超える→250～300

2. 床面からの水分の吸上げを防ぐため，ボード下端と床面との間に，くさび（スペーサー）を置き，**床面から10mm程度浮かして**張り付けます。

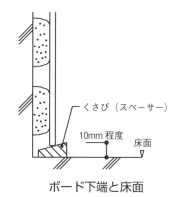

くさび（スペーサー）
10mm程度
床面

ボード下端と床面

3. 軽量鉄骨下地にボードを直接張り付ける場合，ドリリングタッピンねじは，**鋼製下地の裏面に10mm以上の余長**が得られる長さのものを用います。

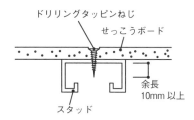

ドリリングタッピンねじ
せっこうボード
余長
10mm以上
スタッド

ドリリングタッピンねじの余長

4. 底目地を取る**目透し工法**で仕上げる壁は，**スクエアエッジ**のボードを
使用します。

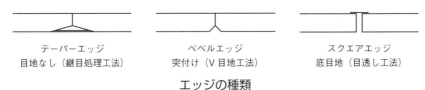

テーパーエッジ	ベベルエッジ	スクエアエッジ
目地なし（継目処理工法）	突付け（V目地工法）	底目地（目透し工法）

エッジの種類

解答　1

鉄筋コンクリート造の建物内部の断熱工事に関する記述として，最も不適
当なものはどれか。

1. 硬質ウレタンフォーム吹付け工法では，下地コンクリート面を充分に
乾燥させた状態で吹付けを行う。
2. 硬質ウレタンフォーム吹付け工法では，ウレタンフォームが厚く付き過
ぎて表面仕上げ上支障となる箇所は，カッターナイフ等で表層を除去する。
3. 押出法ポリスチレンフォーム打込み工法では，断熱材と躯体が密着し
にくいので，内部結露が生じやすい。
4. 押出法ポリスチレンフォーム打込み工法では，コンクリートの漏れを
防ぐため，断熱材の継目にテープ張りを行う。

解　説

1. 下地コンクリート面の乾燥状態は，発泡体とコンクリート面との接着
性に大きく影響するため，下地コンクリート面を**充分に乾燥させた状態
で吹付ける**必要があります。
2. **厚さを超過した部分**は，ウェーヴナイフまたは**カッターナイフで切断**
し，表面仕上げの施工が可能な空間を保持します。
3. 断熱材の**打込み工法**は，断熱材と躯体とが密着しやすいので，内部結
露が生じにくいです。
4. 断熱材の継目は，相欠き又は突付けとし，**目地部にテープ張り**などの
処置をして隙間を防ぎます。

解答　3

壁紙張りに関する記述として，最も不適当なものはどれか。

1．下地処理において，シーラーを塗布する前に，ビス頭の防錆処理を行った。
2．石膏系接着材で直張りした石膏ボード下地は，十分に乾燥させてから壁紙を張り付けた。
3．張替えの際に，壁紙をはがしやすくするため，シーラーは部分的に塗布した。
4．壁紙の表面に付着した接着剤は，張り終わった箇所ごとに清浄な湿布で直ちにふき取った。

解　説

1．素地ごしらえに用いるパテ及び吸込止め（シーラー）は，壁紙専用のものとし，**ビス頭の防錆処理を行った後に塗布**します。
2．石膏ボード表面に仕上げを行う場合は，石膏ボード張付け後，仕上げ材に通気性のある場合で**7日以上**，通気性のない場合で**20日以上放置**し，直張り用接着材が乾燥し，仕上げに支障のないことを確認してから仕上げます。
3．シーラーを塗布することによって，張り替えの際には，はがしやすい下地をつくることができるので，<u>シーラーは**全面に塗布**</u>します。

┌─── **シーラーを塗布する主な目的** ───┐
　○接着性を向上させる。
　○下地のあく等が表面に浮き出るのを防ぐ。
　○下地の色違いを修正する。
　○張り作業が容易な下地面をつくる。
　○張替えの際に，はがしやすい下地面をつくる。
└──────────────────────┘

4．壁紙の表面に付着した**接着剤**は，表面についた手あかとともに張り終わった箇所ごとに清浄な湿布で**直ちに拭き取ります**。

解答　**3**

第4章　施工共通（仕上）

問題47

カーテン工事に関する記述として，最も不適当なものはどれか。

1．カーテンの両脇及びすその縁加工は，伏縫いとした。

2．レースカーテンの上端の縁加工は，カーテン心地を入れないで袋縫い
とした。

3．レースカーテンのカーテンボックスは，窓幅に対して片側各々100〜
150mm 程度長くした。

4．中空に吊り下げるカーテンレールの吊り位置は，間隔を1m 程度と
し，曲り箇所及び継ぎ目部分にも設けた。

解 説

1．カーテンの**両脇及びすその縁加工**は**伏縫い**とし，すその折返し寸法は
100〜150mm 程度とします。

2．カーテンの**上端の縁加工**は，ヒダの種類（プリーツ）によって決まる
ので，**幅75mm 程度のカーテン心地を入れて袋縫い**とします。

3．カーテンボックスの幅は，窓の幅に対して，片側各々100〜150mm 程
度長くします。

4．中空に吊り下げるレールは，**中間吊りレール**とします。レールの吊り
位置は，**間隔1m 程度**及び曲がり箇所，ジョイント箇所とし，必要に
応じて，振れ止めを設けます。

解答　**2**

46 ALCパネル・押出成形セメント板張り工事

試験によく出る選択肢 📝

ALC パネル工事

- ☐ 外壁パネルの縦壁ロッキング構法において，パネルとコンクリートスラブとの取合い部のすき間は，両者が一体とならないようにモルタルを充填する。
- ☐ 外壁の縦壁ロッキング構法におけるパネル間の縦目地は，2面接着のシーリングとする。
- ☐ 外壁パネルと間仕切りパネルの取合い部は，パネルどうしのすき間を20mm の伸縮目地とする。

外壁の押出成形セメント板張り

- ☐ 横張り工法で施工する際に，パネルがスライドできるように，取付け金物（Z クリップ）はパネルの左右端部に取り付ける。
- ☐ パネルへの取付けボルトの孔あけに，振動ドリルを用いない。
- ☐ 横張り工法の目地幅は，縦目地よりも横目地の方を小さくする。
- ☐ 縦張り工法において，パネルの取付け金物（Z クリップ）は，パネルがロッキングできるように取り付ける。
- ☐ 縦張り工法なので，パネル間の横目地の目地幅は15mm 以上とする。

試験によく出る問題 📋

問題48

ALC パネル工事に関する記述として，最も不適当なものはどれか。

1. 外壁パネルの縦壁ロッキング構法において，パネルとコンクリートスラブとの取合い部のすき間は，両者が一体となるようにモルタルを充填する。
2. パネルの加工などにより露出した鉄筋は，モルタルで保護される場合を除き防錆処理を行う。
3. 間仕切壁の縦壁フットプレート構法において，パネルの上部は間仕切チャンネルへのかかり代を確保して取り付ける。
4. 間仕切壁の施工において，出入口などの開口部回りには，パネルを支持するための開口補強鋼材等を取り付ける。

1．パネルとコンクリートスラブ
との取合い部のすき間は，**パネ
ルのロッキング機構を確保**する
ために，パネル内面にモルタル
が接着しないように**クラフト
テープ等の絶縁材**を入れます。

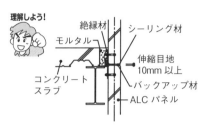

外壁パネルの縦壁ロッキング構法

3．間仕切壁の縦壁
フットプレート構
法において，パネ
ルの上部の**間仕切
チャンネル**の取付
けは，**かかり代を
20mm程度確保**
して取り付けま
す。

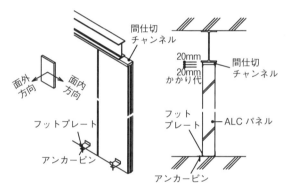

間仕切壁の縦壁フットプレート構法

解答　1

問題49

ALC パネル工事に関する記述として，最も不適当なものはどれか。

1．外壁パネルの屋外に面する部分は，防水効果のある仕上げを施す。
2．外壁の縦壁ロッキング構法におけるパネル間の縦目地は，3面接着の
シーリングとする。
3．外壁パネルに設ける設備配管用貫通孔の径は，パネル幅の 1／6 以下
とする。
4．縦壁フットプレート構法では，パネル上部が面内方向に可動するよう
に取り付ける。

１．ALCパネルは多孔質な材料で吸水性が比較的大きいため，屋外に面する部分は**防水効果のある仕上げ**を施す必要があります。」

２．問題48 の 解　説 1の図を参照してください。
縦壁ロッキング構法・横壁アンカー構法の目地は**ワーキングジョイント**であるため，パネル目地の動きに追従できるように**2面接着**とします。

３．外壁・間仕切壁パネルの**孔あけ**は，**パネル幅の1/6以下**とします。

パネルの溝掘り・穴あけ

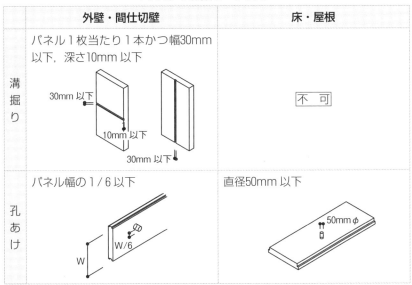

	外壁・間仕切壁	床・屋根
溝掘り	パネル1枚当たり1本かつ幅30mm以下，深さ10mm以下　30mm以下　10mm以下　30mm以下	不　可
孔あけ	パネル幅の1/6以下　W/6　W	直径50mm以下　50mmφ

（注）パネルの加工は主筋を切断しない範囲に限る。

４．問題48 の 解　説 3の図を参照してください。
パネル上部が**面内方向に可動**するように，パネルを取付けます。

解答　2

押出成形セメント板による間仕切壁工事に関する記述として，最も不適当なものはどれか。

1．縦張り工法で施工する際に，パネル下部に取付け金物（L型金物）をセットし，パネル側はタッピンねじ，床面側はアンカーボルトで固定した。

2．横張り工法で施工する際に，パネルがロッキングできるように，取付け金物（Zクリップ）はパネルの左右端部に取り付けた。

3．縦張り工法のパネル上部の取付け金物（Zクリップ）は，回転防止のため，下地鋼材に溶接した。

4．横張り工法の目地幅は，横目地よりも縦目地の方を大きくした。

解　説

1．縦張り工法で施工する場合，パネル下部にはL型金物をセットし，パネル側は**タッピンねじ**，床面側は**あと施工アンカー**を用いて固定します。

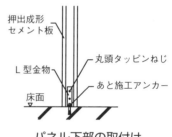

パネル下部の取付け

2．**横張り工法**で施工する場合，取付け金物は，パネルの左右端部に，**スライド**できるように取り付けます。

なお，**縦張り工法**の場合は，パネルの上下端部に，**ロッキング**できるように取り付けます。

押出成形セメント板の工法

	縦張り工法	横張り工法
工　法	躯体の層間変位に対しロッキングにより追随させる工法	躯体の層間変位に対しスライドすることにより追随させる工法

荷重受け	各段ごとに荷重受け部材が必要	パネル3枚以下ごとに荷重受け部材が必要
目　地	パネル間は伸縮目地とし，縦目地は8mm以上，横目地は15mm以上とする。	パネル間は伸縮目地とし，縦目地は15mm以上，横目地は8mm以上とする。

<table>
<tr><td colspan="3" align="center">外壁パネル工法の要点</td></tr>
</table>

・縦張り工法はロッキングできるように，横張り工法はスライドできるように取り付ける。
・パネル相互の目地幅は，縦張り工法，横張り工法のいずれの場合も短辺方向の方が大きな目地幅が必要。目地幅：長辺8mm以上，短辺15mm以上を標準。
・パネル短辺の木口面に表裏が記載されているので，パネルの表裏を確認し，通りよく建て込む。
・パネルの取付け金物（Zクリップ）は，取付けボルトが取付け金物のルーズホールの中心に位置するように取り付ける。
・パネルの取付け金物（Zクリップ）は，下地鋼材に30mm以上のかかり代を確保して取り付ける。

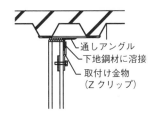

3．縦張り工法のパネル上部に取り付ける金物（Zクリップ）は，十分な固定度を確保するため，**下地鋼材に溶接**します。

通しアングル
下地鋼材に溶接
取付け金物
（Zクリップ）

パネル上部の取付け

4．パネル相互の目地幅は，縦張り工法，横張り工法のいずれの場合も短辺方向の方が大きな目地幅が必要です。横張り工法の場合，**短辺方向が縦目地となる**ので，横目地よりも**縦目地の方を大きく**します。

解答　2

問題51

外壁の押出成形セメント板の横張り工法に関する記述として，最も不適当なものはどれか。

1. パネルは，構造体に取り付けた下地鋼材に固定された自重受け金物で受けた。
2. パネルの取付け金物（Zクリップ）は，パネル1枚につき上下2箇所ずつ4箇所取り付けた。
3. パネルの取付け金物（Zクリップ）は，取付けボルトがルーズホールの中心に位置するように取り付けた。
4. パネルへの取付けボルトの孔あけは，振動ドリルを用いて行った。

解　説

1. 横張り工法のパネルは，パネルの積上げ枚数**3枚以下ごと**に，構造体に取付けた下地鋼材に固定された**自重受け金物**で受けます。
2. パネルの取付け金物（Zクリップ）はパネルの**4隅に必要**で，パネル1枚につき上下2箇所ずつ**合計4箇所**取り付けます。
3. パネルの取付け金物（Zクリップ）は，取付けボルトが取付け金物の**ルーズホールの中心**に位置するように取り付ける。

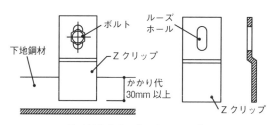

取付け金物（Zクリップ）

4. ボルトの孔あけに**振動ドリル**を用いた場合，パネルが破損するおそれがあるので**ドリル**を用います。

第 5 章
施工管理
（必須問題）

5 − 1　施工計画

47　施工計画

事前調査・準備工事

- ☐ 鉄骨建方計画で，日影による近隣への影響調査は行わない。
- ☐ 防護棚の設置計画で，敷地地盤の高低及び地中埋設配管等の調査は行わない。
- ☐ 高さの基準点は，2箇所以上に設置する。
- ☐ 既存建物の基礎コンクリート塊を処分するので，産業廃棄物としての処分場所を調査することとした。
- ☐ 工事予定の建物による電波障害に関する調査が済んでいたが，タワークレーン設置による影響の確認を省かなかった。

仮設計画

- ☐ 酸素やアセチレンなどのボンベ類の貯蔵小屋は，密閉構造としない。
- ☐ 傾斜地に設置する仮囲いは，敷地内の雨水が流れ出ないように下端のすき間をふさぐ。
- ☐ 工事ゲートの有効高さは，鉄筋コンクリート造の工事なので，空荷時の生コン車の高さとする
- ☐ 所定の高さを有し，かつ，危害を十分防止し得る既存の塀がある場合は，それを仮囲いに代用してもよい。

試験によく出る問題 📋

問題1

事前調査と施工計画の組合せとして，最も関係の少ないものはどれか。

1．近隣の商店や工場の業種の調査 ──── 解体工事計画
2．前面道路や周辺地盤の高低の現状調査 ── 根切り工事計画
3．敷地内の地中障害物の有無の調査 ──── 場所打ちコンクリート杭
　　　　　　　　　　　　　　　　　　　　　工事計画
4．日影による近隣への影響調査 ──── 鉄骨建方計画

| 解　説 |

1．**解体工事**は騒音や振動が発生して少なからず近隣に影響を与えるので，**近隣の商店や工場の業種の事前調査**が必要です。
2．**根切り工事**の計画で施工方法等を検討する場合，**前面道路や周辺地盤の高低の現状調査**が必要です。
3．**場所打ちコンクリート杭工事**において，**敷地内の地中障害物の有無の調査**は，杭の施工機械の選定や杭の打設の可否に大きく影響するので事前調査が必要です。
4．**日影に関する近隣への影響調査**は，一般的に設計段階で設計者が検討すべき事項であり，**鉄骨建方計画**で調査しません。なお，揚重機の設置計画に当たって，**敷地周辺の電波障害が予測される範囲**については調査を行います。

解答　**4**

問題2

事前調査及び準備工事に関する記述として，最も不適当なものはどれか。

1．地業工事で振動が発生するので，近隣の商店や工場の業種の調査を行うこととした。
2．既存の地下埋設物に対する図面があったが，事前に掘削調査を行うこ

第5章

施工管理

ととした。

3. 建物設計時の地盤調査は，根切り，山留め工事の計画に当たって不十分であったので，追加ボーリングを行うこととした。

4. 高さの基準点は，複数設置すると相互に誤差を生じるおそれがあるので，設置は1箇所とした。

解　説

1. 問題1 の 解　説 の1を参照してください。騒音や振動が発生する地業工事や解体工事などは，**近隣の商店や工場の業種の調査**を行います。

2. 既存の地下埋設物に対する図面があっても**現状が変わっている場合があ
る**ので，事前に掘削調査を行います。

3. 根切り，山留め工事の計画に当たって，**建物設計時の地盤調査が不十
分な場合**は，ボーリング箇所の追加や試験項目の追加などを行います。

4. 建物の位置や高さの基準点となる<u>ベンチマーク</u>は，敷地付近の移動の
おそれのない箇所に<u>2箇所以上設置</u>し，その周囲に養生を行います。

解答　4

問題3

仮設計画に関する記述として，最も不適当なものはどれか。

1. 敷地に余裕がなく工事用の事務所を工事現場から離れて設置するので，工事現場内に出先連絡所を設けることとした。

2. 酸素やアセチレンなどのボンベ類の貯蔵小屋は，ガスが外部に漏れないよう，密閉構造とすることとした。

3. 工事用の出入口の幅は，前面道路の幅員を考慮して計画することとした。

4. 工事用の出入口を複数設置するので，守衛所はメインの出入口に設置し，その他は警備員だけを配置することとした。

━━━ 解 説 ━━━━━━━━━━━━━━━━━━━━━━━━━━━━━━━━

1．敷地に余裕がなく，工事用の事務所が工事現場から**離れている**場合，現場内に**出先連絡所を設ける**ことで，工事現場を管理しやすくします。

2．酸素・アセチレンなどのボンベ類の貯蔵小屋は，通気をよくするために，<u>**小屋の壁の1面は開放**とし，他の**3面の壁は上部に開口部を設け**ます</u>。

ボンベ貯蔵小屋

・壁の一面は開口とし，他の三面は上部に開口を設ける。
・酸素・アセチレンのボンベは，立てて置く。
・ボンベは温度を40℃以下に保ち，転倒しないように保持する。

3．工事用の出入口の幅は，工事車両の入退場が円滑にできるように，**前面道路の幅員を考慮**して計画します。

4．**工事用の出入口**は，通行人の安全や交通の妨げにならない位置に設け，誘導員を配置して安全を確保します。また，出入口を複数設置する場合は，守衛所をメインの出入口に設置して，その他は誘導員だけを配置します。

<u>解答　2</u>

48 材料の保管・取扱い

試験によく出る選択肢 📝

工事現場における材料の保管

- ☐ 袋詰めセメントは，風の当たらない屋内の倉庫に保管する。
- ☐ ロール状に巻いたカーペットは，縦置きせずに横に倒して2～3段までの俵積みとする。
- ☐ アルミニウム製建具は，床に角材を敷き，立置きにして保管する。
- ☐ 裸台で運搬してきた裸板ガラスは，屋内の床にゴム板を敷いて立置きで保管する。

試験によく出る問題 📋

問題4

工事現場における材料の保管に関する記述として，最も不適当なものはどれか。

1．鉄筋は，直接地面に接しないように角材等の上に置き，シートをかけて保管する。
2．袋詰めセメントは，風通しのよい屋内の倉庫に保管する。
3．アルミニウム製建具は，平積みを避け，縦置きにして保管する。
4．ロール状に巻かれた壁紙は，変形が生じないよう立てて保管する。

解　説

1．**鉄筋**は，長さ・種類別に整理して，泥・土・油等が付着しないように**受材（角材）**の上に置き，シートをかけて保管します。

[材料の保管]
・直射日光に当てる　→×
・直接，土の上に置く→×

2．**袋詰めセメント**は，防湿に注意し，<u>風通しのよい場所を避けます</u>。

セメントは，出入口以外の開口部は設けず，真っ暗な室内に保管します。

3．**アルミニウム製建具**は，変形しやすいため平積みを避け，**縦置き**にして保管します。
4．ロール状に巻かれた**壁紙**は，癖がつかないように**立てて保管**します。

解答　2

工事現場における材料の保管に関する記述として，最も不適当なものはどれか。

1．砂は，周辺地盤より高い場所に置場を設置して保管した。
2．ロール状に巻いたカーペットは，屋内の乾燥した場所に，縦置きにして保管した。
3．防水用の袋入りアスファルトは，積重ねを10袋までとして保管した。
4．コンクリートブロックは，床版上の1箇所に集中しないように仮置きした。

解　説

1．**砂**は，不純物が混入しないよう，**周辺地盤より高い場所**に置場を設置して保管します。

2．ロール状に巻いたカーペットは，縦
　置きせずに横に倒して2〜3段までの
　俵積みとする。

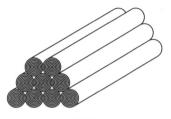

俵積み

3．防水用の**袋入りアスファルト**の袋の積み重ねは，**10袋以下**とします。

袋入りの材料の積み重ねは
10袋以下が多いです。

4．**コンクリートブロック**は，雨掛りを避けて乾燥した場所に**縦積み**で保
　管し，積上げ高さは**1.6m以下**とします。また，床版上に**仮置き**する場
　合は，1箇所に集中しないようにします。

解答　2

問題6

　工事現場における材料等の保管に関する記述として，最も不適当なものは
どれか。
　1．シーリング材は，直射日光や雨露の当たらない場所に密封して保管す
　　る。
　2．アルミニウム製建具は，床に角材を敷き，平積みにして保管する。
　3．高力ボルトは，乾燥した場所にねじの呼び別，長さ別等に整理して保
　　管する。
　4．壁紙など巻いた材料は，くせが付かないように立てて保管する。

1．**シーリング材**は，製造年月日や有効期間を確認して高温多湿，凍結温度以下にならないようにするとともに，**直射日光や雨露の当たらない場所に密封して保管**します。

2．**問題4** の **解　説** の3を参照してください。
　アルミニウム製建具は，立置きで保管します。

3．**高力ボルト**は，乾燥した場所に規格種別，径別，長さ別に整理して保管し，施工直前に包装を開封します。

4．**問題4** の **解　説** の4を参照してください。

解答　2

理解しよう！

主な材料の保管方法

材　料	保管上の注意事項
セメント	・防湿に注意し，通風や圧力は避ける。 ・保管場所は床を30cm以上あげ，袋の積み重ねは10袋以下とする。
鉄筋	・枕木の上に種類ごとに整頓して保管し，土の上に直に置かない。
型枠用合板，木材（ベニヤ）	・通風をよくして乾燥させる。 ・屋内の保管が望ましいが，屋外で保管する場合は直射日光が当たるのを避ける。
高力ボルト	・包装の完全なものを未開封状態のまま現場へ搬入する。 ・乾燥した場所に規格種別，径別，長さ別に整理して保管し，施工直前に包装を開封する。 ・積み上げる箱の段数は3〜5段とする。
被覆アーク溶接棒	・湿気を吸収しないように保管する。 ・湿気を含んだ場合は乾燥器で乾燥させてから使用する。
アスファルトルーフィング	・屋内の乾燥した場所に立て置きで保管する。 ・砂付ストレッチルーフィングは，ラップ部分を上に向ける。
スレート	・枕木を用いて平積みとし，積上げ高さは1m以内とする。 ・スレート板はたわみやすいので，枕木は3本使用する。

第5章 施工管理

コンクリートブロック	・雨掛りを避け，乾燥した場所に縦積みで保管する。 ・積上げ高さは1.6m以下とする。
大理石，テラゾー	・立て置きとし，おのおのに当て木を使う。
石膏プラスター	・防湿に注意する。 ・使用は製造後1ヶ月以内を原則とし，4ヶ月を過ぎたものは使用しない。
人工軽量骨材	・吸水性が大きいので，あらかじめ散水して所定の吸水状態にしておく。
ALCパネル	・枕木を2本使用して，平積みとする。 ・1単位（1山）の高さを1m以下，総高を2m以下とする。
PC板	・PC板を平積みとして保管する場合は，枕木を2本使用し，積重ね枚数は6枚以下とする。
塗料	・塗料置場は，不燃材料で造った平屋建てとし，周囲の建物から規定どおり離し，屋根は軽量な不燃材料で葺き，天井は設けない。 ・塗料が付着した布片などで自然発火を起こす恐れのあるものは，塗料の保管場所には置かず，水の入った金属製の容器に入れるなど分別して保管する。
板ガラス	・乾燥した場所に床面との角度85°程度の立置きとし，ロープなどで緊結し倒れないようにする。
床シート（長尺シート）	・乾燥した室内に直射日光を避けて立置きにする。
壁紙	・癖がつかないように，立てて保管する。
石膏ボード	・反りやひずみなどが生じないように屋内に平置きで保管する。
カーペット	・ロールカーペットは縦置きせず，必ず横に倒して，2〜3段までの俵積みとする。
建具	・アルミニウム製建具は，立置きとし，必要に応じて養生を行い保管する。 ・木製建具は，障子や襖は縦置きとし，フラッシュ戸は平積みとする。

49 関係書類の申請・届出

試験によく出る選択肢 📝

建築工事に係る提出書類とその届出先
- ☐ 特定建設資材を用いた対象建設工事の届出書は，都道府県知事に提出する。
- ☐ 作業員寄宿舎の設置届は，労働基準監督署長に届出する。
- ☐ 建設用リフト設置届は，労働基準監督署長に提出する。
- ☐ クレーン設置届は，労働基準監督署長に提出する。
- ☐ 特定建設作業実施届は，市町村長に提出する。

試験によく出る問題 📋

問題7

建築工事に係る提出書類とその届出先の組合せとして，不適当なものはどれか。

1. 建築工事届 ──────────────────── 都道府県知事
2. 建設工事計画書 ──────────────── 労働基準監督署長又は厚生労働大臣
3. 特定建設作業実施届出書 ──────── 市町村長
4. 特定建設資材を用いた対象建設工事の届出書 ── 労働基準監督署長

解説

1. 建築物を建築しようとする場合，建築主は，**建築工事届**を，建築主事を経由して**都道府県知事**に届け出なければならないです。なお，床面積の合計が10m²以内の場合は不要です。

2. 事業者が政令で定める工事を開始しようとするときは，**建設工事計画書**を**労働基準監督署長又は厚生労働大臣**に提出する必要があります。

3. 指定地域内において特定建設作業を伴う建設工事を施工しようとする者は，当該特定建設作業の開始の日の**7日前**までに，**特定建設作業実施**

第5章

施工管理

届出書を**市町村長**に届け出なければならないです。

4．対象建設工事の発注者又は自主施工者は，工事に着手する日の**7日前**までに，**特定建設資材を用いた対象建設工事の届出書**を**都道府県知事に届け出なければならない**です。

解答　4

問題8

建築工事に係る提出書類とその届出先又は申請先との組合せとして，不適当なものはどれか。

1．建築物除却届 ———————— 都道府県知事
2．作業員寄宿舎の設置届 ———— 市町村長
3．道路使用許可申請書 ———— 警察署長
4．道路占用許可申請書 ———— 道路管理者

解　説

1．建築物を除却しようとする場合，除却工事の施工者は，**建築物除却届**を，建築主事を経由して**都道府県知事**に届け出なければならないです。
2．**作業員寄宿舎を設置**しようとする場合は，設置工事開始日の14日前までに，設置届を**労働基準監督署長**に届出します。
3．道路を使用しようとする者は，その許可を受けようとする場合，**道路使用許可申請書**を所轄**警察署長**に提出しなければならないです。
4．道路に所定の工作物，物件又は施設を設けて道路を占用する場合，**道路占用許可申請書**を**道路管理者**に提出して，その許可を受けなければならないです。

［道路の許可］
・使用→警察署長
・占用→道路管理者

解答　2

問題9

建築工事に係る提出書類とその届出先の組合せとして，不適当なものはどれか。

1. 建設用リフト設置届 ——— 都道府県知事
2. 建設工事計画届 ——————— 労働基準監督署長又は厚生労働大臣
3. 特定建設作業実施届出書 —— 市町村長
4. 建築工事届 ——————— 都道府県知事

解　説

1. **建設用リフト設置届**は，設置工事開始日の30日前までに，設置届を**労働基準監督署長**に届出します。
2. 問題7 の 解　説 の2を参照してください。
3. 問題7 の 解　説 の3を参照してください。
4. 問題7 の 解　説 の1を参照してください。

解答　1

必ず覚えよう！

主な関係書類の申請・届出と提出先

区　分	申請・届出	提出先
建築関係	建築工事届	都道府県知事
	建築物除却届	
道路関係	道路使用許可申請書	警察署長
	道路占用許可申請書	道路管理者
労働安全関係	建設工事計画届	労働基準監督署長又は厚生労働大臣
	作業員寄宿舎の設置届	労働基準監督署長
	建設用リフト設置届	
	クレーン設置届	
その他	特定建設作業実施届出書	市町村長
	特定建設資材を用いた対象建設工事の届出書	都道府県知事

第5章

施工管理

5－2 工程管理

50 工程計画と工程管理

工程計画

- [ ] 各専門工事の検査項目と重点管理事項は，総合工程表の立案段階において考慮すべき事項としての必要性が少ない。
- [ ] 工種別の施工組織体系は，総合工程表の立案に当たって，関係の少ない事項である。
- [ ] 内装タイルの割付けは，総合工程表の作成時に検討する必要性が少ない。

工程管理

- [ ] 工事の能率は，作業員を集中して投入するほど上がるものではない。
- [ ] 山積工程表における山崩しは，工期短縮のために用いられない。
- [ ] 軽量鉄骨天井下地取付け開始日は，マイルストーンに設定されない。
- [ ] スラブの型枠を，ハーフPC板工法から合板型枠工法に変更することは，工期短縮のための対策にならない。
- [ ] 施工現場における作業の標準化は，新技術の開発促進に効果的でない。

試験によく出る問題

問題10

　総合工程表の立案段階における考慮すべき事項として，最も必要性の少ないものはどれか。

1．使用可能な前面道路の幅員及び交通規制の状況
2．地域による労務，資材，機材等の調達状況
3．各専門工事の検査項目と重点管理事項
4．敷地周辺の電柱，架線，信号機，各種表示板等の公共設置物の状況

解　説

工程計画の立案段階における主な検討事項は，次の通りです。

> **工程計画の立案段階における主な検討事項**
>
> ○敷地の所在する地域の天候
>
> ○近隣協定に基づく作業可能日と作業開始時刻・作業終了時刻
>
> ○現場周辺の行事や催しの日程
>
> ○地域による労務，資材，機材の調達状況
>
> ○使用可能な前面道路の幅員や交通規制等

各専門工事の検査項目と重点管理事項は，品質管理で検討すべき事項で，工程計画上，検討される内容としては関係が少ないです。

> ［立案段階で関係の少ない事項］
> ・各種工事の検査項目，重点管理事項
> ・工種別の施工組織体系
> ・各種工事の細部の納まり
> ・工事施工図の作成

解答　**3**

問題11

工程計画に関する記述として，最も不適当なものはどれか。

1．工程計画の準備として，工事条件の確認，工事内容の把握，作業能率の把握などを行う。

2．工程計画の立案の方式には，大別して積上方式（順行型）と割付方式（逆行型）がある。

3．総合工程表の立案に当たっては，まず最初に工種別の施工組織体系を考慮する。

4．基本工程を最初に立て，それに基づき順次，詳細工程を決定する。

第5章

施工管理

1. **工程計画の準備**として，工事条件の確認，工事内容の把握，作業能率の把握，市場に関連する情報の把握などを行います。

理解しよう!

工程計画の主な留意点

①工程の準備：工事条件の確認，工事内容の把握，作業能率の把握，市場に
　　　　　　　関連する情報の把握

②各作業の手順計画を立案　→　日程計画の決定

③基本工程表の作成　→　詳細工程の作成

④適正な工程計画の完成後は，作業が工程どおりに行われているかどうかの
　管理に重点をおく。

⑤工事の進捗状況の変化に対して，必要に応じて工程を変更する。

⑥工程の調整：工法，労働力，作業能率，作業手順などを見直すことによっ
　　　　　　　て行う。

---

2. 工程計画の立案の方式には，**積上方式（順行型）**と**割付方式（逆行型）**があります。なお，**工期が指定され**，工事内容が比較的容易でまた**施工実績や経験が多い工事**の場合は，**割付方式（逆行型）**を用いて工程表を作成します。

3. 問題10 の｜解　説｜を参照してください。**工種別の施工組織体系**は，**総合工程表**の**立案に当たって関係の少ない事項**です。

4. 工程表は，大まかな**基本工程**を最初に作成し，それに基づき順次，**詳細工程**を作成して決定します。

解答　3

問題12

工程計画に関する記述として，最も不適当なものはどれか。

1. 工程計画を立てるにあたっては，各作業の1日当たりの作業量が，それぞれ均等になるように調整する。

2. 各作業の所要日数は，工事量を1日の作業量で除して求める。

３．工程計画を立てるにあたっては，季節や天候の影響を考慮する。

４．山積工程表における山崩しは，工期短縮に用いられる手法である。

解　説

１．工程計画を立てるにあたっては，各作業の１日当たりの作業量，建設機械の作業能力などが**均等になるように**調整します。

２．各作業の所要日数は，次式で求めます。

$$\text{所要日数} = \frac{\text{工事量}}{\text{１日の作業量}}$$

３．問題10 の 解　説 を参照してください。

４．山積工程表における**山崩し**は，**労務の平均化**を図るために用いられる手法です。

解答　4

問題13

新築工事における全体工程管理上のマイルストーン（管理日）を設定する場合において，マイルストーン（管理日）として，最も重要度の低いものはどれか。

ただし，鉄筋コンクリート造の一般的な事務所ビルとする。

１．掘削開始日

２．最上階躯体コンクリート打設完了日

３．軽量鉄骨天井下地取付け開始日

４．外部足場の解体日

解　説

マイルストーン（管理日）は，工程上，重要な区切りとなる時点や，中間工期として指示される重要な作業の終了時点などをいい，**工事の進捗管理のポイントとして活用**されます。**軽量鉄骨天井下地取付け開始日**は，重要度が低いので，マイルストーンに設定されません。

解答　3

51 工程表

バーチャート工程表
- ☐ バーチャート工程表は，作業の流れと各作業の所要日数が把握しやすい工程表である。
- ☐ バーチャート工程表は，各作業の順序関係を，明確に把握することができない。
- ☐ バーチャート工程表は，前工程の遅れによる後工程への影響が把握しにくい。

ネットワーク工程表
- ☐ ネットワーク工程表は，工事の出来高を把握しにくい。
- ☐ LST とは，工期に影響のない範囲で作業を最も遅く開始してもよい時刻のことである。
- ☐ ダミーとは，正しく表現できない作業の相互関係を図示するために用いる矢線のことである。
- ☐ ネットワーク工程表は，各作業の関連性を明確にするために作られるものである。

試験によく出る問題 📋

問題14

バーチャート工程表の説明として，最も適当なものはどれか。

1. 作業の流れと各作業の所要日数が把握しやすい工程表である。
2. 各作業に対する先行作業，並列作業，後続作業の相互関係が把握しやすい工程表である。
3. 工事出来高の累積値を表現しているため，工事進捗度合が把握しやすい工程表である。
4. 工程上のキーポイント，重点管理しなければならない作業，クリティカルパスが把握しやすい工程表である。

解　説

2．バーチャート工程表は，各作業に対する先行作業，並列作業，後続作業の相互関係などの**順序関係**を，明確に**把握することができない**です。

3．バーチャート工程表は，一般的に，工事出来高の累積値を表現しませんが，表現した場合には，**工事出来高の進捗状況**を併せて把握することができます。

4．バーチャート工程表は，工程上のキーポイント，**重点管理作業，クリティカルパス**が判断しにくい工程表です。

解答　<u>1</u>

問題15

バーチャート工程表に関する記述として，最も不適当なものはどれか。

1．各作業の順序関係を，明確に把握することができる。

2．手軽に作成することができ，視覚的に工程を理解しやすい。

3．工事を構成する作業名を縦軸に列記し，時間を横軸にして表す。

4．出来高の累計を重ねて表現すれば，工事出来高の進ちょく状況を併せて把握しやすい。

解　説

1．問題14 の 解　説 の2を参照してください。バーチャート工程表は，各作業の**順序関係が漠然**としており，明確に把握することができないです。

2．**手軽に作成**することができ，**視覚的に理解**しやすいです。

3．バーチャート工程表は，工事を構成する**作業を縦**に列記し，時間を**横軸**にして表します。

4．問題14 の 解　説 の3を参照してください。

解答　<u>1</u>

理解しよう！

バーチャート工程表とネットワーク工程表

バーチャート工程表

作業名 \ 月日	4月		5月		6月		7月		8月		9月		出来高
	10 20		10 20		10 20		10 20		10 20		10 20		100%
準備作業	▨												
根切り			▨										
基礎			▨										
型枠					▨		□						
鉄筋工事					▨ ▨		□						50%
コンクリート打					▨		□						
天井下地							□						
仕上げ							□						
設備							□						
片づけ											□		

□ 予定 ── 予定進度曲線
▨ 実施 ------ 実施進度曲線

・作成が容易である。　　　　　　　・重点管理がしにくい。
・全体の出来高がわかりやすい。　　・工事全体の相互関係が分かりにくい。
・クリティカルパスがわからない。　・作業手順が漠然としている。

ネットワーク工程表

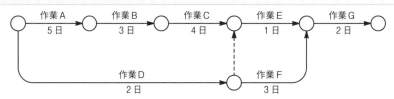

・作成が難しい。　　　　　　　　　・重点管理ができる。
・全体の出来高がわかりにくい。　　・工事全体の相互関係が分かる。
・クリティカルパスが明確である。　・作業手順が明確である。

352

問題16

　ネットワーク工程表の特徴に関する記述として，最も不適当なものはどれか。

　　1．各作業の余裕日数を把握しやすい。
　　2．作業の前後関係を把握しやすい。
　　3．工事の出来高を把握しやすい。
　　4．クリティカルパスを把握しやすい。

　解　説

　1．各作業の日程や日数がわかり，作業手順が明確なので，**各作業の余裕日数が把握しやすい**です。

　2．各作業の順序関係が明確なので，作業の前後関係を把握しやすいです。

　3．ネットワーク工程表は，**工事の出来高が不明確**です。なお，バーチャート工程表に進ちょく度曲線を重ねて表現すれば，工事出来高の進ちょく状況を併せて把握できます。

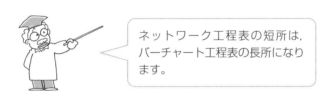

ネットワーク工程表の短所は，バーチャート工程表の長所になります。

　4．ネットワーク工程表は，**作業の遅れやクリティカルパスを把握しやすい工程表**です。

解答　<u>3</u>

問題17

アロー型ネットワークに関する用語の説明として，最も不適当なものはどれか。

1．パスとは，ネットワークの中で2つ以上の作業の連なりのことである。
2．ESTとは，工期に影響のない範囲で作業を最も遅く開始してもよい時刻のことである。
3．フロートとは，作業の余裕時間のことである。
4．ダミーとは，正しく表現できない作業の相互関係を図示するために用いる矢線のことである。

解　説

1．**パス**とは，ネットワークの中で2つ以上の作業の連なりをいいます。
2．**EST**とは，最早開始時刻のことで，作業を始め得る最も早い時期です。記述内容は，LST（最遅開始時刻）の内容です。
3．**フロート**とは，作業の余裕時間のことです。
4．**ダミー**とは，正しく表現できない作業の前後関係を図示するために用いる矢線です。

解答　2

ネットワーク工程表の用語と意味・計算等

用　語	記　号	意味・計算等
作業 （アクティビティ）	────▶	・ネットワークを構成する作業単位。
結合点（イベント）	──○──▶	・作業またはダミーを結合する点，及び工事の開始点又は終了点。
ダミー	− − − −▶	・作業の前後関係を図示するために用いる矢線で，時間の要素は含まない。

クリティカルパス	CP	・最初の作業から最後の作業に至る最長の経路。 ・トータルフロートが最小の経路。（TF＝0の経路） ・クリティカルパス上の工事が遅れると，全体工期が延びてしまう。
最早開始時刻	EST	・作業を始めうる最も早い時刻。 （本書：「△」で表示）
最早終了時刻	EFT	・作業を完了し得る最も早い時刻。 ・最早開始時刻にその作業の所要時間を加えたもの。 （本書：「△＋日数」で計算）
最遅開始時刻	LST	・対象行為の工期に影響のない範囲で作業を最も遅く開始してもよい時刻。 ・最遅終了時刻からその作業の所要時間を引いたもの。 （本書：「□－日数」で計算）
最遅終了時刻	LFT	・最も遅く終了してよい時刻。 （本書：□で表示）
フロート	F	・作業の余裕時間。
トータルフロート	TF	・作業を最早開始時刻で始め，最遅終了時刻で終わらせて存在する余裕時間。 ・1つの経路上で，任意の作業が使い切ればその経路上の他の作業のTFに影響する。 （本書：「□－（△＋日数）」で計算）
フリーフロート	FF	・作業を最早開始時刻で始め，後続する作業も最早開始時刻で初めてもなお存在する余裕時間。 ・その作業の中で自由に使っても，後続作業に影響を及ばさない。 （本書：「△－（△＋日数）」で計算）
デペンデントフロート	DF	・後続作業のトータルフロートに影響を及ぼすようなフロートのこと。 ・DF＝TF－FF

5－3 品質管理

52 品質管理の手法

試験によく出る選択肢 📝

品質管理・建築施工の品質
- [ ] 品質を確保するためには，検査に重点を置くよりも，作業そのものに重点を置く方がよい。
- [ ] 品質を確保するためには，検査を厳しく行うより，プロセスの最適化を図る方がよい。
- [ ] 品質管理では，後工程より前工程に管理の重点をおく方が効果的である。
- [ ] 品質を確保するためには，検査を強化するより，手順の改善を行う方がより有効である。
- [ ] 品質計画の目標のレベルに見合った品質管理を行う。
- [ ] 品質管理とは，品質計画に従って試験又は検査を行うことではない。

QC 工程表の作成
- [ ] 施工品質管理表（QC 工程表）の作成は，工種別又は部位別とし，一連の作業を工程順に並べる。
- [ ] 管理項目は，品質の重要度の高い順に並べるのではなく，施工の手順に沿って並べる。

用語
- [ ] パスは，鉄骨工事における溶接部の欠陥を表す用語ではない。
- [ ] マニフェストは，品質管理に関係が少ない。
- [ ] CPM（クリティカル　パス　メソッド）は，品質管理に関係が少ない。
- [ ] タクト手法は，品質管理の手法として関係が少ない。

試験によく出る問題

品質管理に関する記述として，最も不適当なものはどれか。

1．重点管理項目や管理目標は，現場管理方針として文書化し，現場全体に周知する。

2．品質管理を組織的に行うために，品質管理活動に必要な業務分担，責任及び権限を明確にする。

3．試験・検査の結果が管理値を外れた場合には，適切な処置を施し，再発防止の措置をとる。

4．品質を確保するためには，作業そのものに重点を置くよりも，試験・検査に重点を置く方がよい。

解　説

1．目標とする品質を確保するためには，**重点管理項目**や**管理目標**を現場管理方針として具体的に**文書化する**ことで，現場全体に周知させます。

2．品質管理を組織的に行うためには，設計者，施工管理会社，専門工事会社の**役割分担を明確**にします。

3．試験・検査の結果が管理値を外れた場合には，**適切な処理を施し**，その原因を検討し**再発防止処置を行います**。

4．品質を確保するためには，**試験・検査**に重点を置くよりも，**作業そのものに重点を置き**，工程で品質を造り込むことを重視します。

解答　**4**

試験・検査の強化は，良い品質管理に結び付かないです。

第5章

施工管理

理解しよう！

品質管理の基本事項

○発注者が要求する品質：使用する材料，仕上り状態，機能や性能など。

○品質計画：施工の目標とする品質，品質管理，体制などを記載する。

○品質計画のレベル：目標のレベルに見合った管理を行う。

　　　　　　　　　　品質の目標値を大幅に上回る品質を確保することは，

　　　　　　　　　　優れた品質管理とはいえない。

○品質に及ぼす影響：施工段階より計画段階で検討する方がより効果的。

○品質管理：出来上がり検査で品質を確認することよりも，工程で品質を造

　　　　　　り込むことを重視する。

　　　　　　良い品質をつくる手順を確立することが重要である。

　　　　　　品質確保のための工程が計画できたら，作業が工程通りに行わ

　　　　　　れているか管理に重点をおく。

○検査の結果に問題が生じた場合：適切な処理を施し，その原因を検討し再

　　　　　　　　　　　　　　　　発防止処置を行う。

○建設業における品質管理：設計者，施工管理会社，専門工事会社の役割分

　　　　　　　　　　　　　　担を明確にする。

問題19

施工品質管理表（QC 工程表）の作成に関する記述として，最も不適当なものはどれか。

1．工種別又は部位別に作成する。
2．管理項目は，品質の重要度の高い順に並べる。
3．検査の時期，方法，頻度を明示する。
4．管理値を外れた場合の処置を明示する。

解　説

施工品質管理表（QC 工程表）は，工程のどこで，何を，いつ，だれが，どのように管理するかを決め，**工程の流れに沿って整理**したものです。作成する場合，工種別又は部位別とし，一連の作業を<u>工程順</u>に並べます。

理解しよう！

QC 工程表作成の留意点
○工種別又は部位別とし，一連の作業を工程順に並べる。
○管理項目は，重点的に実施すべき項目を取り上げる。
○検査の時期，頻度，方法を明確にする。
○工事監理者，施工管理者，専門工事業者の役割分担を計画にする。
○管理値を外れた場合の処置を明示する。

解答　2

問題20

次のパレート図は，住宅の補修工事に関するものである。

この図の説明に関する記述として，最も不適当なものはどれか。

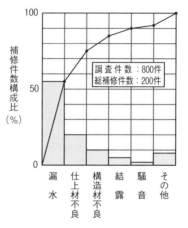

調査件数：800件
総補修件数：200件

補修件数構成比（％）

漏水　仕上材不良　構造材不良　結露　騒音　その他

補修原因の種類

1．総補修件数の調査件数に対する割合は，25％である。

2．漏水による補修件数は，補修原因の種類別補修件数の中で最も多い。

3．漏水と仕上材不良による補修件数を合わせたものは，総補修件数の約75％を占めている。

4．構造材不良による補修件数は，10件である。

解　説

1．調査件数800件に対して，総補修件数が200件ですので，$\frac{200}{800} \times 100 = 25\%$です。

2．漏水による補修の割合は55％で，種類別補修件数の中で最も多いです。

3．漏水（55％）と仕上材不良（20％）を合わせたものは，約75％となります。

4．構造材不良による割合は10％で，総補修件数200件の20件（200×0.1＝20）に相当します。

解答　**4**

53 検査・試験

試験によく出る選択肢

品質管理のための試験・検査

- ☐ 鉄骨工事において，隅肉溶接のサイズの測定は，溶接ゲージを用いて行った。
- ☐ 断熱工事において，硬質ウレタンフォーム吹付け後の断熱材厚さの測定は，ワイヤーゲージを用いて行った。
- ☐ 内装工事に用いる木材の含水率の測定には，高周波水分計を用いた。
- ☐ 鉄骨の高力ボルト接合の試験に，超音波探傷試験は関係が少ない。
- ☐ 針入度試験は，防水工事用アスファルトの品質を確認するための試験である。

コンクリートの試験・検査

- ☐ スランプの測定は，スランプコーンを引き上げた後のコンクリート最頂部における頂部からの下がりとした。
- ☐ レディーミクストコンクリートの試験において，骨材の粒度試験は，工事現場の受入時に一般に行わない。
- ☐ 受入れ検査における圧縮強度試験の試験回数は１検査ロットに３回とし，９個の供試体を用いた。

鉄骨工事の試験・検査

- ☐ 溶接部の欠陥のブローホールは，超音波探傷試験を行った。
- ☐ １次締め後に行うマーキングにおいて，マークのずれによって，軸力の値は確認できない。

問題21

品質管理のための試験・検査に関する記述として，最も不適当なものはどれか。

1．鉄骨工事において，隅肉溶接のサイズの測定は，マイクロメーターを用いて行った。

2．地業工事において，支持地盤の地耐力の確認は，平板載荷試験によって行った。

3．内装工事において，木材の含水率の測定は，電気抵抗式水分計を用いて行った。

4．塗装工事において，下地モルタル面のアルカリ度検査は，pH コンパレーターを用いて行った。

解　説

1．溶接した部分の寸法，**のど厚，サイズ，ビード，アンダーカット**などの測定は，**溶接ゲージ**を用いて行います。

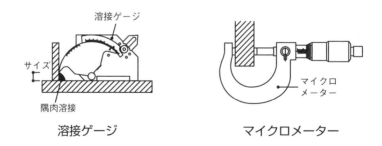

溶接ゲージ　　　　　　マイクロメーター

2．P. 184 の 問題7 の 解　説 の 1 を参照してください。

3．工事現場での**木材の含水率の測定**は，**電気抵抗式水分計，高周波水分計**などで確認します。

4．**モルタル面のアルカリ度検査**は，**pH コンパレーター**を用いて pH 9 以下であることを確認します。

主な仕上工事における試験及び検査

工事名		試験・検査の概要
塗装工事		・鉄鋼面の錆止め塗装の塗膜厚：硬化乾燥後に電磁微厚計で確認する。 ・塗材仕上げの所要量：単位面積当たりの使用量をもとに確認する。 ・モルタル面のアルカリ度検査：pHコンパレーターを用いてpH 9以下であることを確認する。
木工事		・工事現場での木材の含水率の測定：高周波水分計で確認する。 ・現場搬入時の造作用木材の含水率：15%以下
アルミニウム製建具		・陽極酸化皮膜の厚さの測定は，渦電流式厚さ測定器を用いる。
タイル工事	打音検査	・施工後2週間以上経過した時点で，全面にわたりテストハンマーを用いて打音検査をする。
	引張接着強度検査	・施工後2週間以上経過した時点で，引張試験機を用いて引張接着強度および破壊状況を確認する。 ・二丁掛けタイルの接着強度試験の試験体は，タイルを小口平の大きさに切断して行う。小口平以下のタイルの場合は，タイルの大きさとする。 ・試験体の周辺部：コンクリート面まで切断する。 ・試験体の数：100m²以下ごとにつき1個以上，かつ全面積で3個以上 ・引張接着強度のすべての測定結果が0.4N/mm²以上，かつ，コンクリート下地の接着界面における破壊率が50%以下の場合を合格とする。 ・タイル先付けプレキャストコンクリート工法の場合は，0.6N/mm²以上のものを合格とする。
断熱工事		・硬質ウレタンフォーム張付け工法による断熱工事において，張付け後の断熱材厚さの測定は，ワイヤーゲージを用いる。
内装全般		・室内空気中に含まれるホルムアルデヒドの濃度測定は，パッシブ型採取機器を用いる。

第5章

施工管理

問題22

品質管理のための材料等と試験・検査に関する組合せとして，最も関係の少ないものはどれか。

1．シーリング材 ──────── 簡易接着性試験
2．支持地盤 ──────── 平板載荷試験
3．鉄骨の高力ボルト接合 ──── 超音波探傷試験
4．木材 ──────── 含水率測定

解 説

1．**シーリング材**に用いる**簡易接着性試験**は，実際の部材などにシーリング材をシールし，硬化後，シーリング材を180°回転させて手で引っ張ります。シーリング材が凝集破壊した場合に，接着性を合格とします。

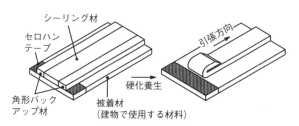

シーリング材の簡易接着性試験

2．問題21 の 解 説 の 2 を参照してください。
3．**超音波探傷試験**は，**溶接部の内部欠陥の検査**に用いられます。

溶接部の各種試験方法

部　位	試験名	試験の方法
表面欠陥	浸透探傷試験	非破壊試験
	磁紛探傷試験	
内部欠陥	超音波探傷試験	
	放射線透過試験	
	マクロ試験	破壊試験

4．**問題21** の｜解　説｜の 3 を参照してください。

解答　　3

問題23

コンクリートの試験及び検査に関する記述として，最も不適当なものはどれか。

1．スランプの測定は，スランプコーンを引き上げた後のコンクリート最頂部における平板からの高さとした。

2．材齢が28日の構造体コンクリート強度推定試験に用いる供試体は，現場水中養生とした。

3．1回の圧縮強度試験の供試体の個数は，3個とした。

4．圧縮強度試験に用いる供試体の形状は，粗骨材の最大寸法が25mmだったので，直径が100mm で高さが200mm の円柱形とした。

｜解　説｜

1．スランプの測定は，スランプコーンを引き上げた後のコンクリート中央部におけるスランプコーン天端からの下がり量を測定します。

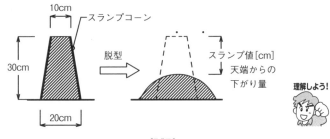

スランプ試験

2．**材齢28日**の構造体コンクリート強度推定試験に用いる**供試体**は，**標準養生**又は**現場水中養生**とします。

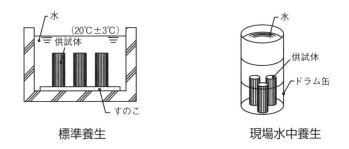

標準養生　　　　　　　　　　　現場水中養生

3．１回の構造体コンクリートの圧縮強度の推定試験に用いる供試体は，適当な間隔をおいた**3台の運搬車**から**1個ずつ採取**した**合計3個**の供試体を用います。

コンクリートの試験及び検査

試験・検査		概　要
構造体コンクリートの圧縮強度の検査	採取方法	・1回の試験は，コンクリートの打込み日ごと，打込み工区ごと，かつ150m³またはその端数ごとに行う。 ・1回の試験には，適当な間隔をおいた3台の運搬車から1個ずつ採取した合計3個の供試体を用いる。
	判定基準	・材齢28日までの平均気温が20℃以上の場合，1回の試験結果が調合管理強度以上のものを合格とする。
スランプ試験		・試料をスランプコーンに詰めるときは，ほぼ等しい量の3層に分けて詰める。 ・スランプ8～18cmの許容差：±2.5cm
スランプフロー試験		・試料をスランプコーンに詰め始めてから，詰め終わるまでの時間は2分以内とする。
塩化物量の簡易試験		・同一試料からとった3個の分取試料について各1回測定し，その平均値を測定値とする。

4．日本産業規格（JIS）に規定するコンクリートの圧縮強度試験のための供試体は，**直径の2倍の高さをもつ円柱形**とします。

また，その直径は**粗骨材の最大寸法の3倍以上**，かつ，**100mm以上**とします。

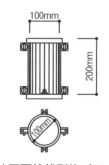

供試体用円柱状型枠（モールド）

解答　1

 **問題24**

鉄骨工事の試験・検査に関する記述として，最も不適当なものはどれか。

1．表面割れの疑いのある溶接部は，浸透探傷試験を行った。

2．隅肉溶接のサイズの測定は，溶接用ゲージを用いて行った。

3．溶接部の欠陥のブローホールは，目視による外観検査を行った。

4．施工後のスタッド溶接部は，15°打撃曲げ検査を行った。

| 解 説 |

1．**問題22**の｜ 解 説 ｜の3を参照してください。

2．**問題21**の｜ 解 説 ｜の1を参照してください。

3．溶接内部の欠陥である**ブローホール（溶着金属内部に発生した空洞）**
　は，**超音波探傷試験**などを行います。

4．鉄骨工事におけるスタッド溶接部の**15°打撃曲げ検査**は，**100本**又は主
　要部材1個ごとに溶接した本数のいずれか少ない方を**1ロット**とし，**1
　ロットにつき1本**行います。

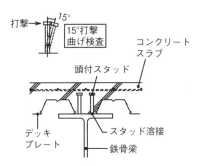

スタッド溶接による合成スラブ

368

┌─────── **スタッドの打撃曲げ試験** ───────┐

○100本または主要部材１本または１台に溶接した本数の少ないほうを１
　ロットとし，１ロット１本行う。

○ハンマーで15度曲げる。その結果，割れなどの欠陥が発生しなければ，そ
　のロットを合格とし，そのまま使用することができる。

○溶接部に割れなどが生じた場合，さらに同一のロットから２本のスタッド
　を検査して，２本とも合格した場合は，そのロットを合格とする。

　　ただし，これらの２本のスタッドのうち１本以上が不合格となった場合
　は，そのロット全数について検査する。

└──────────────────────────────┘

解答　3

第5章

施工管理

5 − 4 　安全管理

54 　労働災害・安全管理

試験によく出る選択肢 ✏

労働災害
- ☐ 強度率は，1千延べ実労働時間当たりの労働損失日数で，災害の重さの程度を表す。
- ☐ 度数率は，100万延べ労働時間当たりの労働災害による死傷者数をもって労働災害の発生頻度を表す指標である。

建築工事における危害又は迷惑
- ☐ 工事用車両による道路の汚れを防止するための対策として，沈砂槽の設置は有効でない。
- ☐ 騒音を防止するための対策として，メッシュシートの設置は有効でない。
- ☐ メッシュシートを鋼管足場の外側に取り付けるので，水平支持材を垂直方向5.5m以下ごとに設けた。

事業者，特定元方事業者が行うべき安全管理
- ☐ 事業者は，労働者に安全帯等を使用させるときは，安全帯等の異常の有無についての点検を行う。
- ☐ 安全衛生責任者の選任は，特定元方事業者が労働災害を防止するために行わなければならない事項ではない。

試験によく出る問題 📋

問題25

労働災害の強度率に関する次の文章中，　　　　に当てはまる数値として，適当なものはどれか。

「強度率は，　　　　延べ実労働時間当たりの労働損失日数で，災害の重さの程度を表す。」

1．1千
2．1万
3．10万
4．100万

　労働災害の**強度率**は，災害の規模や程度を表すもので，<u>1,000延労働時間当たり</u>の**労働損失日数**を示します。

・強度率→1,000延労働
・度数率→1,000×1,000延労働

災害発生率の表し方

用　語	概　　要
強度率	・1,000延労働時間当たりの労働損失日数を示す ・災害の規模や程度　　$\dfrac{労働損失日数}{延労働時間数}\times1,000$
度数率	・100万延労働時間当たりの労働災害による死傷者数を示す ・災害発生の頻度　　$\dfrac{死傷者数}{延労働時間数}\times1,000,000$
年千人率	・労働者1,000人当たりの1年間の死傷者数を示す ・災害発生の頻度　　$\dfrac{年間の死傷者数}{1年間の平均労働者数}\times1,000$
労働損失日数	・死亡及び永久全労働不能障害の場合，1件につき7,500日とする

解答　1

問題26

建築工事における危害又は迷惑と，それを防止するための対策の組合せとして，最も不適当なものはどれか。

1．掘削による周辺地盤の崩壊 ———— 山留めの設置
2．工事用車両による道路の汚れ ——— 沈砂槽の設置
3．高所作業による工具等の落下 ——— 水平安全ネットの設置
4．解体工事による粉塵の飛散 ———— 散水設備の設置

解　説

1．**山留めの設置**は，掘削による周辺**地盤の崩壊**や土砂の崩壊を**防止**するための対策として有効です。

2．**沈砂槽の設置**は，現場からの排水を下水等に流す場合に必要です。**工事用車両による道路の汚れを防止**するためには，重機等の出入りの際にゲート付近で**タイヤを洗浄**するなどの対策が必要です。

3．高所作業による**工具等の落下を防止**するための対策として，防護棚（朝顔）の設置，**水平安全ネットの設置**は有効です。

4．解体時における**粉塵の飛散を防止**するための対策として，**散水設備の設置**は有効です。

解答　**2**

問題27

事業者又は特定元方事業者が行うべき安全管理に関する記述として，「労働安全衛生法」上，誤っているものはどれか。

1．作業主任者の氏名等を作業場の見やすい箇所に掲示しなければならない。
2．自らが使用する安全帯等の異常の有無についての点検を，その労働者に行わせなければならない。
3．クレーン等の運転についての合図を統一的に定めなければならない。
4．労働災害を防止するための協議組織を設置しなければならない。

1．［労働安全衛生規則第18条（作業主任者の氏名等の周知)］

　　事業者は，作業主任者を選任したときは，当該**作業主任者の氏名及び**
その者に行なわせる事項を作業場の見やすい箇所に掲示する等により関
係労働者に周知させなければなりません。

2．［労働安全衛生規則第521条（安全帯等の取付設備等）第 2 項］

　　事業者は，労働者に安全帯等を使用させるときは，**安全帯等及びその**
取付け設備等の異常の有無について，**随時点検する**必要があります。労
働者に行わせるのではなく，事業者自らが行います。

3．［労働安全衛生規則第639条（クレーン等の運転についての合図の統
一)］

4．［労働安全衛生法第30条（特定元方事業者等の講ずべき措置)］

特定元方事業者の講すべき主な措置

・協議組織の設置及び運営	・作業間の連絡及び調整
・作業場所の巡視	・教育に対する指導及び援助
・計画の作成	・クレーン等の運転についての合図の統一
・事故現場等の標識の統一等	・有機溶剤等の容器の集積箇所の統一

第 5 章

施工管理

解答　2

問題28

　建築工事に伴い施工者が行うべき公衆災害の防止対策に関する記述とし
て，最も不適当なものはどれか。

1．敷地境界線からの水平距離が 5 m 以内で，地盤面からの高さが 3 m
以上の場所からごみを投下するので，飛散を防止するためダストシュー
トを設けた。

2．敷地境界線からの水平距離が 5 m 以内で，地盤面からの高さが 7 m
以上のところで工事をするので，工事現場の周囲をシートで覆うなどの
措置を行った。

3．外壁のはつり工事をするので，工事現場の周囲を防音シートで覆うなどの措置を行った。

4．メッシュシートを鋼管足場の外側に取り付けるので，水平支持材を垂直方向7mごとに設けた。

解 説

1．［建築基準法施行令第136条の5（落下物に対する防護）第1項］
　　工事現場の境界線からの**水平距離が5m以内**で，かつ，地盤面からの**高さが3m以上**の場所から，ごみを投下する場合には，飛散を防止するため**ダストシュート**を設けます。

2．［建築基準法施行令第136条の5（落下物に対する防護）第2項］
　　工事現場の境界線から**水平距離が5m以内**で，かつ，地盤面から**高さが7m以上**の場所で工事をする場合，工事現場の周囲をシートで覆うなどの措置を講じなければなりません。

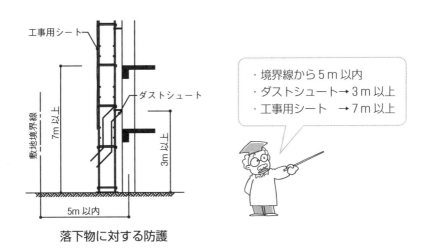

落下物に対する防護

・境界線から5m以内
・ダストシュート→3m以上
・工事用シート　→7m以上

4．メッシュシートを鋼管足場または鉄骨の外部などに取り付ける場合は，**水平支持材**を原則として垂直方向**5.5m以下**ごとに設けます。

解答　4

55 作業主任者・仮設足場等

作業主任者を選任すべき作業・職務
- ☐ コンクリートの打設の作業は，作業主任者を選任すべき作業でない。
- ☐ 鉄筋の組立ての作業は，作業主任者を選任すべき作業でない。
- ☐ 外壁プレキャストコンクリート板の建込み作業は，作業主任者を選任すべき作業でない。
- ☐ 足場の組立図を作成し，材料の注文を行うことは，足場の組立て等作業主任者の職務に該当しない。

建築工事の足場
- ☐ 単管足場の壁つなぎは，水平方向の間隔を5.5m以下とする。
- ☐ 高さ2m以上の単管足場の作業床の手すり高さを85cmとした。
- ☐ 枠組足場の最上層及び5層ごとに布枠等の水平材を設けた。
- ☐ 高さ5m以上の枠組足場の壁つなぎの水平方向の間隔は，8m以下とする。
- ☐ 単管足場の脚部は，敷角の上に直接単管パイプを乗せてはならない。

問題29

作業主任者を選任すべき作業として，「労働安全衛生法」上，定められていないものはどれか。
1. 土止め支保工の切りばりの取付けの作業
2. 張出し足場の組立ての作業
3. 型枠支保工の組立ての作業
4. コンクリートの打設の作業

解　説

1. 土止め支保工の**切りばりの取付け**又は取りはずしの作業は，作業主任者を選任すべき作業です。

2．**張出し足場の組立て**，解体又は変更の作業は，作業主任者を選任すべき作業です。

3．**型わく支保工の組立て**又は解体の作業は，作業主任者を選任すべき作業です。

4．**コンクリートの打設の作業**は，作業主任者を選任すべき作業に該当しません。

[作業主任者の選任が不要な作業]
・コンクリートの打設， ・鉄筋の組立て
・木造の解体， ・PC 板の建込み
・アーク手溶接， ・リフトの運転など

解答　**4**

必ず覚えよう！

作業主任者を選任すべき作業

作業主任者	選任すべき作業
高圧室内作業主任者	・高圧室内作業（潜函工法その他の圧気工法で行われる高圧室内作業）
ガス溶接作業主任者	・アセチレン溶接装置又はガス集合溶接装置を用いて行う金属の溶接，溶断又は加熱の作業
コンクリート破砕器作業主任者	・コンクリート破砕器を用いて行う破砕の作業
地山の掘削作業主任者	・掘削面の高さが 2 m 以上 となる地山の掘削の作業
土止め支保工作業主任者	・土止め支保工の切りばり又は腹おこしの取付け又は取りはずしの作業
型枠支保工の組立て等作業主任者	・型わく支保工の組立て又は解体の作業
足場の組立て等作業主任者	・つり足場（ゴンドラのつり足場を除く。），張出し足場又は高さが 5 m 以上 の構造の足場の組立て，解体又は変更の作業

建築物等の鉄骨の組立て等作業主任者	・建築物の骨組み又は塔であって，高さ 5 m 以上 の金属製の部材により構成されるものの組立て，解体又は変更の作業
木造建築物の組立て等作業主任者	・軒の高さが 5 m 以上 の木造建築物の構造部材の組立て又はこれに伴う屋根下地若しくは外壁下地の取付けの作業
コンクリート造の工作物の解体等作業主任者	・高さ 5 m 以上 のコンクリート造の工作物の解体又は破壊の作業
酸素欠乏危険作業主任者	・酸素欠乏危険場所における作業
石綿作業主任者	・石綿若しくは石綿をその重量の0.1%を超えて含有する製剤その他の物を取り扱う作業（試験研究のため取り扱う作業を除く。）又は石綿等を試験研究のため製造する作業

問題30

建築工事の足場に関する記述として，最も不適当なものはどれか。

1．単管足場の地上第一の布は，高さを1.8m とした。

2．単管足場の建地の継手は，千鳥になるように配置した。

3．単管足場の壁つなぎは，水平方向の間隔を 8 m とした。

4．単管と単管の交点の緊結金具は，直交型クランプ又は自在型クランプを使用した。

解 説

1．単管足場の**地上第一の布**は，地上より**2 m 以下の位置**に設けます。

2．単管足場の建地の継手は，**継手位置が同一の高さにならないように，**千鳥に配置します。

3．**単管足場の壁つなぎの間隔**は，**垂直方向 5 m 以下，水平方向5.5m 以下**とします。

壁つなぎの間隔

	垂直方向	水平方向
単管足場	5m以下	5.5m以下
枠組足場（高さ5m未満のものを除く。）	9m以下	8m以下

壁つなぎの間隔は，
単管，直5（チョクゴ），水平5.5（スイヘイゴーゴー）
枠組，水平8（ワ），直9（ク）
で覚えるとよいです。

4．単管の接続部や交差部は，これに適合した**附属金具**を用いて，確実に接続し，又は緊結します。

解答　3

単管足場と枠組足場の安全基準

	単管足場	枠組足場
建地の間隔	・けた行方向：1.85m以下 ・はり間方向：1.5m以下 ・建地の最高部から31mを超える部分は2本組とする。	高さ20m超える場合及び重量物の積載を伴う作業をする場合は， ・主枠の高さ：2m以下 ・主枠の間隔：1.85m以下
地上第1の布の高さ	2m以下	
建地脚部の滑動・沈下防止措置	ベース金物，敷板，敷角，脚輪付きはブレーキまたは歯止め	
壁つなぎ・控え	・垂直方向：5m以下 ・水平方向：5.5m以下	・垂直方向：9m以下 ・水平方向：8m以下

建地間の積載荷重	3.92kN（400kg）以下	・建枠幅1.2m： 　4.90kN（500kg）以下 ・建枠幅0.9m： 　3.92kN（400kg）以下
水平材	———	最上層及び5層以内ごと
作業床	・幅：40cm 以上，すき間：3cm 以下 ・床材と建地とのすき間は12cm 未満 ・転位脱落防止のため2箇所以上緊結	
作業員の墜落防止	高さ85cm 以上の手すり及び高さ35cm 以上50cm 以下の桟（中桟）を設ける。	・交差筋かい及び高さ15cm 以上40cm 以下の桟（下桟）もしくは高さ15cm 以上の幅木を設ける。 ・手すり枠を設ける。 ・妻面には，高さ85cm 以上の手すり及び高さ35cm 以上50cm 以下の桟（中桟）を設ける。
物体の落下防止	2m 以上の部分に，高さ10cm 以上の幅木，メッシュシートもしくは防網又はこれらと同等以上の機能を有する設備を設ける。	

問題31

通路及び足場に関する記述として，最も不適当なものはどれか。

1．枠組足場に使用する作業床の幅は40cm 以上とした。

2．枠組足場の墜落防止設備として，交さ筋かい及び高さ15cm の幅木を設置した。

3．高さ2m 以上の単管足場の作業床の手すり高さを75cm とした。

4．高さ8m 以上の登り桟橋には，高さ7m 以内ごとに踊場を設けた。

1．つり足場の場合を除き，作業床は**幅40cm 以上**，**隙間 3 cm 以下**とし，床材と建地との隙間は12cm 未満とします。

2．枠組足場（妻面に係る部分を除く。）の墜落防止設備として，
　　①交さ筋かい及び高さ15cm 以上40cm 以下の桟
　　②交さ筋かい及び高さ15cm 以上の幅木
　　③手すりわく
のいずれかを設置します。

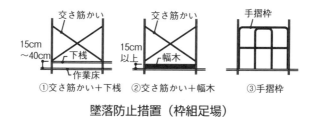

墜落防止措置（枠組足場）

3．高さ 2 m 以上の部分には，**墜落防止設備として高さ85cm 以上の手すり及び高さ35cm 以上50cm 以下の桟（中桟）**，又は，これらと同等以上の機能を有する設備を設けます。

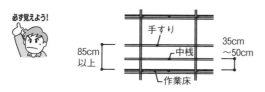

墜落防止措置（単管足場）

4．**高さ 8 m 以上の登り桟橋の踊り場（折り返し）は，高さ 7 m 以内**ごとに設けます。

解答　3

380

第 6 章
法　規
（選択問題）

6 − 1   関連法規

56   建築基準法

試験によく出る選択肢 📝

用語の定義

- ☐ 主要構造部を準耐火構造としただけでは，準耐火建築物にならない。
- ☐ 建築物の構造上重要でない間柱は，主要構造部でない。
- ☐ 工場の用途に供する建築物は，特殊建築物である。
- ☐ 住宅の洗面所は，居室でない。
- ☐ 百貨店の売場は，居室である。
- ☐ 建築とは，建築物を新築し，増築し，改築し，又は移転するこという。

建築手続き等

- ☐ 建築主は，建築物の工事が完了したときには，建築主事又は指定確認検査機関の完了検査を申請しなければならない。
- ☐ 建築工事届の届出者は，建築主である。
- ☐ 工事施工者は，工事現場の見易い場所に，国土交通省令で定める様式によって，建築確認があった旨の表示をしなければならない。

建築基準法全般

- ☐ 有料老人ホームの入所者用談話室は，採光のための窓を必要とする。
- ☐ 保育所の保育室は，採光のための窓を必要とする。
- ☐ 地階に設ける居室で，やむを得ない居室については，採光を確保するための窓を設けなくてもよい。
- ☐ 階段に代わる傾斜路の勾配は，1/8 を超えないものとする。
- ☐ 事務所の事務室には，採光に関する規定が適用されない。
- ☐ 居室の天井の高さは，室の床面から測り，1室で天井の高さの異なる部分がある場合は，その平均の高さによる。
- ☐ 容積率の算定の場合，エレベーターの昇降路の部分の床面積については，その面積にかかわらず，延べ面積に算入しない。

試験によく出る問題 📋

問題1

用語の定義に関する記述として，「建築基準法」上，誤っているものはどれか。

1. 地下の工作物内に設ける倉庫は，建築物である。
2. 自動車車庫の用途に供する建築物は，特殊建築物である。
3. 主要構造部を準耐火構造とした建築物は，すべて準耐火建築物である。
4. 作業の目的のために継続的に使用する室は，居室である。

解　説

1. ［建築基準法第2条（用語の定義）］
2. ［建築基準法第2条（用語の定義）］

［特殊建築物に該当しない用途］
・戸建て住宅，事務所，長屋，神社，寺院

3. ［建築基準法第2条（用語の定義）］

主要構造部（壁，屋根など）を**準耐火構造**としただけでは，**準耐火建築物**になりません。外壁の開口部（窓，出入口など）で延焼のおそれのある部分に**防火設備が必要**です。

・耐火建築物：耐火構造＋防火設備
・準耐火建築物：準耐火構造＋防火設備

4. ［建築基準法第2条（用語の定義）］

解答　**3**

用語の定義に関する記述として,「建築基準法」上,誤っているものはどれか。

1．駅のプラットホームの上家は,建築物ではない。
2．直接地上に通ずる出入口のある階は,避難階である。
3．間柱は,建築物の構造上重要でないものであっても,主要構造部である。
4．建築物に関する工事用の仕様書は,設計図書である。

解　説

1．［建築基準法第2条（用語の定義）］
　　鉄道及び軌道の線路敷地内の運転保安に関する施設並びに跨線橋,**プラットホームの上家**,貯蔵槽は,建築物として扱いません。
2．［建築基準法施行令第13条（避難施設等の範囲）］
3．［建築基準法第2条（用語の定義）］
　　主要構造部は,壁,柱,床,はり,屋根,階段の6種類が該当し,**間柱は,主要構造部**に該当しません。

主要構造部

主要構造部	除外される建築物の部分
壁	間仕切壁
柱	間柱,附け柱
床	揚げ床,最下階の床,廻り舞台の床
はり	小ばり
屋根	ひさし
階段	局部的な小階段,屋外階段

4．［建築基準法第2条（用語の定義）］

設計図書には，原寸図は除くが，
仕様書は含みます。

解答　3

　建築確認済証の交付を受けた工事に関する記述として，「建築基準法」上，誤っているものはどれか。

1．工事施工者は，建築物の工事が完了したときには，建築主事又は指定確認検査機関の完了検査を申請しなければならない。

2．建築主事が工事の完了検査の申請を受理した場合，その受理した日から7日以内に，建築主事等による検査をしなければならない。

3．特殊建築物の用途に供する部分の床面積の合計が100m²を超える建築物の建築主は，原則として，検査済証の交付を受けた後でなければ，当該建築物を使用してはならない。

4．特定行政庁は，工事の施工者に対して工事の計画又は施工の状況に関する報告を求めることができる。

解　説

1．［建築基準法第7条（建築物に関する完了検査）及び第7条の2］
　　建築確認を受けた建築物の工事を完了したときは，**建築主**は，**4日以内**に建築主事又は指定確認検査機関に**検査の申請**をしなければならない。

2．［建築基準法第7条（建築物に関する完了検査）］

第6章

法

規

中間検査 完了検査

3. ［建築基準法第7条の6（検査済証の交付を受けるまでの建築物の使用制限）］
4. ［建築基準法第12条（報告，検査等）］

解答　1

問題4

　地上階にある次の居室のうち，「建築基準法」上，原則として，採光のための窓その他の開口部を設けなければならないものはどれか。
　1. 有料老人ホームの入所者用談話室
　2. 幼保連携型認定こども園の職員室
　3. 図書館の閲覧室
　4. 診療所の診察室

解　説

　［建築基準法施行令第19条（学校，病院，児童福祉施設等の居室の採光）］
　1. 病院，診療所及び**児童福祉施設等（有料老人ホームが該当）**の居室のうち入院患者又は入所するものの**談話，娯楽等に使用されるもの**が該当します。
　2. **幼保連携型認定こども園**は**保育室**が該当し，職員室は該当しません。
　4. **診療所**は**病室**が該当し，診察室は該当しません。

採光を必要とする居室の種類と割合

	居室の種類	割合
(1)	幼稚園，小学校，中学校，義務教育学校，高等学校，中等教育学校，幼保連携型認定こども園の 教室	1／5
(2)	保育所，幼保連携型認定こども園の 保育室	
(3)	病院，診療所の 病室	
(4)	寄宿舎の 寝室 ，下宿の 宿泊室	1／7
(5)	児童福祉施設等の 寝室 （入所者の使用），児童福祉施設等（保育所を除く。）の 保育室 ， 訓練室 など	
(6)	大学，専修学校，各種学校の 教室	
(7)	病院，診療所，児童福祉施設等の居室のうち入院患者又は入所する者の 談話室 ， 娯楽室 など	1／10
	住宅の 居室	1／7

解答　1

問題5

次の記述のうち，「建築基準法」上，誤っているものはどれか。

1．ふすま，障子その他随時開放することができるもので仕切られた2室は，居室の採光及び換気の規定の適用に当たっては，1室とみなす。

2．地階に設ける居室には，必ず，採光を確保するための窓その他の開口部を設けなければならない。

3．寄宿舎の寝室で地階に設けるものは，壁及び床の防湿の措置その他の事項について衛生上必要な政令で定める技術的基準に適合するものとしなければならない。

4．居室には，政令で定める技術的基準に従って換気設備を設けた場合，換気のための窓その他の開口部を設けなくてもよい。

第6章

法

規

1．［建築基準法第28条（居室の採光及び換気）］

2．［建築基準法第28条（居室の採光及び換気）］

　　居室には，採光を確保するための窓が必要ですが，**地階**若しくは地下工作物内に設ける居室等，**やむを得ない居室**については**設けなくてもよい**です。

3．［建築基準法第29条（地階における住宅等の居室）］

4．［建築基準法第28条（居室の採光及び換気）］

解答　**2**

57 建設業法

試験によく出る選択肢

建設業の許可

- [ ] 建築工事業で特定建設業の許可を受けている者は，土木工事業で一般建設業の許可を受けることができる。
- [ ] 一般建設業の許可を受けた者が，当該許可に係る建設業について，特定建設業の許可を受けた場合，一般建設業の許可は効力を失う。
- [ ] 建築工事業で特定建設業の許可を受けている者は，発注者から直接請け負った1件の工事のうち，下請代金の額が7,000万円の下請工事を発注することができる。
- [ ] 発注者から直接請け負う1件の建築一式工事につき，下請代金の額が4,500万円の下請契約をする場合には，特定建設業の許可を必要としない。

建設工事の請負契約

- [ ] 建設業の許可の種類及び許可番号は，建設工事の請負契約書に記載しなければならない事項として定められていない。
- [ ] 共同住宅の新築工事を請け負った建設業者は，あらかじめ発注者の書面による承諾を得た場合でも，その工事を一括して他人に請け負わせることができない。
- [ ] 一括下請負の禁止の規定は，元請負人と下請負人の両方に適用される。

工事現場における技術者・元請負人の義務

- [ ] 元請の特定建設業者から下請けとして請け負った建設工事の場合，下請の建設業者は主任技術者を置かなければならない。
- [ ] 発注者から直接建築一式工事を請け負った特定建設業者は，7,000万円の下請契約を締結して工事を施工する場合，工事現場に監理技術者を置かなければならない。
- [ ] 元請負人は，工程の細目，作業方法その他元請負人において定めるべき事項を定めようとするときは，あらかじめ，下請負人の意見をきかなければならない。
- [ ] 主任技術者を設置する工事で専任が必要とされるものであっても，同一の建設業者が同一の場所において行う密接な関係のある2以上の工事であれば，これらの工事を同一の主任技術者が管理することができる。

問題6

　建設業の許可に関する記述として，「建設業法」上，誤っているものはどれか。

　　1．2以上の都道府県の区域内に営業所を設けて営業しようとする者が，建設業の許可を受ける場合，国土交通大臣の許可を受けなければならない。
　　2．建築工事業で特定建設業の許可を受けている者は，土木工事業で一般建設業の許可を受けることができる。
　　3．建築工事業で一般建設業の許可を受けている者が，建築工事業で特定建設業の許可を受けた場合，一般建設業の許可は効力を失う。
　　4．国又は地方公共団体が発注者である建設工事を請け負う者は，特定建設業の許可を受けていなければならない。

| 解　説 |

　1．［建設業法第3条（建設業の許可）］

　　建設業を営もうとする者は，次の区分に応じて，許可を受けなければならないです。

必ず覚えよう！

建設業の許可の区分

許可の区分	区分の内容
国土交通大臣の許可	2以上の都道府県の区域内に営業所を設ける場合
都道府県知事の許可	1の都道府県の区域内に営業所を設ける場合

※下記のいずれかに該当する軽微な建設工事のみを請け負う場合は許可が不要。
［工事1件の請負代金の額］
・建築一式工事で，1,500万円未満
・建築一式工事で，延べ面積が150m²未満の木造住宅工事
・建築一式工事以外で，500万円未満

特定建設業と一般建設業

特定建設業	発注者から直接請け負う 1件の建設工事につき，4,500万円（建築工事業：7,000万円）以上の下請契約を締結して施工するものに対する許可
一般建設業	特定建設業以外の建設業を営むものに対する許可

2．［建設業法第3条（建設業の許可）］

　建設業の許可は，**建設工事の種類ごとに**，それぞれに応じた**29業種**の建設業に分けて与えられます。

3．［建設業法第3条（建設業の許可）］

　一般建設業の許可を受けた者が，**当該許可に係る建設業**について，**特定建設業の許可を受けたとき**は，その者に対する当該建設業に係る一般建設業の許可は，その効力を失います。

4．［建設業法第3条（建設業の許可）］

　特定建設業の許可は，元請として一定金額以上の下請契約を締結して施工する場合に必要な許可で，国又は地方公共団体が発注者であることは関係ありません。

解答　**4**

問題7

　建設業の許可に関する記述として，「建設業法」上，誤っているものはどれか。

1．特定建設業の許可とは，2以上の都道府県の区域内に営業所を設けて営業をしようとする建設業者に対して行う国土交通大臣の許可をいう。

2．工事1件の請負代金の額が1,500万円に満たない建築一式工事のみを請け負う場合は，建設業の許可を必要としない。

3．一の営業所で，建築工事業と管工事業の許可を受けることができる。

4．建設業の許可は，建設工事の種類ごとに，29業種に分けて与えられる。

解　説

1. 問題6 の 解　説 の1を参照してください。

　　特定建設業と一般建設業は，**下請代金の額によって区分**されます。

2. 問題6 の 解　説 の1を参照してください。

3. 問題6 の 解　説 の2を参照してください。

4. 問題6 の 解　説 の2を参照してください。

解答　　1

問題8

建設業の許可に関する記述として，「建設業法」上，誤っているものはどれか。

1. 建設業の許可は，建設工事の種類に対応する建設業ごとに与えられる。

2. 建設業を営もうとする者は，すべて，建設業の許可を受けなければならない。

3. 建設業者は，許可を受けた建設業に係る建設工事を請け負う場合においては，当該建設工事に附帯する他の建設業に係る建設工事を請け負うことができる。

4. 建設業の許可は，5年ごとに更新を受けなければ，その期間の経過によって，その効力が失われる。

解　説

1. 問題6 の 解　説 の2を参照してください。

2. 問題6 の 解　説 の1を参照してください。

　　建設業を営もうとする者は，許可を受けなければならないが，**軽微な建設工事**のみを請け負う場合は許可が不要です。

3. ［建設業法第4条（附帯工事）］

4. ［建設業法第3条（建設業の許可）］

解答　　2

392

問題9

　建設工事の請負契約書に記載しなければならない事項として，「建設業法」
上，定められていないものはどれか。

　　1．価格等の変動若しくは変更に基づく請負代金の額又は工事内容の変更
　　2．工事の履行に必要となる建設業の許可の種類及び許可番号
　　3．契約に関する紛争の解決方法
　　4．天災その他不可抗力による工期の変更又は損害の負担及びその額の算
　　　定方法に関する定め

解　説

　［建設業法第19条（建設工事の請負契約の内容）］
　建設業の許可の種類及び許可番号は，建設工事の請負契約書に記載しな
ければならない事項として定められていません。
　［記載しなくてもよい事項］
・建設業の許可の種類及び許可番号
・予定する下請代金の額の総額
・現場代理人の氏名

解答　**2**

問題10

　建設工事の請負契約に関する記述として，「建設業法」上，誤っているも
のはどれか。

　　1．元請負人は，自己の取引上の地位を不当に利用して，その注文した建
　　　設工事を施工するために通常必要と認められる原価に満たない金額を請
　　　負代金の額とする下請契約を締結してはならない。
　　2．建設業者は，建設工事の注文者から請求があったときは，請負契約が
　　　成立するまでの間に，建設工事の見積書を提示しなければならない。
　　3．請負契約においては，注文者が工事の全部又は一部の完成を確認する
　　　ための検査の時期及び方法並びに引渡しの時期に関する事項を書面に記
　　　載しなければならない。

第
6
章

法

規

4．共同住宅の新築工事を請け負った建設業者は，あらかじめ発注者の書面による承諾を得れば，その工事を一括して他人に請け負わせることができる。

解　説

1．〔建設業法第19条の3（不当に低い請負代金の禁止）〕
2．〔建設業法第20条（建設工事の見積り等）〕
3．〔建設業法第19条（建設工事の請負契約の内容）〕
4．〔建設業法第22条（一括下請負の禁止）〕
　共同住宅の新築工事は，あらかじめ発注者の書面による承諾を得た場合でも，一括下請負が禁止されています。

解答　4

問題11

　工事現場における技術者に関する記述として，「建設業法」上，誤っているものはどれか。
1．請負代金の額が8,000万円の共同住宅の建築一式工事を請け負った建設業者が，工事現場に置く主任技術者は，専任の者でなければならない。
2．発注者から直接建築一式工事を請け負った特定建設業者は，下請契約の総額が7,000万円以上となる工事を施工する場合，工事現場に監理技術者を置かなければならない。
3．元請の特定建設業者から下請けとして請け負った建設工事の場合，下請の建設業者は主任技術者を置かなくてよい。
4．建築一式工事に関し10年以上実務の経験を有する者は，建築一式工事における主任技術者になることができる。

解　説

1．〔建設業法第26条（主任技術者及び監理技術者の設置等）〕，〔同法施行令第27条〕

発注者から直接工事を請け負っていないので**主任技術者**を置き，建築一式工事で**8,000万円以上の場合**，**専任の者**を置く必要があります。

・元請→金額に応じて主任技術者，監理技術者
・下請→すべて主任技術者
・専任→元請，下請に関係なく，金額に応じて専任

2．［建設業法第26条（主任技術者及び監理技術者の設置等）］，［同法施行令第2条］

　　発注者から直接建設工事を請け負った特定建設業者は，当該建設工事を施工するために締結した下請契約の請負代金の額が，**4,500万円（建築一式工事は7,000万円）以上**になる場合においては，**監理技術者**を置く必要があります。

・7,000万円（4,500万円）→特定建設業，監理技術者
・8,000万円（4,000万円）→専任
をポイントに覚えましょう。

3．［建設業法第26条（主任技術者及び監理技術者の設置等）］

　　建設業者は，その請け負った建設工事を施工するときは，元請，下請，金額の大小に関係なく，**主任技術者**を置く必要があります。

　　ただし，複数現場の兼務特例として，同一の建設業者が同一の場所または近接した場所で行う密接な関連のある2以上の工事を施工する場合，これらの工事を同一の主任技術者が管理できます（建設業法施行令第27条第2項）。<u>出題例あり</u>

　　なお，元請が監理技術者を置いている場合でも，下請の建設業者は主任技術者を置く必要があります。

4．［建設業法第26条（主任技術者及び監理技術者の設置等）］，［同法第7条第二号イ，ロ又はハ］

58 労働基準法

試験によく出る選択肢

労働契約
- ☐ 使用者は，労働契約の不履行について損害賠償額を予定する契約をすることができない。
- ☐ 使用者は，労働契約に附随して貯蓄の契約をさせてはならない。
- ☐ 未成年者の労働契約は，親権者又は後見人が本人に代って締結してはならない。
- ☐ 使用者は，労働契約の不履行について違約金を定める契約をすることができない。
- ☐ 就業の場所及び従事すべき業務に関する事項は，労働者に書面で交付しなければならない労働条件である。
- ☐ 安全及び衛生に関する事項は，労働者に書面で交付しなくてもよい。

労働基準法全般
- ☐ 未成年者の親権者又は後見人は，未成年者の賃金を代って受け取ることができない。
- ☐ 使用者は，原則として，労働者に対して，休憩時間を除き，1週間について40時間，1日について8時間を超えて労働させてはならない。
- ☐ クレーンの運転の業務は，満18歳に満たない者を就かせてはならない。
- ☐ 賃金台帳は，常時使用する労働者の人数に関係なく作成する。

試験によく出る問題

問題12

労働契約に関する記述として，「労働基準法」上，誤っているものはどれか。
1．使用者は，労働者が業務上の傷病の療養のために休業する期間及びその後30日間は，原則として解雇してはならない。
2．使用者は，労働契約の不履行について損害賠償額を予定する契約をすることができる。

3．使用者は，労働契約の締結に際し，労働者に対して賃金，労働時間その他の労働条件を明示しなければならない。

4．労働者は，使用者より明示された労働条件が事実と相違する場合においては，即時に労働契約を解除することができる。

解　説

1．［労働基準法第19条（解雇制限）］
　　療養のために休業する期間及びその後**30日間**，**産前産後の女性が休業**する期間及びその後**30日間**は，解雇してはならないです。

2．［労働基準法第16条（賠償予定の禁止）］
　　使用者は，労働契約の不履行について**違約金を定め，又は損害賠償額を予定する契約**をしてはならないです。

3．［労働基準法第15条（労働条件の明示）］

4．［労働基準法第15条（労働条件の明示）］

解答　2

問題13

「労働基準法」上，使用者が労働契約の締結に際し，労働者に書面で交付しなければならない労働条件はどれか。

1．就業の場所及び従事すべき業務に関する事項

2．安全及び衛生に関する事項

3．休職に関する事項

4．職業訓練に関する事項

解　説

　　［労働基準法第15条（労働条件の明示）］，［労働基準法施行規則第5条］
　　就業の場所及び従事すべき業務に関する事項は，書面で交付しなければならない労働条件に該当します。

労働条件の明示等

書面での交付が必要な労働条件	定めをしない場合は不要なもの
・労働契約の期間に関する事項 ・就業の場所及び従事すべき業務に関する事項 ・始業及び終業の時刻，所定労働時間を超える労働の有無，休憩時間，休日，休暇等に関する事項 ・賃金の決定，計算及び支払の方法，賃金の締切り及び支払の時期並びに昇給に関する事項 ・退職に関する事項	・臨時に支払われる賃金（退職手当を除く。），賞与，最低賃金額に関する事項 ・労働者に負担させるべき食費，作業用品その他に関する事項 ・安全及び衛生に関する事項 ・職業訓練に関する事項 ・災害補償及び業務外の傷病扶助に関する事項 ・表彰及び制裁に関する事項 ・休職に関する事項

解答　1

問題14

次の記述のうち，「労働基準法」上，誤っているものはどれか。

1．使用者は，原則として，満18才に満たない者を午後10時から午前5時までの間において使用してはならない。

2．未成年者の親権者又は後見人は，未成年者の賃金を代って受け取ることができる。

3．使用者は，満18才に満たない者について，その年齢を証明する戸籍証明書を事業場に備え付けなければならない。

4．使用者は，原則として，満18才に満たない者が解雇の日から14日以内に帰郷する場合においては，必要な旅費を負担しなければならない。

解　説

1．[労働基準法第61条（深夜業）]

2．[労働基準法第24条（賃金の支払）]

賃金は，**通貨で**，**直接労働者に**，その全額を支払わなければならないとされ，未成年者の親権者又は後見人は，賃金を代って受け取ることできません。

3．［労働基準法第57条（年少者の証明書）］
4．［労働基準法第64条（帰郷旅費）］

解答　2

問題15

次の記述のうち，「労働基準法」上，誤っているものはどれか。

1．使用者は，原則として，労働者に対して，毎週少なくとも1回の休日を与えなければならない。
2．使用者は，原則として，労働者に対して，労働時間が6時間を超える場合，休憩時間を労働時間の途中に与えなければならない。
3．使用者は，原則として，労働者に対して，休憩時間を除き，1週間について44時間，1日について8時間を超えて労働させてはならない。
4．使用者は，原則として，労働者に対して，労働者の請求する時季に有給休暇を与えなければならない。

解　説

1．［労働基準法第35条（休日）］
2．［労働基準法第34条（休憩）］
　　6時間を超える場合においては少なくとも**45分**，**8時間を超える場合**においては少なくとも**1時間**の休憩時間が必要です。
3．［労働基準法第32条（労働時間）］
　　使用者は，原則として，労働者に対して，休憩時間を除き，<u>1週間について40時間</u>，1日について8時間を超えて労働させてはならないです。
4．［労働基準法第39条（年次有給休暇）］

解答　3

59 労働安全衛生法

試験によく出る選択肢 📝

安全衛生管理体制

- [ ] 建築工事の現場で，統括安全衛生責任者を選任しなければならない常時就労する労働者の最少人員は50人である。
- [ ] 安全衛生推進者を選任すべき建設業の事業場において，常時使用する労働者の最少人数は10人である。
- [ ] 統括安全衛生責任者は，安全衛生責任者を選任しない。
- [ ] 事業者は，安全管理者を選任したときは，遅滞なく所轄労働基準監督署長に報告しなければならない。
- [ ] 安全衛生推進者を選任したときは，所轄労働基準監督署長へ報告書を提出する必要がない。

安全衛生教育・就業制限

- [ ] 新たに選任した作業主任者は，事業者が安全衛生教育を行わなくてもよい。
- [ ] 作業床の高さが10m以上の高所作業車の運転の業務は，技能講習を修了した者でなければ就かせてはならない。
- [ ] つり上げ荷重が3tのタワークレーンの運転の業務は，特別教育を受けた者が従事できる業務である。
- [ ] ゴンドラの操作の業務は，特別教育を受けた者が従事できる業務である。

労働安全衛生法全般

- [ ] 事業場で感電の事故が発生し，労働者が負傷したが，休業しなかったときは，所轄労働基準監督署長へ報告書を提出する必要がない。
- [ ] 就業制限に係る業務につくことができる者が当該業務に従事するときは，これに係る免許証その他その資格を証する書面を携帯していなければならない。

試験によく出る問題

問題16

　建築工事の現場で，統括安全衛生責任者を選任しなければならない常時就労する労働者の最少人員として，「労働安全衛生法」上，正しいものはどれか。ただし，圧気工法による作業を行う仕事を除く。

1．30人
2．50人
3．100人
4．300人

解　説

　［労働安全衛生法第15条（統括安全衛生責任者）］

　特定元方事業者は，その労働者及び関係請負人の労働者が，<u>常時50人以上当該場所において作業を行う場合</u>，同一の場所において行われることによって生ずる労働災害を防止するため，**統括安全衛生責任者を選任**しなければならないです。

<u>工事現場</u>の安全衛生管理体制
（元請，下請合わせて50人以上の労働者が混在する工事現場）

元請	統括安全衛生責任者 （元請の所長）	・工事現場における統括的な安全衛生管理
	元方安全衛生管理者 （元請の副所長，主任）	・統括安全衛生責任者の補佐 （技術的事項の管理）
下請	安全衛生責任者 （下請の職長）	・統括安全衛生責任者と作業員との連絡調整

解答　**2**

第6章

法　規

問題17

　建設業における安全衛生管理体制に関する記述として，「労働安全衛生法」上，誤っているものはどれか。

1．元方安全衛生管理者は，統括安全衛生責任者の指揮を受けて，統括安全衛生責任者の職務のうち技術的事項を管理しなければならない。

2．元方安全衛生管理者は，その工事現場に専属の者でなければならない。

3．統括安全衛生責任者は，工事現場においてその工事の実施を統括管理する者でなければならない。

4．統括安全衛生責任者は，安全衛生責任者を選任し，その者に工事の工程計画を作成させなければならない。

解　説

1．〔労働安全衛生法第15条の2（元方安全衛生管理者）〕

2．〔労働安全衛生規則第18条の3（元方安全衛生管理者の選任）〕

3．〔労働安全衛生法第15条（統括安全衛生責任者）〕

4．〔労働安全衛生法第16条（安全衛生責任者）〕

　統括安全衛生責任者を選任すべき事業者以外の請負人（下請負人）が，安全衛生責任者を選任します。また，工程計画の作成は特定元方事業者が行います。

解答　4

問題18

　安全管理者に関する記述として，「労働安全衛生法」上，誤っているものはどれか。

1．建設業の事業場で，常時50人以上の労働者を使用するものは安全管理者を選任しなければならない。

2．安全管理者は，選任すべき事由が発生した日から14日以内に選任しなければならない。

3．事業者は，安全管理者を選任したときは，遅滞なく所轄都道府県労働
局長に報告しなければならない。
4．事業場に安全管理者が1人の場合，その安全管理者は，当該事業場に
専属の者でなければならない。

解　説

1．〔労働安全衛生法第11条（安全管理者）〕

工場などの安全衛生管理体制

労働安全衛生法	概　要
第10条 （総括安全衛生管理者）	・事業者は，（建設業では）常時100人以上の労働者を使用する事業場ごとに，総括安全衛生管理者を選任しなければならない。
第11条 （安全管理者）	・事業者は，（建設業では）常時50人以上の労働者を使用する事業場ごとに，安全管理者を選任しなければならない。
第12条 （衛生管理者）	・事業者は，（建設業では）常時50人以上の労働者を使用する事業場ごとに，衛生管理者を選任しなければならない。
第12条の2 （安全衛生推進者等）	・事業者は，常時10人以上50人未満の労働者を使用する事業場ごとに，安全衛生推進者を選任しなければならない。
第13条 （産業医等）	・事業者は，常時50人以上の労働者を使用する事業場ごとに，医師のうちから産業医を選任し，その者に労働者の健康管理等を行わせなければならない。

第6章

法

規

安全衛生推進者以外の選任は，所轄労働基準監督署長に報告書を提出。

工場などの安全衛生管理体制
（建設業：100人以上の労働者をかかえる事業所）

2．［労働安全衛生規則第4条（安全管理者の選任）］

3．［労働安全衛生規則第4条（安全管理者の選任）］

　　事業者は，**安全衛生管理者を選任**したときは，遅滞なく，報告書を所轄労働基準監督署長に提出する必要があります。

4．［労働安全衛生規則第4条（安全管理者の選任）］

解答　**3**

建設業において，「労働安全衛生法」上，事業者が安全衛生教育を行わなくてもよいものはどれか。

1．新たに建設現場の事務職として雇い入れた労働者

2．作業内容を変更した労働者

3．新たに職務につくこととなった職長

4．新たに選任した作業主任者

1．［労働安全衛生法第59条（安全衛生教育）］
2．［労働安全衛生法第59条（安全衛生教育）］
3．［労働安全衛生法第60条］
4．［労働安全衛生法第60条］
　　作業主任者は一定の資格をもった者で，安全衛生教育の対象者から除外されています。

解答　**4**

問題20

　建設現場における次の業務のうち，「労働安全衛生法」上，都道府県労働局長の登録を受けた者が行う技能講習を修了した者でなければ就かせてはならない業務はどれか。
　ただし，道路上を走行させる運転を除くものとする。
　1．最大荷重が1tの建設用リフトの運転の業務
　2．つり上げ荷重が1t未満の移動式クレーンの玉掛けの業務
　3．作業床の高さが10mの高所作業車の運転の業務
　4．ゴンドラの操作の業務

解　説

　［労働安全衛生法第36条（特別教育を必要とする業務）］
　作業床の高さが**10m未満**の高所作業車の運転の業務は，特別教育で就かせることが可能ですが，**10m以上の場合は，技能講習**が必要です。

第6章

法

規

理解しよう！

安全衛生教育・就業制限

業　務	特別教育		就業制限	
・クレーン，デリックの運転の業務	つり上げ荷重	5ｔ未満	5ｔ以上	免許
・移動式クレーンの運転	つり上げ荷重	1ｔ未満	1ｔ以上	技能講習
			5ｔ以上	免許
・車両系建設機械の運転の業務（ブル・ドーザー，クラムシェル等）	機体重量	3ｔ未満	3ｔ以上	技能講習
・フォークリフトの運転の業務	最大荷重	1ｔ未満	1ｔ以上	技能講習
・クレーン，デリック，移動式クレーンの玉掛け業務	つり上げ荷重	1ｔ未満	1ｔ以上	技能講習
・不整地運搬車の運転の業務	最大積載量	1ｔ未満	1ｔ以上	技能講習
・高所作業車の運転の業務	作業床の高さ	10ｍ未満	10ｍ以上	技能講習
上記以外で，特別教育を必要とする業務				
・アーク溶接等の業務　　　・建設用リフトの運転の業務 ・ゴンドラの操作の業務				

解答　3

60 その他の法令

試験によく出る選択肢 📝

廃棄物の処理及び清掃に関する法律
- ☐ 事業者は，工事に伴って生じた産業廃棄物を自ら処理することができる。
- ☐ 工事現場の作業員詰所から排出された新聞，雑誌は，一般廃棄物である。
- ☐ 建築物の地下掘削に伴って生じた建設発生土は，産業廃棄物でない。
- ☐ 工作物の新築に伴って生じた段ボールは，産業廃棄物である。
- ☐ 建設工事の現場事務所から排出された図面及び書類は，産業廃棄物に該当しない。

消防法
- ☐ 連結散水設備は，消火活動上必要な施設である。
- ☐ 排煙設備は，消火活動上必要な施設である。
- ☐ 特定高圧ガス取扱主任者は，消防法で定められていない。
- ☐ 建築設備検査資格者は，消防法で定められていない。

建設工事に係る資材の再資源化等に関する法律
- ☐ 住宅の屋根の葺き替え工事に伴って生じた粘土瓦は，特定建設資材に該当しない。
- ☐ 家屋の解体工事に伴って生じた木材は，特定建設資材に該当する。
- ☐ ガラスくずは，特定建設資材に該当しない。
- ☐ 土砂は，特定建設資材に該当しない。

道路法・騒音規制法・振動規制法
- ☐ コンクリート打設作業のために，ポンプ車を道路上に駐車させる場合，「道路法」上，道路占用の許可を受ける必要はない。
- ☐ くい打機とアースオーガーを併用するくい打ち作業は，「騒音規制法」上，特定建設作業に該当しない。
- ☐ 圧入式くい打機を使用する作業は，「振動規制法」上，特定建設作業に該当しない。

問題21

次の記述のうち，「廃棄物の処理及び清掃に関する法律」上，誤っているものはどれか。ただし，特別管理産業廃棄物を除くものとする。

1．事業者は，工事に伴って生じた産業廃棄物を自ら処理することはできない。

2．事業者は，工事に伴って生じた産業廃棄物が運搬されるまでの間，産業廃棄物保管基準に従い，生活環境の保全上支障のないようにこれを保管しなければならない。

3．事業者は，工事に伴って生じた産業廃棄物の運搬を他人に委託する場合には，委託する産業廃棄物の種類及び数量に関する条項が含まれた委託契約書としなければならない。

4．事業者は，工事に伴って生じた産業廃棄物の処分を他人に委託する場合には，その産業廃棄物の処分が事業の範囲に含まれている産業廃棄物処分業者に委託しなければならない。

解　説

1．［廃棄物の処理及び清掃に関する法律第3条（事業者の責務）］
　　事業者は，その事業活動に伴って生じた廃棄物を自らの責任において適正に処理する必要があります。

2．［廃棄物の処理及び清掃に関する法律第12条（事業者の処理）］

3．及び4．［廃棄物の処理及び清掃に関する法律第12条（事業者の処理）］及び［同法律施行令第6条の2（事業者の産業廃棄物の運搬，処分等の委託の基準）］

解答　1

問題22

廃棄物に関する記述として,「廃棄物の処理及び清掃に関する法律」上,誤っているものはどれか。

1. 建築物の改築に伴って生じた繊維くずは,産業廃棄物である。
2. 工事現場の作業員詰所から排出された新聞,雑誌は,産業廃棄物である。
3. 建築物の除去に伴って生じた木くずは,産業廃棄物である。
4. 場所打ちコンクリート杭工事に伴って生じた汚泥は,産業廃棄物である。

解 説

［廃棄物の処理及び清掃に関する法律施行令第2条（産業廃棄物）］

工事現場の**作業員詰所から排出**された新聞,雑誌は,**一般廃棄物**です。

「現場事務所や作業員詰め所から排出」の条件が付けば,一般廃棄物です。

解答　2

問題23

消防用設備等の種類と機械器具又は設備の組合せとして,「消防法」上,誤っているものはどれか。

1. 警報設備 ————————— 漏電火災警報器
2. 避難設備 ————————— 救助袋
3. 消火設備 ————————— 連結散水設備
4. 消火活動上必要な施設 ——— 排煙設備

［消防法施行令第7条（消防用設備等の種類）］
連結散水設備は，<u>消火活動上必要な施設</u>に該当します。

解答　**3**

消防用設備等の種類

種　類	機械器具又は設備
消火設備	・消火器及び次に掲げる簡易消火用具　　・屋内消火栓設備 ・スプリンクラー設備　　・水噴霧消火設備　　・泡消火設備 ・不活性ガス消火設備　　・ハロゲン化物消火設備 ・粉末消火設備　　・屋外消火栓設備　　・動力消防ポンプ設備
警報設備	・自動火災報知設備　　・ガス漏れ火災警報設備 ・漏電火災警報器　　・消防機関へ通報する火災報知設備 ・非常ベル　　・自動式サイレン　　・放送設備
避難設備	・すべり台　　・避難はしご　　・救助袋　　・緩降機 ・避難橋　　・誘導灯及び誘導標識
消火活動上 必要な施設	・排煙設備　　・連結散水設備　　・連結送水管 ・非常コンセント設備　　・無線通信補助設備

  問題24

次の資格者のうち，「消防法」上，定められていないものはどれか。
1．防火管理者
2．防火対象物点検資格者
3．特定高圧ガス取扱主任者
4．危険物保安監督者

1．［消防法第8条］

2．［消防法第8条の2の2］

3．［労働安全衛生法施行令6条（作業主任者を選任すべき作業）第十七
号］

　　特定高圧ガス取扱主任者とは，労働安全衛生法に定められた国家資格
で，特定高圧ガスの保安に関する業務を管理する者をいいます。

4．［消防法第13条］

解答　**3**

問題25

　建設工事に係る次の資材のうち，「建設工事に係る資材の再資源化等に関
する法律（建設リサイクル法）」上，特定建設資材として定められていない
ものはどれか。

1．駐車場の解体撤去工事に伴って生じたアスファルト・コンクリート塊

2．場所打ちコンクリート杭工事の杭頭処理に伴って生じたコンクリート
塊

3．木造住宅の新築工事に伴って生じた木材の端材

4．住宅の屋根の葺き替え工事に伴って生じた粘土瓦

解　説

　［建設工事に係る資材の再資源化等に関する法律施行令第1条（特定建
設資材）］

　特定建設資材は，次に掲げる建設資材で，**粘土瓦**は特定建設資材として
定められていません。

建設リサイクル法で定める特定建設資材	
○コンクリート	○コンクリート及び鉄から成る建設資材
○木材	○アスファルト・コンクリート

解答　**4**

次の記述のうち,「道路法」上,道路の占用の許可を受ける必要のないものはどれか。

1. 道路の一部を掘削して,下水道本管へ下水道管の接続を行う。
2. 道路の上部にはみ出して,防護棚(朝顔)を設置する。
3. コンクリート打設作業のために,ポンプ車を道路上に駐車させる。
4. 工事用電力の引込みのために,仮設電柱を道路に設置する。

解 説

[道路法第32条(道路の占用の許可)]
所定の工作物,物件又は施設を設け,**継続して道路を使用しようとする場合**には,**道路管理者の許可**を受けなければならないです。
コンクリート打設作業のための**ポンプ車の駐車**は,**一時的な道路の使用**となるため,道路占用の許可を受ける必要がありません。

解答 **3**

次の建設作業のうち「騒音規制法」上,特定建設作業に該当しないものはどれか。
ただし,作業は開始したその日に終わらないものとする。

1. くい打機とアースオーガーを併用するくい打ち作業
2. 環境大臣が指定するものを除く,原動機の定格出力が80kW のバックホウを使用する作業
3. さく岩機を使用し作業地点が連続して移動する作業で, 1 日における作業に係る 2 地点間の最大距離が50m の作業
4. 環境大臣が指定するものを除く,原動機の定格出力が40kW のブルドーザーを使用する作業

解 説

［騒音規制法第2条（定義）］，［同法施行令別表第2］

1．くい打機を**アースオーガーと併用**する作業は，特定建設作業に該当しません。

2．**80kW 以上のバックホウ**を使用する作業は，特定建設作業です。

3．2地点間の最大距離が**50m 以内**の作業は，特定建設作業です。

4．**40kW 以上のブルドーザー**を使用する作業は，特定建設作業です。

解答　1

主な特定建設作業（騒音規制法）

・くい打機（もんけんを除く。）

・くい抜機又はくい打くい抜機（圧入式くい打くい抜機を除く。）を使用する作業（くい打機をアースオーガーと併用する作業を除く。）

・びょう打機を使用する作業

・さく岩機を使用する作業
（作業地点が連続的に移動する作業にあっては，1日における当該作業に係る2地点の最大距離が50m を超えない作業に限る。）

・空気圧縮機（電動機以外の原動機を用いるものであって，その原動機の定格出力が15kW 以上のものに限る。）を使用する作業

・原動機の定格出力が80kW 以上のバックホウを使用する作業

・原動機の定格出力が70kW 以上のトラクターショベルを使用する作業

・原動機の定格出力が40kW 以上のブルドーザーを使用する作業

特定建設作業に該当した場合，市町村長への届出が必要です。

問題28

「振動規制法」上，指定地域内における特定建設作業に関する記述として，誤っているものはどれか。

1．特定建設作業に伴って発生する振動は，原則として，日曜日その他の休日には発生させてはならない。

2．圧入式くい打機を使用する作業は，特定建設作業である。

3．特定建設作業の実施の届出は，原則として，当該特定建設作業の開始の日の7日前までに，届け出なければならない。

4．特定建設作業の実施の届出には，当該特定建設作業の場所の付近の見取図を添付しなければならない。

解　説

1．〔振動規制法施行規則別表第1（第11条関係）第五号〕

2．〔振動規制法施行令別表第2〕

　　圧入式くい打機を使用する作業は，**特定建設作業**から除かれています。

3．〔振動規制法第14条（特定建設作業の実施の届出）〕

　　指定地域内において**特定建設作業を伴う建設工事**を施工しようとする者は，当該特定建設作業の開始の日の**7日前**までに，**市町村長**に届け出なければならないです。

4．〔振動規制法第14条（特定建設作業の実施の届出）〕

　　届出には，当該特定建設作業の場所の**付近の見取図**その他環境省令で定める書類を添付しなければならないです。

解答　2

著者のプロフィール

井岡　和雄
（いおか　かずお）

（1級建築士，1級建築施工管理技士，
　2級福祉住環境コーディネーター）

　1962年生まれ。関西大学工学部建築学科卒業。
　現在　井岡一級建築士事務所　代表

　建築に興味があり，大学卒業後は施工の実践を学ぶためゼネコンに勤めます。現場監督を経て設計の仕事に携わり，その後，設計事務所を開設します。開設後の設計業務，講師としての講義や執筆活動といった15年余りの経験を通じて，建築教育への思いがいっそう大きく芽生えました。

　現在，設計業務のプロとしてはもちろんのこと，資格取得のためのプロ講師として活動中です。少子・高齢化が急速に進展していく中で，建築の道に進む若い人が少しでも多く活躍することを応援し続けています。

●法改正・正誤などの情報は，当社ウェブサイトで公開しております。
http://www.kobunsha.org/
●本書の内容に関して，万一ご不審な点や誤り，記載漏れなどお気付きの点がありましたら，郵送・FAX・Eメールのいずれかの方法で当社編集部宛に，書籍名・お名前・ご住所・お電話番号を明記し，お問い合わせください。なお，お電話によるお問い合わせはお受けしておりません。
郵送　〒546-0012　大阪府大阪市東住吉区中野2-1-27
FAX　(06)6702-4732
Eメール　henshu2@kobunsha.org

4週間でマスター
2級建築施工管理　第一次検定

編　　著　　井　岡　和　雄

印刷・製本　　　（株）太　洋　社

発 行 所　　株式会社　弘　文　社　　〒546-0012 大阪市東住吉区
　　　　　　　　　　　　　　　　　中野2丁目1番27号
　　　　　　　　　　　　　　☎　　(06) 6797―7441
　　　　　　　　　　　　　　FAX (06) 6702―4732
　　　　　　　　　　　　　　振替口座 00940―2―43630
代 表 者　　岡　﨑　　靖　　　東住吉郵便局私書箱1号